मुरदा-घर
[उपन्यास]

मुरदा-घर

जगदम्बाप्रसाद दीक्षित

राधाकृष्ण प्रकाशन

ISBN : 978-81-7119-453-7

मुरदा-घर (उपन्यास)

पहला संस्करण : 1974
पांचवां संस्करण : 2011
पहली आवृत्ति : 2022
मूल्य : ₹ 495

प्रकाशक

राधाकृष्ण प्रकाशन प्राइवेट लिमिटेड
जी-17, जगतपुरी, दिल्ली-110 051
शाखाएँ : अशोक राजपथ, साइंस कॉलेज के सामने, पटना-800 006
पहली मंज़िल, दरबारी बिल्डिंग, महात्मा गांधी मार्ग, प्रयागराज-211 001
36 ए, शेक्सपियर सरणी, कोलकाता-700 017
वेबसाइट : www.radhakrishnaprakashan.com
ई-मेल : info@radhakrishnaprakashan.com

मुद्रक

बी.के. ऑफसेट
नवीन शाहदरा, दिल्ली-110 032

MURDA-GHAR
Novel by Jagdamba Prasad Dixit

दादा की याद को

1

कचरे का पुराना ढेर और एक पागल आदमी...घूम-घूमकर ढूँढ़ता रहता है कुछ...कभी नहीं मिलता।

डूबती हुई शाम निकल गई दूर। क़तार...बरतनों की...बहुत लंबी। नल...भीड़ में खोए बच्चे की तरह रोता हुआ...।

तेज़ हवा का झोंका...तेज़ बदबू। कोढ़ी...गली उँगलियोंवाला...दोनों हथेलियों में दबाकर कुछ खाने की कोशिश करता है। एक लँगड़ी कुतिया चाटती जाती है खुजली की चमड़ी को। निकल जाते हैं सामने से सूअरों के पिल्ले। कचरे के ढेर पर जली हुई सिगरेटें...जूठन...आवारा लड़के। ढूँढ़ता जाता है पागल आदमी...कुछ नहीं मिलता।

दुखता है एक ज़ख़्म और रिसता जाता है। फिर कट गया कोई रेल की पटरियों पर। आदमी या जानवर...कोई फ़र्क़ नहीं। मँडरा रहे हैं कौवे...कुत्ते। गटर के पास...एक पागल औरत और एक पागल दुनिया...चीख़ रहे हैं दोनों। मैनाबाई...खाँसी के बाद सड़क पर फेंका गया बलग़म। बीमार औरत...रंडी। देती जाती है गालियाँ...मर्द को...बच्चे को...सारी दुनिया को। फैलता जाता है अँधेरा।

मालूम नहीं कहाँ...किस जगह...तोड़ दिए गए झोपड़े। मालूम है सिर्फ़ इतना कि एक पीली सुबह...जब सोने वालों ने आँखें खोलीं...गंदी बस्ती को घेर लिया नीली वर्दी ने चारों तरफ़ से। लंबे बेंत और डंडे। नीली गाड़ियाँ। ख़ाकी वर्दियाँ और अफ़सर। सुना दिया गया हुक्म। तोड़ दिए गए झोपड़े। पीली रोशनी में नंगी हो गई एक दुनिया। कालिख लगे बरतन...मैली पतीलियाँ...गुदड़ियाँ...रोते हुए बच्चे...।

झोपड़ेवाले वहाँ से आ गए यहाँ। आ गईं रंडियाँ भी। बन गए झोपड़े...एक के बाद एक...इस तरफ़। चौड़ी सड़क। दूसरी तरफ़...ऊँची इमारतों की लंबी क़तार। तैरती है सफ़ेद रोशनी हर वक़्त। उस साफ़ दुनिया के पास पैदा हो गई गंदी दुनिया...।

बस-स्टॉप पर खड़े-खड़े थक गई मैनाबाई। कोई गुज़रा नहीं। शाम को पच्चीस पैसे थे पास। एक गजरा ख़रीदा...लगा लिया बालों में। हड्डियों के काले ढाँचे पर मोगरे के फूलों का गजरा...काली चमड़ी पर सफ़ेद कोढ़। खड़ी रही बड़ी देर...सड़क के किनारे ...स्टेशन के सामने...बस-स्टॉप पर। नहीं गुज़रा कोई। गजरा मोगरे का...मुरझा गया।

मैनाबाई चलती है धीरे-धीरे। चलती जाती है। मोटे पाइप के पीछे चल रहे हैं

दारू के गिलास। किस्तय्या खड़ा है काँच का गंदा गिलास लिये।...पैसे एक हाथ पर रखो...दूसरे हाथ से गिलास...वहीं ख़ाली। पहला आदमी वापस...चलो दूसरा। मिट्टी के तेल की ढिबरी के सामने तली मछलियाँ...सिंका कबाब...पकौड़ों से बहता तेल।...चलो दूसरा...।

रात और भी ज़्यादा काली। न सोना अच्छा, न जागना। बैठी हैं सिर पर हाथ रखे बनी-ठनी रंडियाँ। अब कोई नहीं गुज़रता इन रास्तों से। आ जाती है दूसरी सुबह...रात के बाद। हर सुबह...हर शाम...एक ही सवाल...कैसे जले चूल्हा ? ऊँची इमारतों की साफ़ सड़कें दूसरी तरफ़...सफ़ेद रोशनी की खिड़कियाँ...हवाओं पर तैरते गीत...गूँजते हुए ठहाके...।

उन साफ़ रँगी हुईं दीवारों के नीचे खड़े होने पर पट जाता है कोई-न-कोई...कार का ड्राइवर...भागा हुआ नौकर...घर से दूर रहने वाला रसोइया। इधर...चारों तरफ़ खारे पानी का कीचड़...बदबू...मज़दूर...कुछ नहीं मिलता।

परेशान हो गए सफ़ेद रोशनी वाले।...ये आवारा औरतें बदबू और अँधेरे ले आती हैं दूसरी तरफ़ से। रोको इन्हें ! सरकार...पुलिस...क्या करते हैं सब ! रहना मुश्किल शरीफ़ लोगों का।

डाँट ऊपर से नीचे फिसलती चली गई। टिक गई सबसे छोटे अफ़सर पर। झुँझला गया...बौखला गया।...मारो डंडे इन छिनालों को...तोड़ दो टँगड़ियाँ सालियों की...ख़बरदार जो पैर रखा इस तरफ़...।

चलते हैं डंडे हवलदारों के। भागती हैं रंडियाँ...लथपथ। पुरानी धोतियाँ फट-फट जाती हैं पैरों में उलझ। रुकना पड़ता है...भागना पड़ता है...दम तोड़कर। सिर्फ़ पसीना और ज़ोर-ज़ोर से चलतीं साँसें। पीछे रह जाती है बशीरन। बढ़ती उम्र...थकता जिस्म। हाथ पकड़ लेता है...सिपाही। सड़...सड़। गिर जाती है ज़मीन पर। पकड़ लेती है पैर।...नहीं, नहीं ! अब नहीं। फिर नहीं आएगी इधर। माफ़ कर दो। तुम्हारे बच्चों की ख़ैर ! अल्ला से दुआ करेगी। रहम...!

मगर रहम नहीं करता सिपाही। घसीटता है...ले जाता है हवलदार के पास। कहाँ गईं बाक़ी रंडियाँ...मालूम नहीं। रेल की हद तक दौड़कर लौट आए सिपाही। खड़ी है बशीरन, और रो रही है। चिल्लाता है हवलदार...हिच्या आईला...न्या साहेबाँ समोर।*
...और सिगरेट और चाय...दारू-भट्ठीवालों की...।

मगर छोड़ दी जाती है बशीरन। उम्र के ज़्यादा होते जाने का फ़ायदा...।

अँधेरा हो गया...फिर भी ढूँढ़ता जाता है पागल आदमी।...अब सबकुछ बदल गया। बदबू और पसीने वाली रंडियाँ...अँधेरे में डूबी काली चमड़ी पर थोपती हैं ढेर-सा पाउडर।

* इसकी माँ की...ले जाओ साहब के सामने।

होंठों पर लाल रंग। मगर सूख जाते हैं गजरे। दूसरा किनारा...बहुत दूर। कुछ बाक़ी नहीं रहा अब। इस तरफ़ भटको। थक जाओ। बैठ जाओ अँधेरे कोनों में। देखो उस किनारे की रोशनी को जो बहुत सफ़ेद मगर बहुत दूर। हारी हुई रंडियाँ देखती हैं उस रोशनी को। देती हैं गालियाँ एक-दूसरे को। नूरन...बशीरन...हीराबाई...मैनाबाई...शांती... पारबती...सब दे रही हैं गालियाँ...एक-दूसरे को।...क्या पाऊँ भर लेऊँ ! धंदे के वास्ते नईं मजे के वास्ते दुसरों का धंदा मारना...इसका मुरदा निकले...!

मोटे पाइप के पास आड़ में खड़ी मैनाबाई। गिलास पर गिलास...किस्तय्या की दारू। दोनों जेबें भर गईं पैसों से। मैना बहुत बेचैन।...दे ना रे ! एक नौटाक* और दे दे। सच्ची बोलती...कल तेरे कू सारा पइसा दे देऊँगी। इतना भरोसा नईं क्या मेरा ?

नहीं है भरोसा किस्तय्या को। चिल्लाता है...तू भागती है कि नईं इधर से ? कितना टैम बोला...धंदा का टैम इधर नईं आना बोलके। अभी क्या मँगता तेरे कू ? एक नौटाक दिया ना ! नईं...दूसरा नईं देंगा हम। उधारी का धंदा नईं माँगता मेरे कू। पीछे का पइसा लेके आ...तब बात करना मेरे से...।

चारों तरफ़ काली रेत ढोने वाले क़ुलियों की भीड़। मुड़कर गिड़गिड़ाती है मैना... अरे कोई बोलो रे इसकू...एक नौटाक और दे देंगा। भोत तलब लगा मेरे कू...।

किस्तय्या परेशान। दूसरी पाली ख़त्म हो गई क़ुलियों की। धंधे का टाइम। अभी नहीं कमाएगा तो कब ? फिर चिल्लाता है...मादरचोद ! तेरे कू कोन बोला इधर आने का वास्ते ! अभी एक नौटाक और देता है हम। पन अभी तू इधर दिखना नईं। दिखी तो उठाके दरिया में फेंक देंगा...सच्ची बोलता...।

गिलास झटपट ले लेती है मैनाबाई। गटगटाती है और रुकती है...और गटगटा जाती है एक साथ। गुज़र जाती है ऊपर-नीचे एक जलती हुई सलाख़। आँखों के सामने एक झिलमिलाती दुनिया...हो जाती है इधर से उधर। काली रेत के हँसते हुए मज़दूर...पहुँच जाते हैं कहीं दूर। आवाज़ें...जो नज़दीक थीं...अचानक पुकारती हैं दूर से। चलती है मैना...और लड़खड़ा जाती है। सवेरे खाया था पाव...पी काली चाय। तब कुछ नहीं मिला। गुज़रीं दो जलती सलाख़ें सब ख़त्म हो गया। टूट रहा था जिस्म। उबासियों पर उबासियाँ। जोड़ों और घुटनों में दर्द। अब नहीं। नसों में बहने लगीं चिनगारियाँ। गाती है ऊँची आवाज़ में। गजरा...कहाँ गया। टूटा-टूटा गजरा...आधी रात के टाइम। ...हाथ में ले लेती है। और हँसती है।...हो गई आधी राउत अब घर जाने दो...।

आधी रात के टाइम...सामने बैठी हैं रंडियाँ...ख़ामोश। बस-स्टॉप की दीवार से टिककर सो रही हैं जैसे। मैना के दिमाग़ में भभक उठती है आग-सी। नशा कुछ हो...कुछ मान लो। नफ़रत...हर रंडी को हर रंडी से...क्योंकि अपने-आप से।

...बशीरन की बच्ची...छिनाल ! कितने खा गई और कितने खाएँगी। येइच है रंडी...सारा धंदा चौपट कर दिया। आगे-आगे नाचती है हमेसा। आग लगे इसके थोबड़े

---

* शराब का नाप।

में। क्यूँ री छिनाल...अभी नईं हुई तेरी आग थंडी ? और पकड़ लोगोन कू दौड़-दौड़के। सबका चुल्हा बंद कर दिया साली ने। मुरदी...राँड़ !

मगर चुप रहती है बशीरन। कुछ बोलती जाती है नूरन। उबासियाँ लेती है पारबती। मैना नहीं होती ख़ामोश। बीच सड़क पर चीख़ती जाती है ज़ोर-ज़ोर।...हरामजादी ! अइसी भोली बन गई है अब कि कुछ जानतीच नईं। देख लेऊँगी तेरे कू एक दिन। नईं देखी तो अपने बाप की अउलाद नईं...।

मूँछों पर ताव देती है मैना। बोलना बंद कर देती है नूरन। बोलती है बशीरन। ...देख ले पारबती ! समझा दे इसकू। भोत पावर चढ़ रया है। अच्छा नईं होंगा। पीछू मत बोलना मेरे कू।

अब बढ़ जाता है मैना का गुस्सा। आ जाती है एकदम पास।...ए गाँड़ू की अउलाद ! मेरे से बात कर। उसकू क्या बोलती !

लेकिन बशीरन नहीं देखती उसकी तरफ़...सिर्फ़ देखती जाती है नूरन को।...देख आपा...बोल दे इसकू।...फिर छेड़ी जाती मेरी ! गुस्सा आ गया मेरे कू तो भोत बुरा हो जाएँगा।

पर नहीं रुकेगी मैनाबाई। बूँद-बूँद एक ज़हर जमा होता रहता है सूखी रगों पर। रास्ता ढूँढ़ता है। नहीं मिलता। गरम लोहे की चिनगारियाँ जब गुज़र जाती हैं...अचानक खुल जाते हैं रास्ते। पिघलकर बहने लगता है ज़िंदगी का ज़हर। नहीं रुकता। रास्ते का पत्थर...घर की दीवार...सड़क का आदमी...दौड़ती मोटर...उमसता आसमान...अपना बच्चा...अपना आदमी...सबकुछ जलाकर ख़त्म कर देना चाहता है।

—बशीरन ! साली कुत्ती की अउलाद ! आपा-आपा क्या बोलती ! मेरे से बात कर। नईं जाती थी तू दौड़-दौड़के उधर ? बाबू डिरैबर मेरे कने आता था तो तू कायूक मरती थी बीच में ? बोल छिनाल ! कायकू आती थी ? मैं कभी आई क्या तेरे बीच में ? जभी शेरू मेरे कू पाँच रुपिया देता था...तू कायकू तयार हुई दो रुपिया में ? बोल ना ! अभी दे ना जवाब ! लगाऊँ तेरे थोबड़े पे चप्पल ?

चप्पल नहीं है पैर में। नंगे पाँव। अब बढ़ता जाता है गुस्सा बशीरन का। फिर भी रोक लेती है। बढ़ती उम्र से भी ज़्यादा बढ़ती थकान।

—जा री ! बड़ी आई चप्पल मारने वाली ! सूरत देख अपनी। साली खुद तो दूसरोन का धंदा मारती। हजार बार बोली तेरे कू...अपने छोकरे कू मत लाया कर साथ में। कायकू लाती फिर ? छोकरे कू साथ में लेके धंदा करने कू निकलती...फिर दुसरे का नाम लगाती ! शेरू पाँच रुपिया देता था तो बाबू कू कायकू बैठाई थी एक रुपिया में ? बोल ना अब ! बड़ी आई ! इसकू पाँच रुपिया देता था शेरू ! झूटी कहाँ की...!

बात बढ़ चुकी है। जाग-जागकर आ रहे हैं क़रीब फ़ुटपाथ के सोने वाले। सरकते आ रहे हैं इधर दारू पीने वाले क़ुली। चिल्लाती है मैना...हौ ! लेके आती मैं अपने छोकरे कू। हजार बार लाऊँगी। तेरी माँ ने दूध पिलाया तो रोक मेरे कू। जब देखो साली मेरे

छोकरे कू बोलती। तेरी माँ की...! नईं-नईं...पारबती तू छोड़ मेरे कू। आज बताती मैं इसकू सारा मजा। छोड़ दे मेरे कू। साली सड़ी !

झपटकर पकड़ लेती है बशीरन के बाल। रोकती हैं नूरन...पारबती... शांती। नहीं रुकती। कर लेगी आज सारा फ़ैसला। निकाल लेगी सब दिनों की कसर। खींचकर मारती है एक थप्पड़...दूसरा...तीसरा। लिपट जाती है बशीरन। दोनों ज़मीन पर। बशीरन ऊपर।...छिनाल ये मत समझना कि डर जाऊँगी तेरे से। हरामजादी ! तेरी माँ की...! आग लगाऊँगी तेरे थोबड़े में। साली ! और ले...और ले...और ले...! अब बोलेगी मेरे कू !

हटाने की कोशिश करती है नूरन। मैना आ गई ऊपर।...तू मेरे कू...मेरे कू मारेंगी ? ये ले...और ले। और मारेंगी ? कमीनचोट ! भंगी की अउलाद ! मादरचोद ! जान ले लेऊँगी आज तेरी। फाँसी हो जाएँगी मेरे कू...परवा नईं। छोड़ दे...छोड़ दे मेरे कू नूरन। मैं बोलती छोड़ दे...नईं तो ठीक नईं होगा...।

बढ़ती जाती है भीड़। बड़ा मज़ा। कभी बशीरन ऊपर...कभी मैना। साड़ियाँ हो गईं इधर-उधर। फट गए फटे हुए ब्लाउज़। जारी है गालियों की बौछार। नहीं होंगी अलग दोनों। शांती...पारबती...नूरन...सब हार गईं। अब दे रही हैं गालियाँ एक-दूसरे को। पारबती को शांती से शिकायत...नूरन को पारबती से।...तू अलग हो शांती ! तूइच है जो इसके कान भरती...आग लगाती और तमासा देखती। अब हो जा खुस। साम से एक पइसा नहीं मिला...।

मगर नूरन नहीं कर सकती बरदाश्त।...तू...तू...उसकू क्या बोलती ! अपने कू देख पेला। शांती का नाम लगाती...तो तू कायकू हवलदार से घुसर-पुसर करती थी। मैं तेरे कू पहलेइच बोली थी ये हवलदार ठीक नईं बोलके। जब से ये मरदूद आया सब उलटा हो रया है। पन तू मानी क्या मेरी बात ! अब उसकू बोलती...।

किस्तय्या परेशान। धंधे का टाइम...सारे क़ुली देख रहे हैं तमाशा। इन सालियों को भी मिला यही टाइम। भीड़ को चीरता पहुँच जाता है। गुँथी हैं दोनों...बशीरन ऊपर।...रंडी ! और सोएँगी बाबू के कने ? बोल ? बोल छिनाल !...सिर उठाकर ज़मीन पर पटकती है।...बोल ना ! बोलती क्यूँ नईं अब ? बोल...और बोल...।

दोनों को दोनों हाथों से उठाता है किस्तय्या।...मादरचोद ! रोज इधर आके लफड़ा करता। चल भाग इधर से।...और तू ! तेरे कू मैं कायके वास्ते दारू दिया ? इधर दादागीरी करने का वास्ते ? तेरी भेन कू मारू...निकल इधर से...।

धक्के दे रहा है। ख़ामोश हो गई बशीरन। पोंछ रही है धोती का कीचड़। मगर चीख़ रही है मैना।...शांती !...शां...ती ! तेरे कू बोलके जाती मैं। ये कमीनचोट का ख़ून नईं पी गई तो अपना बाप की अउलाद नईं मैं। देख लेना...देख लेना...साली छिनाल ! हरामजादी ! डुक्कर* की अउलाद...!

---

* सूअर।

अब कहीं से निकल आया है एक हवलदार।...क्या हो गया रे ? क्या हो गया ? फिर तंटा किया तुम लोक इधर !...घूमता है भीड़ की तरफ़...और तुम लोक कायकू खड़ा इधर ? तुम्हारे बाप का सादी होता ? चलो भागो ! भागता कि नईं ?

छँटने लगती है भीड़। किस्तय्या सिगरेट देता है हवलदार को...।

और रात गुज़रती जाती है। सफ़ेद रोशनी की क़तार। सड़क और दीवारों के पार...ख़ामोशी तैरती जाती है। हो जाते हैं ख़ामोश गूँजते हुए क़हक़हे। लौटते हुए लोग...जागते हुए लोग...सोने की कोशिश करते हैं। एक सूने झोपड़े में एक साँवली हसीना...लगातार देखती रहती है सोए हुए बच्चे को। कुछ सुनने की कोशिश करती है...सुन नहीं पाती।

और मैनाबाई...ख़ामोश और निढाल...चल नहीं पाएगी...गिर जाएगी लड़खड़ाकर। गरम सलाख़ों की चिनगारियाँ बुझ गईं अपनी ही आग में जलकर। बच गई एक टूटन जो तोड़ देगी सबकुछ। वहीं बैठ जाती है चुपचाप...फ़ुटपाथ पर। अचानक थक जाती है एकदम। लेट जाती है फ़ुटपाथ पर। क्या हो गया है ? गालियाँ...धीमे-धीमे... किसको ? नहीं मालूम।...मादरचोद !...भेनचोद !...तेरी माँ की...! तेरा कभी भला नईं होंगा।...साला...हरामी...तेरा मुरदा निकलेंगा...।

आवाज़ भर्रा गई है। कई बार बह निकले थे आँसू। अब भी बह निकलेंगे। कौन देखेगा ?

फ़ुटपाथ के अँधेरे में बैठा है कोई।...कौन ? रोज़ी ?

—हौ ! किसकू गाली देता तुम मैनाबाई ? किस्तय्या कू ?

उठकर बैठ जाती है मैना।...नईं। अपना मरद कू। इसका कभी भला नईं होंगा। मरेंगा तो पानी भी नईं मिलेंगा। अइसा मरद से बेमरद ठीक...।

रोज़ी ख़ामोश। था कभी उसका भी मरद। बहुत टाइम गुज़र गया। पहला चला गया छोड़कर...दूसरा आया। शादी नहीं 'बनाया'। थोड़े दिन का साथ...निकाल दिया रोज़ी को।...फिर तीसरा...फिर चौथा। फिर जिसने खिला दिया खाना...हो गया रोज़ी का मरद। हर हफ़्ते के बाद हर रात...नया मरद। मगर हारी नहीं रोज़ी। जारी रही मरद की तलाश। किसने बताया था तरीक़ा मरद को पकड़ रखने का ? एक बार फ़ोटो खिंचवा ले...साथ-साथ। बस ज़िंदगी-भर मिलेगा गुज़ारा।...हर रोज़, हर बार, हर एक से कहा...चल ना उधर नाके पे...अपुन फोटू निकालेंगा, चल ना...ऐसा क्या...!

कितनी मीठी-मीठी बातें। नहीं खिंच सकी फ़ोटो, मगर एक बार...। क्या हो गया मैना को ! क्यों देती है मरद को गालियाँ ?...तुम अपना मरद कू गाली कायकू देता मैनाबाई ?

फिर लेट जाती है मैना।...गाली कायकू देता ? अइसा मरद कू तो केरासीन डालके माचिस लगा देना मँगता। साले कू मेरा...छोकरे का...बिलकुल फिकर नईं। धंदा करके लाओ...इसके थोबड़े में भरो। नईं...मेरे से नईं होता ये सब।

बहुत पहले हुआ था ऐसा। दो रुपए आठ आने का ख़र्च। चिल्ला-चिल्लाकर

बोलता है मरद...फुकट में नईं लाया तेरे कू। पूरा अढ़ाई रुपिया खरच करके सादी बनाया हूँ...।

और ज़ोर से चिल्लाती मैना...आक्खी जिंदगानी दे डाली तेरे कू ! तू अढ़ाई रुपिया का बात करता ! सरम नईं आता तेरे कू...!

एक साल। कुछ हो गया है रोज़ी को। पहले ज़ख़्म हुआ पैर की उँगली में। फिर होने लगे बहुत-से ज़ख़्म। फिर होते चले गए...ज़ख़्म। फिर होते चले गए...ज़ख़्म...या ज़ख़्मों के निशान...जो फिर नहीं भरे। फिर कटने लगी एक उँगली...सिकुड़ने लगीं सब उँगलियाँ। उठने लगी हलकी-हलकी बू। चिल्लाने लगीं रंडियाँ...ए ! इधर नईं ! उधर...दूर बैठ...!

छिनने लगा सबकुछ धीरे-धीरे। झोपड़ा चला गया...और सब चले गए। रह गई एक उम्मीद...अब तक नहीं गई। फ़ुटपाथ के अँधेरे कोने में मैले गुदड़ों के बीच रखा है एक मैला डिब्बा। डिब्बे में तसवीर...जो आख़िर खिंच गई थी...एक और एक...दो रुपए में। मगर कहाँ चला गया तसवीरवाला ? एक बेकार मुफ़लिस फटे-हाल...क्यों नहीं लौटा अब तक...तलाश जारी...हार नहीं मानती रोज़ी। गली और सिकुड़ी उँगलियाँ दूर का चक्कर काट आती हैं। बैठ जाती हैं थकने के बाद...उठकर फिर चलना शुरू कर देती हैं। पानी में खड़े जहाज़* काली रेत से भरे...उगलते चले जाते हैं मशालों की रोशनी।...नहीं लौटा। इंतज़ार जारी है। हार नहीं मानेगी।...आँ मैनाबाई ! वो तुमकू रोटी नईं देता...उलटा तुम उसकू खाना देता...नईं क्या ? पीछू क्या फ़ायदा...?

क्या फायदा ? छोड़ क्यों नहीं देती ऐसे मरद को ?...अइसा मरद से बेमरद ठीक। मगर नहीं होता। कब हुआ था ऐसा कि बादल घिर आए थे आसमान पर ! आए और लौट गए रोज़...घिर-घिरकर। फिर आएँगे...ज़रूर बरसेंगे फिर। फ़ुटपाथ पर रहने वालों को छाया की तलाश।...छह महीने का पेट...भटक रही है मैना। पोपट आगे-आगे। नहीं मिलती छाया...भागती जाती है। मुँह पीले...होंठ सूखे। एक पाव रोटी...दो टुकड़े। खाते हैं दोनों...पीते हैं पानी। एक चालू चाय...फिर दो हिस्से...कप में और बसी में। कहाँ से आए हैं दो आदमी...मालूम नहीं। एक बहुत बड़ा शहर...भीड़-भरी फ़ुटपाथ...फिर आए बादल। अब नहीं लौटेंगे...बरसेंगे बार-बार। एक छाया की तलाश। एक बड़ा पेट लिये ला-लाकर देती है टुकड़े...लकड़ियों के। बन रहा है छप्पर रेल की पटरियों के पास। घर...दो आदमियों का। रिमझिम-रिमझिम पानी ! कीचड़। दो ठिठुरे हुए आदमी। रात। फिर रात। फिर वही पानी...रिमझिम-रिमझिम। तेज़ दर्द...छटपटाती जाती है मैना। बरसता जाता है पानी। टपकता जाता है छप्पर...हर कहीं...हर जगह...! बरसात ख़त्म हो गई...या नहीं हुई। आ गए नीली वर्दीवाले। हाथों में लाठियाँ...सिर पर टोपियाँ...लोहे की। तोड़ दिए गए छप्पर...बिखर गए टुकड़े। सामान की गठरी...दो महीने का बच्चा। फिर वही तलाश...यहाँ से वहाँ...वहाँ से हर जगह। रेल की पटरियों के किनारे...दूर-दूर

---

* बड़ी नावें।

...सागर की काली चट्टानों पर...बार-बार लौट जाना। सुबह का सवाल शाम तक...और दूसरी सुबह तक...अगली शाम तक...और अगली सुबह तक...हल नहीं होता। अब लड़ते हैं दोनों। गालियाँ और मारपीट। बनते हैं झोपड़े...टूटते चले जाते हैं। ख़ामोश रहती है मैना...और बोलने लगती है।...आ रया है साला इधरिच...।

इधर-उधर देखती है रोज़ी।...कोन आता है मैनाबाई ?

—वोई...हरामी की अउलाद। कितना छोड़ती मैं इसकू...पन ये डुक्कर किधर छोड़ता मेरी जान ! इधर से भागके शिवड़ी गई थी मैं...तो दुसरेइच रोज आया पीछू-पीछू...।

अँधेरों की तरफ़ देखता हुआ पुकार रहा है पोपट।...मैना...ओ मैना ! किधर है तू ?

ख़ामोश रहती है...अँधेरे में और दुबक जाती है। पुकारता रहता है पोपट। बोलती जाती है धीरे-धीरे।...पाँव पकड़ लिया मेरा। बोलता कि तू वापस नईं चलेंगी तो मैं दरिया* में डूबके मर जाऊँगा। कितना मस्का-पालिस किया मेरे कू। बोलता कि मैं अब तेरे कू ये धंदा नईं करने देऊँगा...तू एक बार चल वापस...खाली एक बार। साला झूटा...कमीनचोट...।

अब आ गया है पास।...तू इधर बैठी...और मैं उधर बोम मारता...चल...घर कू चल...।

रेत के जहाज़ों पर फिर हो गई रोशनी। शुरू हो गई रात-पाली। दौड़ने लगे मज़दूर। काले तख़्तों के नीचे काँपता हुआ पानी।

जवाब नहीं देती मैना।

—चल ना घर कू। नईं चलेंगी ?

घुमा लेती है मुँह।...नईं।

—नईं ! क्यूँ नईं चलेंगी ?

—नईं जाना है मेरे कू...इधरिच बैठना है...।

—इधरिच बैठना है ?...और पास आ जाता है।...क्यूँ ? कायकू ?

चिल्लाती है...देख ! बोल देती तेरे से...भेजा मत खा मेरा। नईं जाना है मेरे कू किदर भी।

—पन बोल तो सही क्यूँ नईं जाना है...?

—नईं जाना है बोली...तो नईं जाना है...।

—इधरिच रहेंगी तू अब ?

—हौ।

—कब्बी नईं जाएँगी घर कू ?

—कब्बी नईं।

—ठीक है...तो मैं भी इधरिच बैठता। मैं भी कब्बी नईं जाऊँगा घर कू।

---

* सागर।

एकदम मुड़ जाती है।...देख रे ! मेरे कू जास्ती तंग मत कर, मैं बोल देती तेरे से...हाँ...ठीक नईं होंगा...।

रोज़ी की तरफ़ मुड़ जाता है पोपट।...मैं इसकू तंग किया क्या रोजी ! तू सच बोल ! मैं तो खाली घर चलने कू बोलता...दुसरा कुछ नईं।

—पन वो गुस्सा है न तेरे से।

—गुस्सा ! कायके वास्ते गुस्सा ? क्या किया मैं ? मैं तो येच बोलता कि मेरे कू तकलीफ हुआ तो परवा नईं...इसकू नईं होना मँगता।

अचानक चीख़ने लगती है मैना।...साला हरामी कमीनचोट मादरचोद...झूट बोलता। कुछ सरम है तेरे कू ? मेरे कू तकलीफ होना नईं मँगता ! तेरा मूँ सड़ जाएँगा...मुरदा निकलेंगा तेरा।

—देख तू बोम मत मार। घर में झगड़ा किया और इधर आई। अब इधर झगड़ा करेंगी तो ठीक नईं होंगा...भला क्या।

उठकर खड़ी हो जाती है मैना। समझाती है रोज़ी।...घर कू जाने में कुछ हरज नईं मैनाबाई ! इधर तंटा करने से क्या होगा !

—ए तू चुप रह। अक्कल मत सिखा मेरे कू। मैं तंटा करती कि ये करता ? नईं जाती मैं...क्या करेगा ये मेरा !

अब फिर इकट्ठा होने लगे हैं लोग...राह चलने वाले। फिर शुरू हो रहा है तमाशा। हाथ पकड़ लेता है पोपट।...तू इधर तमासा मत कर अभी। क्या बोलता मैं...लेके जाऊँगा तेरे कू...।

—हाथ छोड़ मेरा।...मैं बोलती हाथ छोड़ दे। नईं छोड़ेंगा ?

—नहीं छोड़ता हाथ।...तू कुछ नईं खाई...मैं भी कुछ नईं खाया। अभी तू चल। लेके जाऊँगा मैं तेरे कू...सच्ची बोलता।

—सच्ची का बच्चा ! मैं बोलती हाथ छोड़ दे...। छोड़ता कि नईं ?

फिर भी नहीं छोड़ता हाथ। दूसरे हाथ से धमाधम घूँसे बरसाने लगती है मैना।...छोड़ मेरा हाथ ! छोड़ ! मादरचोद ! कमीनचोट ! डुक्कर ! तेरा मुरदा निकले ! तेरी मैयत देखू मैं ! छोड़...छोड़ !

मार खाता जाता है पोपट...नहीं छोड़ता हाथ।...तू मार ले कितना मारती तो ! लेकेच जाऊँगा तेरे कू मैं...।

अब फिर इकट्ठा हो गई है भीड़। हाँफ गई मैना...फिर भी मारती चली जाती है। मारती जाती है...रोती जाती है। आँखों से आँसुओं के तार...और मारती जाती है घूँसे।...कमीनचोट ! डुक्कर की अउलाद ! मादरचोद ! भेनचोद ! तेरा भला नईं होंगा। तू भोत तकलीफ दिया मेरे कू...भोत रुलाया।...तेरा मुरदा...तेरी मैयत...।

रोकती है रोज़ी बार-बार।...तुम...तुम पागल हो गया है मैनाबाई। ऐसा क्या करता। बस...बस...अभी बस करो...बस करो बोलती मैं...।

सिर फिर गया मैना का। हर जगह, हर किसी से झगड़ा। जब देखो...भीड़। क्या

औरत है ! बीड़ी फेंक देता है किस्तय्या...आकर खड़ा हो जाता है।...तेरे कू क्या हो गया मैना ? सबसे तंटा करती। बस...बस...अरे बस...।

हाथ पकड़ लेता है किस्तय्या। चीख़ रही है।...मैं बोलती मेरा हाथ छोड़ दे...छोड़ दे। मैं नईं जाऊँगी...नईं जाऊँगी इसके साथ...कब्बी नईं। जिनावर...साला जिनावर... साला हरामी...!

भीड़ को समझा रहा है पोपट।...भोत गरम मिजाज है इसका। साम कू झगड़ा किया मेरा साथ...पीछू इधर चली आई। मैं तो भी क्या करूँ। कितना समजाता इसकू... समजतीच नईं। अभी घर कू चल बोलता...तो मेरे कूच मारती। देखो ना...।

वहीं ज़मीन पर बैठ गई है। अब रोती जाती है...गालियाँ बकती जाती है। हाथ पकड़कर उठाता है किस्तय्या।...अब उठ भला...भोत हो गया ये लफड़ा। जा घर कू। क्या बोलता मैं...जा घर कू। ले जा रे...ले जा इसकू। जाएँगी...जाएँगी तेरे साथ। चल जा।...भीड़ को डाँटता है...चलो...जाओ इदर से। जा रे ! क्या देखता...रंडी का नाच होता इदर। साला रोज लफड़ा होता...कबी कुच...कबी कुच। चलो बागो इधर से...।

कुछ चले गए...कुछ जा रहे हैं। घुटनों पर सिर रखकर धीरे-धीरे सिसक रही है मैना। पास बैठ गया पोपट। कुछ पल डूबते हैं...कुछ ऊपर आ जाते हैं। रात का समय...सोता-जागता गुज़रता चला जाता है। उस पार...सफ़ेद रोशनियों की क़तार... डूबती जाती है धीरे-धीरे ! कबाब और मछलियों के ख़ोंचे चले गए। सड़क सूनी...फ़ुटपाथ ख़ामोश...पुल की सीढ़ियों के पास जमघट...नंबर खेलने वालों का।

फ़ुटपाथ पर अब भी बैठे हैं दोनों...चुपचाप...थके हुए। एक लंबी उबासी...फिर एक और लंबी उबासी। रोना ख़त्म हो गया...गालियाँ बाक़ी हैं।...साला ! तू फँसाया...मेरे कू...धोका दिया...।

फिर एक लंबी उबासी।...ना मैं तेरे कू फँसाया...ना तू मेरे कू फँसाई...अपुन फँसा-फँसायाच। मैना...चल उठ अभी। मैं तेरा वास्ते खाने का कुछ लाया हूँ।

—चुल्हे में डाल उसकू। मेरे कू नईं मँगता तेरा कुछ भी। क्या बोला था तू...धंदा करेंगा और पेट भरेंगा मेरा। अब धंदा करती मैं और पेट भरती तेरा...।

फिर लंबी उबासियाँ।...मैं क्या बोला तेरे कू। छोटा-छोटा धंदा अपुन नईं करेंगा। एकच धंदा करेंगा...और सब घाटा पूरा करेंगा। अभी उठ ना तू...हाथ जोड़ता तेरे...पाँव पड़ता...।

चिल्लाती है...कब होंगा तेरा वो एकच धंदा ? मेरी मैयत का पीछू ? सुबू से चुल्हा नईं जला। साम से कुतिया का माफक रौंड मारती। एक घराक नईं मिलता। मर गए सब-के-सब। रोज ऐसाइच। मैं क्या जिनावर हूँ बोल ना ! क्या बोला था तू...चाली में खोली लेके देऊँगा...दो बखत का रोटी...लुगड़ा...बिलाउज...सनीमा लेके जाऊँगा...ये करूँगा...वो करूँगा। किधर गया वो सब ? गधी की गाँड़ में घुस गया। साला झूटा ! क्या हाल कर दिया मेरा ! आज इसके नीचू तो कल उसके। फिर भी भूकी मरती। उधर छोकरा होटेल का सड़ेला-पड़ेला खाता। कायकू सब झूटा बात किया तू ?

पता नहीं कब झुक गया था सिर। उठा लेता है धीरे-धीरे।...मैं झूटा बात कब्बी नईं किया। सब करेंगा मैं...पन झूटा बात नईं करेंगा। पहेला बोला...अब्बी बोलता...मेरा जिंदगानी में खाली एकच बात है...तेरे कू चाली में खोली लेके देना...तेरे कू अच्छा लुगड़ा लाके देना...तेरे कू इधर से ले जाना। और मैं तेरे कू बोलता मैना याद रख...एक दिन मेरा टैम जरूर आएँगा...जरूर आएँगा। तब तू बोलना मेरे कू...।

बहुत बुरा मुँह बनाती है अँधेरे में।...जा रे बड़ा आया टैमवाला। मैं मर जाऊँगी पीछू आएँगा तेरा टैम। मैं जिंदा तब तलक तो नईं आएँगा...।

—ठीक है।...फिर झुका लेता है सिर।...नईं आएँगा तो नईं सही। पन मैं तो वो टैम काच रास्ता देखता। कोई लोक का जिंदगानी कोई चीज का वास्ते...कोई लोक का कोई चीज का वास्ते। मेरा जिंदगानी...वो टैम के वास्ते। और मेरे कू भरोसा है...मेरा वो टैम जरूर आएँगा।...अभी तू उठेंगी कि इधरीच बैठी रहेंगी आक्खी रात। चल उठ !

हाथ पकड़कर उठाता है मैना को...और उठ जाती है मैना। रोज़ी दिखाई नहीं देती। दिखाई देता है एक ढेर गुदड़ियों का। जागता है या सोता...मालूम नहीं। गुज़रने लगते हैं खंभे...एक के बाद एक। क़दम बचाते जाते हैं फ़ुटपाथ पर सोने वालों को। पुल की तेज़ रोशनी के नीचे अँधेरा...तेज़ दौड़ने वाली गाड़ियों के उजालों से टूटकर फिर जुड़ जाता है। एक चमक...गायब हो जाती है धीरे-धीरे। सोए हुए लोग...फिर सो जाते हैं करवट बदलकर। भिनभिनाकर जाग जाती हैं मक्खियाँ...फिर सो जाती हैं। एक अँधेरे कोने में जागता हुआ एक शराबी...चीख़ रहा है। दे रहा है गालियाँ...किसी नामालूम को। गालियाँ...गालियाँ...और गालियाँ...नामालूम के नाम। नामालूम...जिसमें सबकुछ...एक आदमी...एक दुनिया...एक धरती...आसमान...इनसान...भगवान...ऐंठती हुई ज़ुबान... उगलती जा रही है।...तेरी माँ की...चूत ! साला भेनचोद ! न् न् नईं मिलेंगा...म् म् म् मत मिल। हाँ ह् ह् हम बोलता...त् त् त् तेरी माँ की चूत। हुक्। त् त् तेरी भेन की चूत...हुक्। न् न् न् नईं आता...म् म् म् मत आ। क् क् क् क्या समजता अपने कू...म् म् म् मैं कुच नईं समजता तेरे कू...हुक्। त् त् त् तेरी माँ की...त् त् त् तेरी भेन की...।

और सबसे आख़िरी के झोपड़े के सबसे ज़्यादा अँधेरे में जागता हुआ पोपट...एक कहानी सुना रहा है उनींदी मैना को...कहानी। हमाली करेंगा तो क्या मिलेंगा...कुछ नईं। आक्खा जिंदगानी इधरिच सड़ना पड़ेंगा। मजूरी करके आज तलक कोन खोली लिया है और कोन मकान बाँधा है ! कोई नईं। फिर मैं किधर से क्या करूँगा...किधर से लाऊँगा खोली और घर ! ये झूट बात है मैना। तू अइसा सोचती होंगी तो ये चूक है तेरी। भोत बड़ी चूक। समज गई ना तू !

समझ गई मैना। सो रही है या जाग रही...मालूम नहीं। मगर समझ गई। मान लेता है पोपट...फिर शुरू कर देता है बोलना।...जो लोक कल तलक कंगाल था...आज लाखोपती बन गया। पोलिस का जो साब कल तलक उसकू हवालात में बंद करता था...आज वोई उसकू सलाम करता है...उसका साथ मुरगा खाता...दारू पीता। समजी

क्या तू ! सब हो सकता...पन करने वाला होना मँगता। और मैं तेरे कू बोलता मैना...मैं भी करके बताएँगा...देख लेना तू। वो हाजी उमर कू जानती क्या तू ?...मैना ! ओ मैना !

सोई मैना को झकझोरता है।...सो गई ...अभी सेच ! उठ, उठ !...हाजी उमर कू जानती ना तू ? नईं जानती ? मेरा साथ हवालात में था एक टैम। पहला दारू का धंदा किया। जभी पइसा कमाया थोड़ा...तो रंडी का होटल चालू किया। थोड़ा और पइसा कमाया। पीछू दानचोरी का काम चालू किया...इस्मगलिंग। पाँच साल का अंदर बन गया लाखोपती। बड़ा-बड़ा विल्डिंग है उसका। पोलिस का सब बड़ा साब लोक कू पार्टी देता...बड़ा-बड़ा मिनिस्टर लोक उसकू अपना घर कू बुलाता। समजी क्या ?

मगर फिर सो गई मैना। फिर जगा देता है पोपट।...अपुन कू बड़ा-बड़ा बिल्डिंग नईं मँगता मैना। खाली एक खोली और थोड़ा-सा रुपिया मँगता। इसका पीछू अपुन ये काम छोड़ देंगा...।

करवट बदलकर फिर सो गई मैना। फिर भी जागता रहता है पोपट। अँधेरे में खुली हुईं आँखें...देखती जाती हैं तसवीरें...सुनती जाती हैं आवाज़ें। मगर सबकुछ चुप है। चारों तरफ़...सिर्फ़ मच्छरों की भिनभिनाहट। एक झोपड़े में अब भी जाग रही है साँवली हसीना...देखती जाती है सोए बच्चे को। अब नहीं आएगा कोई...अब नहीं होगा किसी का इंतज़ार।

कि हो जाता है सवेरा।...बशीरन का झोपड़ा। सोई हैं तीनों...बशीरन...नूरन...पारबती। लहँगे और चोलियाँ पहने...उलटी-सीधी...इधर से उधर। रात के खाए पाव के टुकड़े...उसल के दोने...काग़ज़...दोने...बिखरे हैं। आठ-नौ-दस...सब बजते चले जाते हैं। करवट बदलती है नूरन। भारी आवाज़...आपा ! ओ बशीरन आपा ! भोत टैम हो गया उठो ना !...करवट बदलकर सो जाती है।

कई मिनट बाद करवट बदलती है बशीरन।...नूरन ! उठ ना ओ ! भोत दिन चढ़ रया है।...फिर सो जाती है घूमकर।

लेकिन सोया नहीं जाता बहुत देर। धीरे-धीरे खोलने लगती हैं आँखें तीनों। लेटे-लेटे अँगड़ाई...बोलती है पारबती...बशीरन आपा ! आँग भोत टूट रया है। जी नईं होता उठने कू।

उबासियाँ लेती है नूरन।...ये मुआ किस्तय्या...दारू बेचता कि क्या ! सारा जिसम तोड़ देता।

आवाज़ देती है बशीरन...ए शांती ! चाऽ वाला गया क्या ?

बाजू का झोपड़ा...सोई पड़ी हैं सब। कोई जवाब नहीं।

नूरन को बहुत तलब है चाय की।...पारबती ! तू उठ ना जरा। आवाज़ तो लगा चावाले कू। एक चा नईं पियूँगी...तब तलक जान नईं आएगी जिसम में।

बाहर निकलकर आवाज़ देती है पारबती...ए मलबारी ! ए चावाला ! अरे सुन तो...खाली एक मिनट...।

एक हाथ में बंबा...दूसरे में बालटी। निकल रहा है चायवाला।...नईं-नईं हमकू नईं टैम। अबी नईं आएँगा। कुली लोक का पाली कतम होता...उदर कू जाएँगा।

अपने झोपड़े का दरवाज़ा बंद करता है जल्दी-जल्दी...और निकल जाना चाहता है। मगर सामने खड़ी है पारबती।...ऐसा क्या ! येइच दोस्ती क्या अपनी ! एक मिनट का वास्ते चल ना...खाली एक मिनट। मँगता तो पइसा पहलाच ले लेना।

रोज़ की मुसीबत। नहीं जा सकता अब।...देख हम चलता अबी...पन दूसरा लोक कू मालूम होना नईं मँगता। हमारा धंदा का टैम है।

चल रहे हैं दोनों...आगे पारबती, पीछे मलबारी। एक ऊँचा पत्थर...रख देता है बंबा।...कौन किसकू मँगता चा ? पइसा पेला निकालने का...।

निकल आई नूरन।...तू चा तो भर...पीछू देती पैसा तेरे कू।

—नईं... पइसा पेला निकालने का।

बशीरन चिल्लाती है अंदर से...तेरा पैसा भाग रया है क्या ? तू चा भर...मैं देऊँगी पैसा तेरा।

झुँझला जाता है मलबारी।...देख...काली फुकट कोटी मत कर हमारा। पइसा होएँगा तो निकाल...नईं तो हम जाता इदर से। हमारा धंदा का टैम...।

फिर समझाती है पारबती।...अपना दोस्ती नईं क्या ! खाली एक चा...।

—चूल्हे में डाल दोस्ती कू !...ज़ोर से चिल्लाता है।

उठकर बैठ जाती है शांती...सामने के झोपड़े में।...मंगला-मंगला ओ ! उठग ! चहावाला आलय...।

और चार-पाँच रंडियाँ जागकर उठ बैठती हैं। झुँझला रहा है मलबारी...बिगड़ रहा है...चीख़ रहा है। मगर कुछ नहीं चाहिए सबको...बस एक कप चाय। नहीं हटतीं। और आती जाती हैं। शांति भी...सखू भी...मंगला भी...जमीला भी। चोलियाँ...ब्लाउज़... लहँगे। रात को गरमी थी बहुत। ब्लाउज़ भी निकाल दिए कइयों ने। बॉडिस और लहँगे। बाल बिखरे...आँखें चढ़ीं। चेहरे पर पुता खड़िया...कहीं है...कहीं नहीं। काले होंठों का लाल रंग...फैल गया दाँतों और ज़ुबान पर।...एक कप मेरा वास्ते भर...एक मेरा वास्ते...एक मेरा वास्ते। इधर दे रे एक...हट सामने से...मेरे कू भी आन दे ना...।

चिल्लाता है मलबारी...जिसका पास पइसा हम काली उसकू देंगा चा...दूसरा कू नईं। पइसा निकाल को रकना...।

कुछ के पास हैं पैसे...कुछ के पास नहीं।...दे ना रे...खाली आज। सच्ची बोलती तेरा पीछू का और आगे का सब पैसा दे देऊँगी।...भर दे रे...ऐसा क्या ?

—देख...मैं कभी तेरा पैसा रखी क्या ? पीछू का सब दे डाला। अभी खाली आज एक चा उधारी दे। अल्ला कसम...कलिच दे देऊँगी तेरे कू। दे ना रे...।

—ए...सुना क्या ! तू मलबारी...मैं मंगलोरी ! मेरे कू भी नईं देगा क्या...?

...मंगला ! तू देती क्या मेरा चा का पइसा ? आज के दिन दे दे...कल दे देऊँगी तेरे कू।

—अरे पइसा ले लिया...मेरे कू चा तो दे। हाँ-हाँ...पइसा दी ना तेरे कू। क्या सखू ? पूछ ले इससे...इसके सामने दी मैं...।

—साले से जब से बोल रही...चा दे, चा दे...तो सुनताइच नईं। तू क्या कंगाल हो जाएँगा एक चा में ! जा...मत दे...अपनी गाँड़ में डाल ले वो चा।...साला मादरचोद...।

बशीरन के हाथ लग गया भरा कप। बुलाती है नूरन को।...आ...इधर आ जा...आधा-आधा पी लेंगी अपुन।...कप और बसी में डालकर पीती हैं दोनों।

उधर का झोपड़ा...एक नई छोकरी। सब देख रही है।

—क्यूँ री...ये नवा छोकरी कोन है ?

—क्या मालम।

—मुंबई का नईं लगता...बाहर गाँव से आया है।

—लाया कोन इसकू ?

—क्या मालम !

—कोन के झोपड़े में है ये ?

—क्या मालम !

—रात कूच आई लगता। कइसा बारा बज रया है मूँ पर !...पास आ जाती है छोकरी।

—क्यूँ री...क्या नाम है तेरा ?...बोल ना...क्या नाम है तेरा ? मुँह घुमा लेती है लड़की।

—तो नाम बोलने में क्या जाता तेरा ?...किधर से आई तू ?

लड़की चली जाती है अंदर...झोपड़े में।

—क्यूँ री जमीला...कोन छोकरी है ये ?

—मेरे कू मालम नईं आपा ! रात कू कि नई अब्बास डिरैबर छोड़के गया झोपड़े में। नाम बोलती ना गाम। जो रोती तो बस रोतीच जाती।

बहुत अफ़सोस है सलमा को।...भोत सीधी है बिचारी। भजिया भी नईं खाया। सब दे डाला मेरे कू।

और भी है कोई...झोपड़े के अंदर पड़ी हुई। मरियम...नौवाँ महीना...बड़ा पेट। फूट गई तक़दीर। कब किसका आया...मालूम नहीं पड़ा।...ए...ए ! मेरे कू भी ला दे ना एक चा। रात कू भी नईं खाया कुछ...।

अलमुनियम के गिलास में चाय...लौट आती है मैना। पोपट...इसका मुरदा निकले...फैला पड़ा है। सो रहा है। राजू !...निकल गया बाहर !...हरामी ! सुबू-सुबू पोंच जाएँगा ईरानी होटेल का पीछू।...उठ रे !...झकझोरती है पोपट को।...आक्खा दिन सोएँगा साला। उठ ना ! जब तक मैं उठाएँगी नईं...सोताच रहेंगा। अरे उठ ना ! कब से बोम मारती मैं !

करवट बदलकर फिर सो जाना चाहता है...सोने नहीं देती मैना। एक लंबी जम्हाई। अधलेटा हो जाता है। बीड़ी टटोलता है।

—एक चा लेके आई हूँ। ले पी ! मेरे कू भी दे आधा। क्या बोली मैं ? चा पी और मेरे कू भी दे आधा।

कोई जवाब नहीं। हाथ में बीड़ी पकड़े देख रहा है पोपट...सामने... एकटक। क्या देख रहा है ! कच्ची ज़मीन ? फटा हुआ कपड़ा ? टूटा हुआ दरवाज़ा ?...नहीं। नज़दीक कुछ नहीं देख रहा है। देख रहा है...बहुत दूर।

—क्या बोली मैं ? अब बैठके सोता क्या ? ये चा ले और आधा छोड़ दे मेरे वास्ते।

गिलास ले लेता है।...मैना ! तू अभी मेरे कू जगाई ना ?

—हौ...जगाई मैं।

—मेरे कू कुछ दिखा मैना।

—क्या दिखा ?

—मेरे कू एक सपना दिखा। मैं देखा कि...।

—छोड़ तेरा सपना। मेरे कू नईं होना तेरा सपना। चा पी पेला।

—नईं...मैं सच्ची बोलता मैना। आज मेरा सपना झूटा नहीं होंगा। मैं देखा कि...वो अपना हाजी शेठ नईं क्या...वो मेरे कू बुलाया। पीछू अपुन तीनों...मैं, तू और राजू...उधर गया। पीछू एक भोत बड़ा गाड़ी में हाजी शेठ खुद आया और अपुन को गाड़ी में बैठाके अपना चाली में ले गया। उधर पोलिस का बड़ा साब भी होता। वो मेरे से हाथ मिलाया। पीछू उधर एक बाजू से बीस हवलदार आया और दुसरा बाजू से पचीस हवलदार आया। मैं सच्ची बोलता मैना...मैं खुद गिना...बीस और पचीस। सब मेरे कू सलाम किया...बीस और पचीस। दुए से मेंडी...दुए से पंजा। आज लड़ी आनाज मँगता। आज मेरा सपना झूटा नईं होगा...मैं सच्ची बोलता।

मुँह घुमा लेती है मैना।...मैं बोली ना तेरे से...सपने का बात मेरे से नईं करना...।

उठकर बैठ जाता है।...नईं-नईं, ये सपना झूटा नईं होगा...मैं सच्ची बोलता। मेंडी* और पंजा। मैना ! मेरा सब सपना झूटा गिरा...पन ये नईं गिरेंगा।

बहुत गुस्सा आ जाता है मैना को। बोल नहीं पाती कुछ।...तू चा पी पेला।

पीने लगता है चाय...चुपचाप।...हौ ! मेरा कोई भी सपना सच्ची नईं हुआ अभी तलक। सच्ची होता...तो तू अभी इधर नईं होती। उधर होती जिधर तेरे कू होना मँगता। मैना ! मेरे कू खाली एक सपना नईं...भोत सपना है। समजी क्या ? आज तो तेरे कू मेरा बात माननाच पड़ेंगा।

एकदम बिगड़ जाती है।...पइसा का बात मत करना मेरे से...अभी से बोल देती मैं। हाँ !

---

* दस।

—तू मेरा बात तो सुन। ओपन का दस और किलोज का पाँच। लड़ी में पाँच का पाँच सौ...दस का हजार। इतना नुकसान करेंगी क्या मेरा ? खाली दस रुपिया मँगता आज। हजार नईं किया तो बोलना मेरे कू...।

अब नहीं बैठ सकती मैना। जाने लगती है बाहर।...तेरे कू सरम नईं आता...दस रुपिया मँगता है मेरे से !

हाथ पकड़ लेता है पोपट।...सुन तो सही ! मेरा बात तो सुन...।

—नईं सुनना मेरे कू कुछ भी। साला बेसरम...दस रुपिया मँगता मेरे से...।

टिन के डिब्बे लिए रेलवे लाइन की तरफ़ जा रही हैं रंडियाँ। इस तरफ़...चंद्री ले आई है बहुत सारा खड़िया...पीस रही है नैना के साथ...ख़ूब बारीक। कपड़े से छानेगी। यही है पाउडर। नैना के पास है गुलाबी रंग...बनिए की दुकान का। गीली उँगलियों से घिस लो गालों पर...होंठों पर। लिपस्टिक और रूज़...।

मगर मैना की आँखों में आँसू।...तू फिर रुपिया माँगा मेरे से ! क्या-क्या नईं की मैं तेरे वास्ते ! जो नईं करना था वो भी की। पगली के जैसी उधर सड़क के ऊपर घूमती...और तू रुपिया मँगता मेरे से ! तू इनसान है कि जिनावर। जिनावर कू भी कुछ दरद होएँगा...पन तेरे कू नईं। हट...छोड़ मेरा हाथ...जान दे मेरे कू...।

हाथ छोड़ देगा पोपट...मगर जाने नहीं देगा। सब सपने झूठे निकले...आज का नहीं निकलेगा।...नईं-नईं। तू मेरा बात तो सुन। हजार रुपिया कभी देखी क्या आँखी से ? और ये सब रुपिया मैं किसके हाथ पे लाके रखूँगा। तेरेच हाथ पे ना ! तू जो मरजी आए करना। तेरा हाथ पकड़ूँ तो बाप की अउलाद नईं मैं। तु खुस...तो मैं खुस। मेरे कू कसम हाजी मलंग बाबा की...हजार रुपिया नईं रखा तेरे हाथ पे तो थूक देना मेरे मूँ पे...।

चिल्लाती है।...मेरे कू नईं मँगता तेरा हजार रुपिया। अपनी माँ के भोक में डाल...।

—तेरा येच बात तो मेरे कू पसंद नईं...।

—पसंद नईं तो जो करने का है वो कर...।

—मेरे कू कुछ करने का नईं। खाली दस रुपिया मँगता।

—दस रुपिया मँगता तो जाके मरा। मेरे कने नईं। मेरे से बात मत कर।

—तेरे कू खुद कू जरूरत लगेंगा तो सब निकल आएँगा। मेरा वास्ते हमेसा नईं बोलेंगी। मैं कुछ भी करेंगा तो पेलाच नाट लगा देंगी। मेरे कू रुपिया मँगताच...।

—रुपिया इधर तेरा बाबा कमाके नईं लाया...।

—लाया कि नईं लाया...पेला मेरे कू रुपिया दे। नईं तो मैं खुद ले लेऊँगा।

—मेरे कने नईं है। जा ले...किधर से लेता तो...।

आगे बढ़ता है पोपट। अचानक झपटकर पकड़ लेती है मैना ! साँस चलने लगती है ज़ोर से।...देख...मेरे डब्बे कू हाथ नईं लगाना...नईं तो बुरा हो जाएँगा...बोल देती मैं...।

—मैं नईं लगाता हाथ...पन तू पइसा दे मेरे कू।

—नईं है पइसा मेरे कने।

—देखता हूँ कइसा नईं है...।

आगे बढ़ता है। पूरी ताक़त से रोकती है मैना...ज़ोर से चिल्लाती है।...तेरे कू...तेरे कू कसम तेरी अउलाद की...हाजी मलंग बाबा की...तू ठैर जा...ठैर जा तू...मैं बोलती ठैर जा...हाथ मत लगाना मेरे डब्बे कू...।

ठहर जाता है पोपट।...नईं लगाता मैं हाथ। तू अपना हाथ सेच दे दे। खाली दस रुपिया मँगता।

और चिल्लाती है।...दस रुपिया का बच्चा ! नईं है मेरे कने। किधर से लाऊँ... और चीख़ती है।...किधर से लाऊँ मैं तेरे भोक में डालने का वास्ते...बोल मेरे कू...। आँखों में भर आता है लबालब पानी।

सामने से हटाकर आगे बढ़ जाता है पोपट।...मैं खुद देखता तेरे कने है कि नईं। मेरे से छुपाके रखेंगी तो नईं छोड़ूँगा तेरे कू...।

—तेरा मुरदा ! तेरी मैयत ! जिसम में कीड़ा पड़ेंगा। मत खोल मेरा डब्बा। मैं बोलती मत खोल। अरे अउलाद का खून पिएँगा तू ! अउलाद की मैयत देखेंगा रे। मत खोल...मैं बोलती मत खोल...।

हाथ पकड़ती है। धक्का देता है पोपट। ख़ूब चिल्लाती है और ख़ूब रोती है। फिर हाथ पकड़ती है। फिर ढकेल दी जाती है।...कोने में बिस्तर और बरतनों के पीछे छिपाकर रखा गया जंग लगा डिब्बा...एक-एक चीज़ अलग कर रहा है पोपट। कीड़े दौड़ रहे हैं।...काजल की पुरानी डिबिया...प्लास्टिक की चार-छह चूड़ियाँ। पाउडर का फेंका हुआ डिब्बा...कुंकुम की सूखी हुई शीशी और...एक-एक रुपए के पाँच मैले नोट...दो-चार सिक्के...। एक बार फिर झपटती है मैना।...छोड़ दे। मैं बोलती छोड़ दे। मेरा पइसा है...तेरे बावा का नईं है। छोड़...।

गुँथ जाती है पोपट से। नहीं छोड़ेगी डिब्बा।...मेरी जान ले ले...पन नईं देऊँगी मैं। मेरा पइसा नंबर खेलने का वास्ते नईं। भूकी मर-मरके जमा की मैं। तेरा जुआ का वास्ते नईं।...छोड़...छोड़...।

और समझाता जाता है पोपट...मेरा बात सुन।...मेरा बात तो सुन। ताकत मत लगा मेरे से।...बोलता हूँ ना...ताकत मत लगा। पाँच का पाँच सौ देऊँगा। मरद का जबान है। हाथ छोड़ दे मेरा। मैं बोलता हाथ छोड़ दे।...फिर...फिर ताकत लगाई। छोड़...छोड़। साली कू समजाता हूँ तो समजतीच नईं। देख...मत लगा ताकत। नईं मानेंगी तू ? अच्छा...।

एक धक्का...और कच्ची ज़मीन पर चित गिर जाती है मैना। बाहर निकल जाता है पोपट...।

और अब चंद्री के बाल ऐंछ रही है नैना...और जूँएँ मारती जाती है। बहुत हो गई हैं। भरे पड़े हैं रंडियों के सिर। जब चलती है खुजली सिर में...ऐसा लगता है कि फोड़

लो सिर। आ गया छोकरा मद्रासी होटल का। पाव और रगड़ा। मगर फिर सो गई हैं सब-की-सब...नूरन, शांती, मंगला, जमीला। आवाज़ लगा रहा है छोकरा। कोई नहीं जागता मगर। सिर्फ़ नैना मारती जाती है जूँएँ चंद्री के बालों की। और नई छोकरी बैठी है कोने में...रोई-रोई...डरी-डरी...।

पुल की सीढ़ियों के नीचे...खेल रहे हैं छोकरे ताश...आठ आनेवाले छोटे-छोटे। घिस गए हैं सब। न राजा का पता चलता, न रानी का। पैसे नहीं हैं। दो-दो बीड़ियों का जुआ।...सत्तार ! दो बीड़ी और मँगता मेरे कू। ये टैम सारा बीड़ी वापिस कर देऊँगा...भला क्या !

—पेला पीछू का चार वापिस कर। गन्या...मादरचोद पत्ता देखके खेलता क्या ? गाँड़ू...ऐसा मारेंगा लात। तू खेल रे महादेव...बिनधास।...हाय रे ! क्या पत्ता खेला है मेरी जान कुरबान जाऊँ। चल रे मेरे शेर...इसकी मैं माँ की...।

छोटे-छोटे लड़के...होटल के पीछे डिब्बे के पास...घूम रहे हैं। आज का जूठा खाना...फेंका नहीं गया अब तक। बस हो गया है टाइम।...ए राजू ! ये कुत्ता कू फत्तर मार। साला आके डालेंगा मूँ।

चुप है राजू।...कुत्ता लोक कू फत्तर मारेंगा...पन ये पत्तेवाला छोकरा लोक कू क्या मारेंगा ? जभी ये लोग आएँगा तो हाथ भी लगाने देंगा अपने कू ?

फिर भी कुत्ते आ नहीं सकते इधर। दूर-दूर से देखते हैं...काटते हैं चक्कर। सिर्फ़ छोकरे लोग हटा-हटाकर देख रहे हैं कल की जूठन को। कितना टाइम हो गया...अब तक नहीं आया आज का खाना।

फिर एक कुत्ता आ जाता है नज़दीक...किसी तरह। फिर एक पत्थर लगता है... भाग जाता है चिल्लाता हुआ। भागते हैं और कुत्ते। बहुत दूर नहीं जाते...लौट आते हैं। उड़ते हैं कौवे...उड़-उड़कर बैठ जाते हैं वहीं। कोई नहीं हटता वहाँ से। छोकरे ढूँढ़ते रहते हैं पुरानी जूठन में...कुछ नहीं मिलता। न हड्डी...न पाव रोटी का छिलका। कुछ भी नहीं। गालियाँ बकते हैं छोकरे।...साला भेनचोद ! कुछ भी नईं मिलता...।

चमकती हैं राजू की आँखें।...वो दिन कि नईं...मुरगे की पूरी टाँग मिली थी मेरे कू...पूरी टाँग...ये इतनाली बड़ी। और बिरियानी भी। क्यूँ रे मम्मद...है कि नईं ? पूछ ले मम्मद से...।

छोकरों को भरोसा नहीं होता मगर।...मुरगे की टाँग ! और बिरियानी ऊपर से। भूख और बढ़ जाती है।...चल रे...झूट बोलता तू। साला खाब में खाया होगा मुरगे की टाँग। हमकू बनाता क्या ?

—तो मम्मद कू पूछ ले ना। इतनाली बड़ी टाँग ! है ना रे मम्मद ?

मुहम्मद भी देख रहा है कुछ...आँखों के सामने।...हौ ! सच्ची बोलता। अपुन टाँग खाया था। और उधर मद्रासी का होटल का पीछू क्या मिला था अपने कू ? दोसा ! पूरा दोसा ! नईं क्या रे राजू ? अपुन चटनी का साथ खाया था...है ना ?

अब होने लगा है भरोसा। ताक रहे हैं छोकरे...चुपचाप। मुर्ग़े की टाँग...बिरियानी

...दोसा। राजू और मुहम्मद...उठ गए सबकी निगाहों में। कुढ़ रहा है छोटा गोपू।...ये गाँड़ू लोक कू सबकुछ मिलता, मेरे कू नईं मिलता। कभी नईं मिला आज तलक। मुरगा नईं...बिरियानी नईं...कुछ नईं।

अन्ना...मद्रासी का छोकरा...चालाक है।...ये सब जूठा बात है। हमकू बुद्दू समजता क्या ? हमकू सब मालम है ! मुरगा का टाँग आज तलक कबी नईं आया इदर...।

फिर आ गए दो-चार कुत्ते। चक्कर काट रहे हैं। नहीं आ पाते नज़दीक। सिर्फ़ भौंकते हैं कौवों की तरफ़...ज़ोर-ज़ोर। नाराज़ हो रहा है राजू।...ये साला अन्ना...तेरी माँ को...तेरे से बात किया क्या ? तू कायकू बोला बीच में ? हो...हम बोलता...हम खाया मुरगा का टाँग। क्यूँ रे मम्मद, खाया कि नईं अपुन ? ये साला अन्ना बीच में टर-टर करता।

कच्ची ज़मीन पर औंधी पड़ी है मैना। रो रही है।...गालियाँ दे रही है।...एक-एक पइसा जमा की मैं...ले गया साला। अरे कभी मरेंगा रे तू ! कभी थंडा होंगा मेरा कलेजा !...भड़वा...बोलता पाँच सौ रुपिया तेरा हाथ पर रखेंगा। अपनी माँ के भोक में डाल तेरा पाँच सौ रुपिया। मादरचोद...!

टाइम काफ़ी हो गया। ताशवालों का जुआ रुका नहीं। थककर बैठ गए छोटे छोकरे। कौवे...नहीं दिखाई देते। कुत्ते...ऊँघने लगे। मक्खियाँ भी सो गईं। चारों तरफ़...ठहर गया सबकुछ।...अचानक खुल जाता है दरवाज़ा होटल के पीछे का। निकल आया छोकरा। हाथों में कनस्तर। भरा है लबालब। सबकुछ एक में।...चावल... रोटी...पाव...हड्डी...दाल...मच्छी...शोरबा...आज का...कल का। सड़ा हुआ...बदबू। सब चौंक उठते हैं अचानक...दौड़ने लगते हैं।...मम्मद !...मम्मद ? आ गया रे वो। गोपू... गोपू ! अन्ना ! सोन्या ! रामा...!

जाग पड़ते हैं ऊँघते हुए कुत्ते भी...दौड़ पड़ते हैं। कौवे भी आ जाते हैं...चिल्लाते हैं। भिन-भिन...उड़ने लगीं मक्खियाँ। फेंक दिए ताश खेलने वालों ने... दौड़ने लगे। छोटे लड़के मार रहे हैं पत्थर कुत्तों को...हटते नहीं कुत्ते। उड़-उड़कर वहीं बैठ जाते हैं कौवे। आ रहे हैं बड़े छोकरे...ताशवाले। छोटे भिड़ जाते हैं जल्दी-जल्दी। कुत्ते...फिर बढ़ आते हैं...जल्दी। कौवे भी जुट जाते हैं। कुछ नहीं मिलता जल्दी में।...मम्मद ! कुछ मिला रे ?...इधर कुछ भी नईं। उधर ?...उधर भी नईं।...हटाते जाओ जल्दी-जल्दी। कुछ नईं।...हाँ ! एक मच्छी...आधी खाई हुई...अचानक दिख जाती है।...दौड़ पड़ते हैं सब।...तेरी माँ की...हट रे...तू हट साला भेनचोद। ए...उसकू पकड़ तो। मैं ढूँढ़के निकाला। हाथ नईं लगाना गाँड़ू ! ऐसा मारेंगा...।

मगर आ जाते हैं बड़े लड़के।...हटो रे सालो ! भागो ! नजीक आया तो याद रखना। तू वो बाजू देख रे महादेव ! ए साला राजू ! बोला ना इधर मत आ बोलके...।

एक घेरा बन गया है दूर...छोटे छोकरों...कुत्तों...कौवों का। आगे बढ़ नहीं सकता कोई। सिर्फ़ कौवे फड़फड़ाकर बैठ जाते हैं उनकी जगह। बहुत भूखे हैं ताशवाले। कुछ नहीं छोड़ेंगे। सबकुछ सनकर हो गया एक...लिबलिबा मिक़दार...ढेर-सा। कहीं दिखाई

दे जाता है कोई टुकड़ा।

खाते जाते हैं बड़े छोकरे...बाक़ी सब देखते जाते हैं। छोटे छोकरों की नज़र नहीं हटती।...क्या मिला महादेव कू ?...देख रे राजू...पूरा हड्डी...गोस लगा है। है ना रे ?...गन्या कू मिल गया पूरा पाव। ये गाँड़ू लोक कुछ भी नई छोड़ेंगा ! सब खा जाएँगा। इनकी माँ की...।

धीरे-धीरे ढल रही है दोपहर...शाम। बनती जा रही हैं ऊँची-लंबी क़तारें...काले और पीले धुएँ की...फैलती जा रही हैं आसमान में...। ठहरी हुई गाड़ियाँ...फिर से चलने लगती हैं। ऊँघे हुए फेरीवाले...ढूँढ़ते हैं ख़रीदारों को। एक कप चा...दो बसी...दो गिलास पानी...दौड़ते जाते हैं छोकरे होटल के। गरमी है। पल-भर सुस्ताकर फिर चलने लगते हैं थके हुए हमाल। बहुत लंबा रास्ता...बहुत भारी बोझ...।

घसीटती हुई चली जा रही है साँवली हसीना...तीन साल के अमजद को।

—किधर जाता हसीनाबाई ?...चिल्लाकर पूछता है कोई।

—जहन्नम में।

—क्यूँ ?...किधर गया जब्बार ?

—मर गया साला। फिर हो गया तड़ीपार। अब मैं रोऊँ बैठके उसके नसीब को...।

कभी ख़त्म नहीं होगा यह सब। फिर जम जाएगी ताश की बाज़ी सीढ़ियों के नीचे। बची हुई जूठन के ढेर पर पहुँच गए छोटे छोकरे। कुत्ते दूर...कौवे उड़-उड़कर आते हैं...भिन-भिन कर उड़ती हैं मक्खियाँ। लिबलिबा मिक़दार...ख़त्म हो जाएगा सारा। राजू...मुहम्मद...गनेश...गोपू...अन्ना...कुछ नहीं सूझता अब। पेट में जलती आग बुझती नहीं...बढ़ती जाती है।

चेहरे पुत गए खड़िया के पाउडर से। गालों-होंठों पर लाल रंग...आँखों में मोटा काजल...कोने चले गए दूर कनपटियों पर। तैयार हैं सब-की-सब। सिर्फ़ मरियम बैठी है बड़ा पेट लिये...। गालियाँ दे रही है नसीब को। बजरों और जहाज़ों के क़ुली...काट रहे हैं चक्कर।

—साला मूँ नहीं धोया।...चिल्लाती है चंद्री।...वैसाइच आ गया...।

—रात-पाली किया...दिन कू सोया। उठा तो तुम्हारा बात सोचा। मूँ पीछू धोएँगा...पेला तुमसे बात करेंगा...।

—चल दूर सरकके बैठ...बास आता मूँ से...।

—आने दे ना बास। बास से भागेंगी तो कइसा काम चलेंगा ?

बुरा मुँह बनाती है चंद्री।...नईं...मेरे कू पसंत नई तेरा मूँ का बास...।

—हम अब्भी आएँगा मूँ धोके...तुम इधरीच रहना। जाना मत...भला क्या !

कुछ दूर चला जाता है छोकरा। चंद्री आवाज़ देती है...अरे सुन तो...क्या नाम है तेरा...!

नाम नहीं मालूम। पास आ जाता है।...क्या बात है ? हम अब्भी आता है...।

तिरछी निगाहों से देखकर मुसकराती है।...कुछ देके जा ना...चा-पानी के वास्ते। कुछ भी नईं है मेरे कने...।

—चा-पानी के वास्ते ?...ठहरकर सोचता है छोकरा।...एक पचास पइसा है मेरे कने...।

चिल्लाती है चंद्री...भड़वी का ! पचास पइसा लेके रंडीबाजी करने निकलता ! सरम नईं आता तेरे कू...।

मुँह उतर जाता है छोकरे का।...तीन रुपया मिला रात-पाली का। दो उधारी में चला गया। पचास पइसा में रगड़ा-पाव खाया...।

—तेरे से हिसाब नईं मँगती मैं। जेब में रुपिया होंगा तो आना इधर... नईं तो दिखना नईं। क्या समजा ? अभी निकाल पचास पइसा और धोके आ मूँ...।

चुपचाप दे देता है पचास पैसे। चला जाता है। हँसती जाती है जमीला। मगर नैना को गुस्सा आता है।...पचास पइसा लेके मारने आता। क्या समजता ये साला लोक ! फुकट में आती है...।

साइकिल लेकर आ गया है भैया...दूधवाला। कंधे पर हाथ रखती है, सीट पर बैठ जाती है मंगला।...मेरे कू सिखा ना रे सैकल चलाना। सिखा ना ! मेरी जान की कसम तेरे कू...।

ऊपर से झुँझलाता है भैया।...अरे छोड़ ! हम कहता हूँ छोड़ साइकल। दूध का डिब्बा गिर जाएगा।

सीट पर ही उछलती है मंगला। झुँझलाता जाता है भैया...मगर देखता रहता है...काजल...सफ़ेदी...लाली। साल-भर से मुलक नहीं गया...हाथ नहीं लगाया औरत को। डाँट रहा है...आवाज़ में दम नहीं। मंगला बड़ी चालाक...सब समझती है। कान के पास ले जाती है मुँह।...मेरे कू ले चल ना रे किधर भी...।

दो चार और चली आ रही हैं। घबरा जाता है भैया।...तू उतर पहले...हमारा टैम खोटी मत कर...।

—ए भैया ! ले जा उसकू...घर में रखना अउरत बनाके...।

—क्या री मंगला—छोड़ना मत उसकू। धगड़ा है तेरा...।

चिल्लाता है भैया।...तू हाथ मत लगा हमको। क्या कहता हूँ...हाथ मत लगा। उतर जा साइकल से...।

लेकिन मंगला बाँह पकड़ लेती है।...कल रात के टैम आना तू...रस्ता देखूँगी तेरा। अभी दे मेरे कू कुछ। चार-आठ आना जो होएँगा दे। दे ना...ऐसा क्या ! एक वेनी लगाऊँगी तेरे नाम से...।

हाथ डालती है जेब में। एक सिक्का...पचास पैसा। देखता रहता है भैया। खिलखिलाती हैं रंडियाँ...चली जाती हैं।

धीरे-धीरे जलने लगते हैं चिराग़। मिट्टी के तेल की ढिबरियाँ। मैना...नहीं उठी अब तक। सीली हुई ज़मीन और सीला हुआ जिस्म। राजू आया...चला गया। फिर

आया...फिर चला गया। दर्द और आँसुओं की लकीरें। भूख और कमज़ोरी। उठना पड़ता है बेमन। झोपड़े के छेदों में बाहर की रोशनी। क्या रख गया राजू ? पाव के टुकड़े।...पोपट ! साला हरामी ! कभी भला नईं होएँगा तेरा...।

मटके में पानी नहीं। झोपड़े में...खाना नहीं। कोई रास्ता नहीं...कोई ठिकाना नहीं। मैले-थके जिस्म को सजाना होगा। हो रही है रात कचरे के ढेर पर। पागल आदमी...ढूँढ़ रहा है अब भी...उसे...जो नहीं मिलता।

रोशनियों के खंभे...और रंडियों की क़तार। हँसती हैं...खिलखिलाती हैं बार-बार...ज़ोर लगाकर। फब्तियाँ कसती हैं। खाँसी नहीं रुकती। एक झोपड़ा... अँधेरा कोना...पड़ी है मरियम। दिन गिन रही है। कब निकलेगा पेट में से ? दूसरा झोपड़ा...दूसरा अँधेरा कोना। बैठी है एक लड़की...डरी हुई। कहाँ है मैना ! चली आ रही है सबके पीछे।...तलाश जारी है। कोई नहीं मिलता। रुपए...दो रुपए...चार रुपए...कोई नहीं आता।...हाँ...आ रहा है अँधेरे के पीछे से...जवान...मनचला-सा। मंगला...नूरन...चंद्री...सबकी नज़र पड़ती है एक साथ। मंगला सबसे आगे।...देखो रे ! तुम कोई लोक इधर नईं आना। अभी सेच बोलती मैं। मैंच पटाऊँगी इसकू...।

बिगड़ती है नूरन।...क्यूँ पटाएँगी तूच ! नाम लिखाके लाई क्या ? जब देखो तब मैं...मैं...मैं। दूसरे क्या फजूल के आएले हैं !

मगर समझाती है बशीरन।...जाने दे ना। अभी दूसरा घराक तू पटा लेना। जाने दे उसकू...।

सब रुक गई हैं...सिर्फ़ बढ़ रही है मंगला। नैना को भी बुरा लग रहा है...साली चलती कइसा है ! जइसा फिलम का हीरो है...।

आदमी के साथ-साथ चलती है मंगला। गाना गाती है...ओ साजना...ओ बालमा !

सिर झुकाए चला जाता है मनचला। गाना बंद कर देती है।...क्यूँ जी...चलते क्या जी ?

नूरन को भी दिखाई दे गया कोई। चली जा रही है पीछे-पीछे। गाना नहीं गाती...चलती जाती है...चलती जाती है।...आते क्या ? आओ ना ?

चौंक उठता है चलने वाला...पहली बार देखता है नूरन को। और पास आ जाती है।...क्या जी ! आओ ना !

ज़ोर से चिल्लाता है...तेरी माँ की ! भाग इधर से...!

सरपट भागती है नूरन। ग़लत आदमी निकला। हो जाती है गली में। क्या करे ? ज़रूरत बहुत है। ग़लत आदमी सही दिखता है। कहाँ गई मंगला ? मिल गया उसको। देख रही हैं सब...।

मगर नहीं। नहीं तैयार होता मनचला। बार-बार कहती है मंगला...खाली तीन देना...बस ! जास्ती नईं मँगती...किसी कू भी पूछ ले।...अच्छा दो दे देना...बस। उधर झोपड़ा है अपना...।

लेकिन मनचला आँखों से देखता है...चलने को तैयार नहीं होता। समझाती जाती

है मंगला...देख...पइसा के वास्ते इतना नईं बोलती मैं...पन तू मेरे कू भोत पसंत है...भोत...तेरी कसम। तेरे कू भोत बार देखी इधर। तेरे ऊपर दिल रखती मैं। चल ना...दिल मत तोड़...।

हाथ पकड़ती है। छुड़ा लेता है मनचला। नहीं जाएगा...पक्की बात। ख़ाली देखता है...और कुछ नहीं करता। गिड़गिड़ाकर हार गई। मिल जाता तो एक दिन का काम हो जाता। नहीं मिलेगा। अब आ जाता है गुस्सा।...अच्छा ला...चा-पानी के वास्ते निकाल कुछ।

चालाक है मनचला। चा-पानी भी नहीं देगा। चिल्लाती है मंगला...गाँड़ू ! तू क्या ठोकेंगा ! साला हिजड़ा ! मेरे साथ कायकू सोएँगा...अपनी माँ के साथ सो...बहन के साथ सो।...बंदर की अउलाद...आँखी सेंकेंगा खाली।...।

मगर बुरा नहीं मानता मनचला। कहाँ है माँ...बहन...औरत ? कोई नहीं। गालियाँ सुनता है...हँसता जाता है...आँखें सेंकता जाता है। जेब...ख़ाली। कड़की में...यही सही। मंगला का गुस्सा...बढ़ता चला जाता है। ज़ोर-ज़ोर से बकती है गालियाँ...लौट आती है।

उधर अँधेरे कोने में...हीरा से फुसफुसाकर बात कर रहा है टैक्सीवाला। पट जाएगा शायद। बहुत देर से खड़ी है हीरा। हँसती है...और हँसती है। और हँसता है टैक्सीवाला...मगर आगे नहीं बढ़ती बात। मगर चंद्री को मिल गया कोई...हर जगह यही बात। शांती पारबती से कह रही है...बशीरन नूरन से...नैना जमीला से। रोज़ी को भी मालूम हो गया। बता रही है मैना से...तीन रुपिया ली है चंद्री...पहलेइच ले ली...बोट का हमाल है कोई तो भी...।

मैना को...ग़म नहीं...ख़ुशी नहीं। खंभे से टिकी बैठी रहेगी पत्थर की तरह। आए कोई...न आए।...कायके वास्ते धंदा ? पोपट की गाँड में भरने के वास्ते !...तेरा कभी भला नईं होएँगा...साला !

वही काला धुआँ...वही ढिबरी...सिंके कबाब की बू...पकौड़ों से चूता हुआ तेल। फिर वही पाइप...वही गिलास...वही शराब। वही आदमी...वही नशा...वही गालियाँ... नामालूम के नाम। ऐंठी हुई जुबान...डूबती हुई आवाज़।...त् त् त् तेरी माँ की...त् त् त् तेरी भेन की। क् क् क्या समझता तू ! म् म् म् मैं कुछ नहीं समझता तेरे कू।...न् न् न् नईं मिलता...म् म् मत मिल। म् म् मादरचोद...भ् भ् भेनचोद...।

रात का बढ़ता हुआ अँधेरा। थक गई हीरा हँसते-हँसते। हँसी-मज़ाक़ करता है टैक्सीवाला...आगे नहीं बढ़ाता बात। एक गुस्सा जमा होता जाता है हँसी के पास।

—देख...तेरे कू चलने का होंगा तो चल...नईं तो जान दे मेरे कू...धंदा मत मार मेरा...।

हँसता है टैक्सीवाला।...रात-भर का बोल ना...रात-भर का क्या लेंगी ?

कुढ़ जाती है। फिर मज़ाक़ किया साले ने।...नईं...रात-भर नईं जगती मैं...।

—रात-भर नईं जगती...फुसफुसाता है टैक्सीवाला...तो पाँच रुपिया काहे का मँगती तू ?

अब नहीं होता सब्र। चिल्लाती है...तेरी माँ... ठुकाने का मँगती पाँच रुपिया मैं...।

—ए...मूँ सम्हालके बात कर...।

हो गया फ़ैसला। बेकार गई घंटे-भर की घिसघिस।...तेरे कू मालम तो है कायका पाँच रुपिया मँगती मैं...फिर कायकू पूछता तू ?

नैना को मिल गया कोई। चली गई झोपड़े में। नूरन कर रही है फिर एक कोशिश...कर रही है बात...शायद पट जाए इस बार। मैना देखती रहेगी चुपचाप। कोई फ़र्क़ नहीं...सब हो गया बराबर।...इसकी माँ की...साला...!

लेकिन आवाज़ ! क्या हो गया ? अँधेरे कोनों की तरफ़ चीख़ रही हैं रंडियाँ। रास्ते चलने वाले...कबाबवाला...दारूवाला...सब देख रहे हैं उसी तरफ़। रोज़ी आ रही है... तेज़...लँगड़ाती हुई।...मैनाबाई ! मैनाबाई ! धाड़*...पोलिस !...भागो जल्दी...।

अँधेरे कोनों से निकल-निकलकर भाग रही हैं रंडियाँ। भाग रही हैं रेलवे-लाइन की तरफ़। सफ़ेद रोशनी की सड़क से दौड़े आ रहे हैं पुलिसवाले। क्या करे मैना ? क्या करेगी भागकर ? मगर नहीं...जैसे एक मशीन काम करती है। भागना शुरू कर देती है रेलवे-लाइन की तरफ़। भागी चली आ रही है नूरन भी। भाग गया उसका ग्राहक। बशीरन...दौड़ नहीं पाती...भाग रही है मगर। शांती...पारबती...जमीला...सब-की-सब। साँस फूलती जाती है। पुरानी साड़ियाँ पैरों में अटक-अटककर फटती जाती हैं। मगर भागती जा रही हैं सब। कीचड़...गड्ढे...नालियाँ...गंदगी...कूड़ा। एक बार आ जाए रेल की हद...बस ! फिर लौट जाएँगे पुलिसवाले।...लोग...देख रहे हैं तमाशा बाहर निकल-निकलकर...क्योंकि खुद हैं ख़तरे से बाहर...।

मगर नहीं भागा जाता बशीरन से। एक ठोकर...हाँफकर गिर जाती है। एक गहरा अँधेरा...आँखों के सामने। धीरे-धीरे दूर होता है। बाँह से खींचकर खड़ा कर रहा है हवलदार। दर्द कर रही है पीठ। चिल्ला रहा है...ए...घेरे हिला। टाक गाड़ी मधे। हिच्या आई ला...**

दौड़ अब भी जारी है। मैना की आँखों में...अँधेरा। अब गिरी। तब गिरी। रेल की पटरी थोड़ी दूर और। थोड़ा और ज़ोर...निकल जाएगी पहुँच के बाहर। सबसे आगे शांती...पारबती। फिर नूरन। फिर...सलमा को पकड़ लिया हवलदारनी ने। मार रहा है डंडे हवलदार।

नहीं...बहुत दूर है रेल की पटरी। उस तरफ़ से भी चली आ रही हैं हवलदारनियाँ...हवलदार। पटरी पर नहीं जाने देंगे रंडियों को। फैला है पूरा जाल। एक भी नहीं जाने पाएगी बचकर। सफ़ेद रोशनी वालों को कोई शिकायत नहीं होगी अब। चीख़ती हैं शांती और पारबती। दाएँ भागती है शांती...बाएँ पारबती। सामने हवलदार !

---

* छापा।

** पकड़ इसको। डाल गाड़ी में। इसकी माँ की...।

किधर जाए नूरन...समझ नहीं आता। सामने गड्ढा...अँधेरे में। हाँफती मैना गिर जाती है। बदबू और गंदा कीचड़। फूली हुई साँस। चीख़ रहे हैं पुलिसवाले। पटरियों पर गुज़र रही है रेलगाड़ी।

घिसटती हुई...खिंचती हुई...चली आ रही है नूरन। हाथ आ गई पारबती भी। सड़-सड़ ! पड़ रहे हैं बेंत।...बच नहीं सकती मैना। आ गया हवलदार। भागने की ताक़त नहीं।...नईं-नईं ! तुम मेरे कू मारना नईं ! मैं चलती तुम्हारे साथ। पाँव पड़ती...मारना नईं मेरे कू...। अरे बाप रे...मार डाला। कायकू मारता तुम हमकू ? हम कुछ खाया है तुम्हारा ? जिधर ले चलने का होंगा चलो...मारने का कोई गरज नईं।

चिल्लाता है हवलदार...साली ! मूँजोरी करेंगी। लगा इसकू दो और...टाक गाड़ी मधे।

और दो-तीन पड़ जाते हैं मैना को। आँखों में आँसू...जुबान पर गालियाँ।...साला हवलदार का बच्चा ! गाँडू ! अउरत कू मारता...सरम नईं आता...हिजड़ा। अपनी माँ कू ठोक।...मार...और मार...तेरी माँ की...चूत...।

मार पड़ती है मगर जुबान नहीं रुकती। आँसू बहते चले जाते हैं। चली आ रही है नूरन...चिल्लाती हुई।...साला हवलदार लोक...बदमासी किया मेरे साथ...मैं बोलेंगी बड़ा साब कू। मेरे इधर हाथ लगाया...इधर भी। साला सोने कू बोलता फुकट में।...सब बोलेंगी साब कू।

अब आ गई पारबती भी। घसीटने की ज़रूरत नहीं...ख़ुद ही आ रही है...और हँस रही है...और आँख मार रही है। बड़े हवलदार को देखती है...फिर आँख मारती है।...हाय रे कुरबान जाऊँ हवलदार। तू बोला कायकू नईं...मैं खुदिच आके सो जाती तेरे कने। घर काच आदमी तू तो। तेरे से पइसा-वइसा क्या लेना ! तेरे पे तो मरती मैं...।

बाँहें डाल देती है बड़े हवलदार के गले में। चिल्लाता है...अरे...। हट...हट...हट ! दूर...दूर...से बात कर। मैं बोलता...दूर से बात कर।...नईं तो भोत मारेंगा मैं।

नहीं हटती पारबती।...कायकू हटेंगी मैं !...तेरे को मोहोब्बत करती मैं...नईं छोड़ेंगी तेरे कू। सोना है तेरे साथ...सच्ची...तेरी कसम...।

दो कांस्टेबल अलग करते हैं खींचकर। वर्दी को झटकारता है बड़ा हवलदार... गालियाँ देता है।...तुझ्या आईला...भेनचोद...साली माझ्या अंगावर आली। तुझी...।*

और खिंचती जाती है पारबती...और चिल्लाती जाती है...अरे मेरे कू मोहोब्बत है तेरे से...मेरे कू सोना है तेरे साथ। अरे तू कितना खबसूरत है रे हवलदार। मेरी जान...कुरबान जाऊँ...।

रोज़ी को भी पकड़ लाए दो कांस्टेबल। चिल्लाता है...कायकू रे ? तिला कशाला आणलय ? महरोग आहे...दिसत नाहीं। सोडा तिला। बाक़ींना टाँका लॉरी मधे...

---

* तेरी माँ की...मेरे ऊपर आई...तेरी...।

लवकर...फटाफट...।*

झोपड़ों में पहुँच गए पुलिसवाले। निकल-निकलकर भाग रहे हैं ग्राहक...क़ुली...हमाल...मज़दूर। साड़ियाँ खोंसती हैं रंडियाँ...किसी तरह। भागने की कोशिश करती हैं। दौड़ फिर शुरू होती...दौड़ फिर ख़त्म हो जाती है। पकड़ी गईं कुछ—निकल भागीं कुछ...।

खुश है बड़ा हवलदार। भरते जाओ सबको ट्रक में। भीड़ जमा है। छिप गए कनस्तर और गिलास। किस्तय्या सिगरेट पिला रहा है हवलदार को। खींचता है कश...नाक से धुआँ छोड़ता है हवलदार।...बड़ा साब का पास भोत तकरार गया ये झोपड़-पट्टी का। वो बाजू सब अच्छा लोक रहता...बाल-बच्चावाला...सरीफ धंदा-पानीवाला। भोत तकलीफ होता सबकू। ये रंडी लोक का क्या...भला देखती ना बुरा...पइसा से गरज। बड़ा साब का आडर आया...बंद करो। हम नईं छोड़ेंगा एक कू भी।

—मत छोड़ना ! कोन बोलता तेरे से कि छोड़। साला रंडी लोक कू बुरा बोलता। पोलिस का लोक तो रंडी लोक से भी खराब है। पइसा का वास्ते कुछ भी करेंगा...।

घूमकर देखता है हवलदार।...कौन है ये राँड़ ?

मैना है...घिरी हुई...बोलती चली जाती है।...अपने डंडे का डर बताता क्या ? साला गाँड़ू ! बड़ा सरीफ बनता। क्या है तू और तेरा साब लोक...सब मालम है। पइसा का वास्ते मराने में भी सरम है क्या तुम लोक कू ?

भीड़ लगी है। फूट पड़ती है कहीं हँसी। चिल्लाता है कांस्टेबल...डाँटता है मैना को ! मगर चुप नहीं होगी मैना...बोलती जाएगी। और डाँटता है...और चिल्लाती है। नूरन भी बोलती है अब...बशीरन भी...शांती भी...मंगला भी। चिल्ला रही हैं सब-की-सब। हवलदार परेशान। किधर गया छोटा साहब ? दो कांस्टेबल लेकर जो गया...तो आया नहीं अब तक।...ए चोप ! हल्ला नईं करना इधर।...बोला ना चोप ! लगाएँगा एक-एक डंडा।...ए...तू भी चोप। सब लोक चोप...।

एक पल के लिए चुप...फिर बोलना शुरू कर देती हैं सब। किस्तय्या मदद करता है हवलदार की।...चोप ! तुम सब लोक चुप होता है कि नईं ! एक-एक लाफा देंगा सबकू।

चिल्लाती है नूरन।...तू क्या हवलदार का बाल है गाँड़ू ! कायकू लाफा देंगा तू !

—तूच चुप हो जा पेला। आया साला चमचागीरी करने का वास्ते...।

—साला भड़वा !

गालियाँ दे रही हैं सब-की-सब...चुप है पारबती। अचानक...धक्का देती है...भागती है सरपट...भीड़ में। एक पल ख़ामोशी—दौड़ पड़ते हैं सिपाही...हवलदारनियाँ।...किधर गई ? उधर...दूर। भाग रही है तेज़। दौड़ रहे हैं सिपाही...पीछे-पीछे हवलदारनियाँ। नहीं

---

* उसको क्यों लाया ? कोढ़ है उसको...दिखता नहीं। छोड़ो उसको। बाक़ी सबको डालो लॉरी में...जल्दी...फटाफट।

आएगी हाथ। चिल्ला रही हैं रंडियाँ घेरे के अंदर।...शाबाश !...अरे तुम क्या पकड़ेंगा रे उसकू ! हिजड़ा लोक ! गाँडू !...भोत अच्छा !...भोत अच्छा ! निकल गई ! निकल गई। जा ! अब मरा बड़ा साब से। भेज अपनी माँ-भेन कू उसके कने।...शाबाश... शाबाश !

पूरी आवाज़ से चिल्लाता है हवलदार...चोप !...घेरे को मज़बूत कर देते हैं सिपाही लोग। फिर आवाज़ लगाता है हवलदार...चोप !

रंडियाँ भी चिल्लाती हैं...चोप !

छोटा साहब* आ गया दूसरी तरफ़ से। किसके साथ था दो घंटे ? खुश है हवलदार। सैल्यूट मारता है छोटे साहब को।

मगर हाथ नहीं आई पारबती। लाते-लाते और भी भाग गईं दो-तीन। लौट आए हैं सिपाही। घुसेड़ दो सबको ट्रक में। देखता जाता है छोटा साहब।...जल्दी...जल्दी हो अंदर।...चिल्ला रहा है हवलदार।

भीड़ में से सामने आता है राजू। हाँफ रहा है। दौड़कर आया है...माँ...ओ माँ !

देख रही है मैना।...क्या है रे ?

रुआँसा हो गया है।...बापू कू जाके बोलू क्या ?

—नाम मत ले उसका। मर गया मेरे वास्ते...।

—ए...ए !...चिल्ला रहा है हवलदार।...चल हो अंदर...।

गाड़ी के अंदर हो जाती है मैना। और भी बैठी हैं अंदर। पकड़कर लाए हैं नई छोकरी को झोपड़े में से। रो रही है सिसक-सिसककर। मरियम का पेट...छोड़ दिया उसको। गालियाँ बक रही हैं रंडियाँ।...मादरचोद...भड़वा...हिजड़ा !

फिर चिल्लाता है हवलदार...चोप !

जाली से मुँह सटाकर चिल्लाती हैं रंडियाँ...चोप !

जाली के नीचे...चुपचाप खड़ा है राजू। जाली के पीछे से...देख रही है मैना। नहीं रहा जाता।...ए...राजू ! सुन !

गाड़ी के पास आ जाता है राजू। जाली के पीछे अँधेरा। दिखाई नहीं देती मैना...आवाज सुनाई देती है।...खाया था कुछ ?...क्या बोलती मैं...खाया था कुछ ?

जवाब नहीं देता...देखता रहता है। चुप हो जाती है...कुछ नहीं बोलती। अब शायद चल पड़ेगी गाड़ी...राजू !...क्या बोलती मैं...सुना क्या ! जाके सो जा झोपड़े में। रात का टैम कायकू घूमता है इधर ! सुना क्या ! जा बेटा...सो जा।...और क्या बोलू मैं तेरे कू !...मिलेंगा कुछ...तो खा लेना...।

हुक्म छोटे साहब का। हवलदार का सैल्यूट। नीली गाड़ी के इंजन की आवाज़। चल पड़ती है।...खड़ा देखता रहता है राजू...मोड़ पर गायब हो जाती है। छँटने लगती है भीड़। रात अँधेरी और ख़ामोश। फिर दारू के कनस्तर और मटमैले गिलास।...चलो

---

* सब-इंस्पेक्टर।

दुसरा...चलो दुसरा...।

अँधेरे कोने के पास...वही आदमी...वही नशा...वही गालियाँ...नामालूम के नाम।...त् त् त् तेरी माँ की...भ् भ् भेन की...क् क् क्या समझता तू...?

नीली गाड़ी रुकती है पीली दीवारों के पास। खड़ी रहती है बड़ी देर। पुलिस-थाना। छोटा साहब बड़े साहब के पास। बीड़ियाँ पीते हैं हवलदार। नालियों के पास गालियाँ बकती हैं रंडियाँ।

—ए ! भूक लगा मेरे कू...खाना दे...।

—ए ! मेरे कू पिसाब लगा। जाने दे बाहर...नईं तो...।

—ए ! गाँड़ू हवलदार ! तू अपना अउरत का पास सोता कि नईं सोता ?

—ए ! एक कप चा तो पिला कम-से-कम...।

—साला मरदूद...!

—भड़वी का...।

और अचानक हवलदार की आवाज़...चोप !

और चिल्लाती हैं सारी रंडियाँ...एक साथ...चोप !

मगर अब आने लगी है थकान। कई ऊँघ रही हैं। अब भी सुबक रही है नई छोकरी। बड़े साहब के कमरे में...चाय...सिगरेट...पान। आ गया हुक्म।...चलो उतरो...एक-एक। इधर नहीं...उधर...लॉकअप की तरफ़।

कारकून लिखता है...नाम बोलो...एक-एक। नैना...चंद्री...शांती...बशीरन...। बाप का नाम ? कुछ नहीं। मरद का नाम ? कुछ नहीं। जात ? कुछ नहीं पता ? कुछ नहीं।...नई छोकरी ? नाम भी कुछ नहीं।

—नाम बता। कुछ तो होगा तेरा नाम।

—नईं !...रोती है लड़की।...कुछ भी नईं मेरा नाम।

—नईं है नाम ! कइसा नईं है नाम ?...डपटता है कारकून।...इधर बताना पड़ेंगा नाम।

लेडी-कांस्टेबल आ गई हैं। चिल्लाती है शांती...वो नाम नईं बताएँगी अपना...।

—कायकू नईं बताएँगी ?

—उसका इज्जत जाता बोलके...।

कुछ सोचता है कारकून।...अच्छा...तुम लोक क्या बोलता उसकू ?

—वो नबा आएला है...।

ऊपर से नीचे तक देखता है छोकरी को।...अच्छा...टाका आँत*...।

सरक जाता है सीख़चों का दरवाज़ा। एक के बाद एक...सब अंदर। ताला बंद

---

* डालो अंदर।

करती है कांस्टेबल। ठहर जाती है चंद्री।...तू...भी रंडी है क्या ?

चिल्लाती है कांस्टेबल...मूँ सम्हालके बात कर साली...नईं तो तोड़ देंगी तेरा मूँ...।

—कायकू तोड़ेंगी मेरा मूँ ? मैं तो खाली ये पूछती कि पइसा के वास्ते काम नईं करती क्या तू...फुकट में करती...?

चिल्लाती है दूसरी कांस्टेबल।...चुप होती है कि नईं तू...कि मँगता है तेरे कू कुछ...?

—ए...तू कायकू बोलती ?

—हौ...तू कायकू बोलती ?

—साली !

उठकर आ रहा है कारकून।...वो आ रहा है रंडी का भड़वा।

डपटता है।...क्या बात है ? कायकू चिल्लाता तुम लोक ?

—चिल्लाएँगा नईं तो क्या ? इधर खाना नईं...चा नईं...ऊपर से ये रंडी गाली देती...।

—चा और खाना सुबू मिलेंगा। अभी रात कू नईं मिलेंगा। दरवाज़ा कू हाथ लगाना नईं...पाँच कदम दूर खड़ा रहना...बोम नईं मारना...।

चिल्लाती है नूरन।...चा और खाना सुबू मिलेंगा ? कायकू मिलेंगा सुबू ? आज का तारीख का भत्ता तू अपना पाकिट में रखेंगा...नईं क्या ! तूच तो है अक्कल वाला दुनिया में...।

—ए चोप !...चिल्लाता है कारकून।...कल का तारीख में डाला है तुम लोक कू। जास्ती बात करना नईं इधर। ये लाकप है...तेरे बाप का घर नईं है...।

फिर बोलने लगती हैं रंडियाँ...एक साथ। मगर चला जाता है कारकून...चली जाती हैं कांस्टेबल। चिल्लाती जाती हैं रंडियाँ...बकती जाती हैं गालियाँ। कोई नहीं सुनता। सिर्फ़ एक धीमा बल्ब...टिमटिमाता रहता है चुपचाप।

2

फिर सुबह...कचरे के ढेर पर...पागल आदमी के साथ। तलाश जारी है। सिगरेट के टुकड़े...पन्नियाँ...काग़ज़...मिट्टी...फूटी हुईं शीशियाँ...पिचके हुए ट्यूब...चीथड़े...ज़ंग...गंद...निकल रहा है सूरज। बस-स्टॉप पर लग गई लाइन।

आँखों का चीपड़ पोंछती है रोज़ी...उँगलियों से...जो सुन्न पड़ती जा रही हैं। नीचे बैठती जा रही है नाक। फिर हो गई सुबह। फिर शुरू हो गया सवाल...फिर ख़त्म नहीं होगा। ख़त्म होते जाते हैं दिन...सवाल ख़त्म नहीं होता। भागते हुए शहर की भीड़ के पास...उगते और डूबते सूरज के साथ...रोज़ उठ बैठता है चीथड़ों के ढेर पर। एक ही जवाब। पुल के नीचे और ऊपर...भीख माँगने वालों की भीड़ में मिल जाए रोज़ी...या फेंकी हुई जूठन पर पहुँच जाए...आवारा छोकरों के साथ। कहाँ गया घाटी का छोकरा ? एक तसवीर छोड़कर किस दुनिया में चला गया ? गंदे पानी पर भिनभिनाते हुए मच्छर...नहाते हुए बच्चे।...उठना होगा और जाना होगा...जहाँ भागकर छिप गए हैं सवालों के जवाब।

बस-स्टॉप पर खेल रहे हैं आवारा छोकरे। दौड़ते हैं...छिप जाते हैं...निकल आते हैं...खिलखिलाते हैं। बीच-बीच में कहते हैं...साब...एक पाँच पइसा...पाव लेके खाएँगा...भूका है सुबू से...। फिर वही भाग-दौड़...आँख-मिचौली और गाने।...आ मेरे हमजोली आ...खेलें आँख-मिचौली आ...। फिर एक खिलखिलाहट...।

गुदड़ों को छोड़कर उठ खड़ी होती है रोज़ी...चलना शुरू कर देती है पुल की तरफ़। एक मोटर...और हज़ारों मोटरें...एक आदमी और हज़ारों आदमी। अंधे और लँगड़े...गुज़रना चाहते हैं रास्तों से...गुज़र नहीं पाते।...चल रे भाई...बाजू हो जा। उधर नईं...गाड़ी आता उधर से।...अंधे का हाथ पकड़ लेती है रोज़ी।...रोड क्रॉस करने का है ? आ...मेरे साथ आ। पुल पर जाएँगा ? चल मेरे कू उधर जाने का है...।

उठता हुआ धुआँ...धुएँ के पार और धुआँ। कहाँ है बस्ती ? सिर्फ़ एक उठता हुआ धुआँ...।

—ए...जरा ठैर जा...घाई मत कर...अभी भोत मोटर आता।...हाँ...अब आ जा। भाग मत...हल्लू चल...मेरे से नईं होता चलना...।

लँगड़ाकर सड़क पार करती है। अंधा चल रहा है साथ-साथ। लँगड़ाकर चल रहा है सारा शहर। आगे कुछ दिखाई नहीं देता। अंधा हो गया सारा शहर। फिर भी...चलता

जा रहा है सारा शहर। पुल की सीढ़ियों पर सामान बेचने वालों का हजूम...भीख माँगने वालों की क़तार। अंधे...लँगड़े...कोढ़ी। अपनी जगह कहाँ है...तलाश कर रही है रोज़ी। तेज़ आवाज़ों का सिलसिला। आती हुई गाड़ियाँ...जाती हुई गाड़ियाँ। भागते हुए लोग...सीढ़ियों पर। भगवान के नाम पर...पैसा-दो पैसा...चमड़े के कोठे को आग लगी...है कोई दाता दयालू...। बाबू साब ! सेठ जी !...तुम्हारे बाल-बच्चों की खैर...राम के नाम पर...फैली हुई झोलियाँ...बिछे हुए कपड़े।

कोने में खड़ी है रोज़ी। बैठ जाए कोढ़ियों के पास ! आवाज़ दे ज़ोर से !...नहीं होगा। नहीं निकलेगी आवाज़। बस इसी तरह खड़ी रहेगी। कब तक ? नहीं मालूम।

फिर चलने लगती है। सीढ़ियाँ और फ़ुटपाथ...सड़क और आसमान। केलेवाले और मूँगफलीवाले...ठेलेवाले और भजिएवाले...होटल और चाय की दुकान। सबकुछ है...मगर नहीं है। एक तमाशा। तालियाँ बजा रही है भीड़। चिल्ला रहा है आदमी।...बच्चा लोग ! जोर से ताली मारो।...भाइयो ! ये मेरा चार साल का छोकरी...इतना बड़ा फत्तर उठाएँगा...पेट का वास्ते।...काय का वास्ते ?...पेट का वास्ते। बच्चा लोग...ताली।...बहुत बड़े पत्थर में बाँधता है रस्सी...चार साल की लड़की की गरदन में डाल देता है।...बच्चा लोग ! फिर ताली मारेंगा। माई-बाप ! पेट का वास्ते। बजरंगबली...तोड़ दुश्मन की नली।...चल बेटे ! उठा ले गरदन से...।

गरदन के गिर्द पड़ा पत्थर...नहीं उठता। चार साल की लड़की बहुत ज़ोर लगाती है। चिल्ला रहा है...चल...बजरंगबली...उठा ले फत्तर...चल...शाबाश...चल...। और ज़ोर लगाती है लड़की...काँखकर रह जाती है। नहीं उठता।...आँख दिखाता है...पास जाकर धमकाता है खेल वाला।...नहीं उठता पत्थर।...चल बजरंगबली...तोड़ दुश्मन की नली। उठा ले बेटे ! हाँ...लगा ज़ोर...। गंदा फटा फ्रॉक...हाथ-पैर। बेबस...देख रही है चारों तरफ़। नहीं उठता पत्थर। कभी नहीं उठेगा। हमेशा लटका रहेगा गरदन के पास। गालियाँ दे रहा बाप...पेट के वास्ते। तालियाँ बजा रही है भीड़...हँस रही है। रो रही है छोटी लड़की। कब से कोशिश कर रही है...नहीं उठता पत्थर।

चुपचाप खड़ी है रोज़ी।...पेट के वास्ते। सारी ज़िंदगी निकल जाती है...पत्थर वहीं रहता है। काँखकर चारों तरफ़ देखते हैं लोग...बेबस। भीड़ हँसती है...कोई आगे नहीं आता।...कौन है सामने ! जब्बार ? ये इधर कैसे आ गया ?...तेज़ चलकर पास आ जाती है रोज़ी।...ए...ए जब्बार ! तू इधर कइसा आया ?

घूमकर देखता है जब्बार...आँखें लाल।...क्या है ? बुलाई तू मेरे कू ?

सहम जाती है रोज़ी।...क्या हुआ बुलाई तो ? कोई गुन्हा किया क्या ? तेरे कू तड़ीपार* किया था...करके मैं पूछी कि तू इधर कइसा आया...।

और पास आ जाता है।...अब तू सबकू जाके बोलेंगी कि तू मेरे कू देखी...नईं क्या ?

---

* नगर-निकाला।

बुरा मुँह बनाती है।...मेरे कू क्या गरज ? मैं कायकू बोलू कि मैं तेरे कू देखी बोलके ?

राहत मिलती है जब्बार को।...हो ! बोलना मत कोई कू...भला क्या ? मैं छुपके आया इधर...खाली अमजद कू देखने के वास्ते...अभी वापस चला जाएँगा...।

चलने लगता है तेज़ी से। अचानक कुछ याद आ जाता है रोज़ी को।...ए सुन तो !...ए जब्बार !

लौट आता है।...क्या है ?

हिचकिचा जाती है रोज़ी।

—बोल ना...क्या है ?

सिर उठाती है।...अभी कितना बजा होंगा ? बारा...नई क्या ?

झल्ला उठता है।...तू टैम पूछने के वास्ते बुलाई क्या मेरे कू ?

—नईं...मैं ये बोलती...कि सुबू से अभी तलक...एक कप चा भी नईं मिला मेरे कू। जब से घूम रही इधर का उधर।...एक चा तो पिला दे मेरे कू...।

और देखता रहता है जब्बार। कोई जवाब नहीं देता। फिर धीरे-धीरे हाथ डालता है फटे पतलून की जेब में। दो सिक्के दबे हैं कहीं। हाथ नहीं आते। सम्हालकर रख छोड़े थे अमजद के लिए। देखता है अब्बा को...रोने लगता है। अंदर की तरफ़...एक-दो नोट भी हैं। हाथ रुक जाता है जब्बार का।...देख। एक काम करेंगी ? मेरे झोपड़े तक चल। कुछ बंदोबस्त कर देऊँगा तेरे खाने का...।

हिचकिचाती है रोज़ी।...इधरिच देना है तो दे दे। तेरा अउरत का मगज भोत गरम है। मैं नईं जाती उधर...।

—तू चल तो। उधर कुछ मिलेंगा...इधर कुछ नईं है।

फिर चलना पड़ता है रोज़ी को। जल रहे हैं पैर...उठा नहीं पाती जल्दी...लँगड़ाती जाती है। चलते-चलते रुक जाता है जब्बार। फिर चलने लग जाता है। फिर पिछड़ जाती है रोज़ी...फिर रुकना पड़ता है।...तू एक काम कर...क्या नाम तेरा। मेरा झोपड़ा देखी ना ? उधरिच आ जा...मैं चलता आगे।...तेज़ी से निकल जाता है।

दोपहर...ज़्यादा तकलीफ़ देती है।...रात नहीं देती। उजाला ज़्यादा परेशान करता है...अँधेरा सुला लेता है चुपचाप। जब आ जाती है नींद...भूख नहीं...प्यास नहीं...सिर नहीं चकराता। धूप में...चलते चले जाना पड़ता है।...जब्बार...पुलिस ने कर दिया तड़ीपार। शहर की हद में दिखा तो...फिर पिटाई...फिर सज़ा...फिर तड़ीपार।...हद हो गई। अब नहीं चला जाता। फटती हुई चमड़ी...पीछे दिखाई दे रहा है ख़ून। दो उँगलियाँ सुन्न...बाक़ी जल रही हैं।

घंटी बजाता हुआ निकल जाता है दूधवाला। चिल्लाकर गालियाँ बकते हैं जुएवाले ...फिर खेलने लग जाते हैं। नहीं चला जाता रोज़ी से...मगर रेंगती चली जाएगी...।

मगर लौट रहा है जब्बार।

—क्या हुआ रे ?

मुँह उतरा हुआ है।...कुछ नईं। ताला बंद करके किधर चली गई...मालम नईं।

अब ? दोनों खड़े हैं चुपचाप।...चल उधर। एक चाय तू पी लेना...एक मैं पी लेऊँगा। तब तलक आ जाएँगी वो...।

मलाबारी का झोपड़ेवाला होटल...बाहर ज़मीन पर बैठ जाती है रोज़ी...बेंच पर जब्बार।...ला रे भाई...दो गरम चा ला और पानी दे।

मलाबारी घूमकर देखता है रोज़ी को।...उसकू बीमारी है। हमारा बरतन में चा नईं देंगा।...पानी भी नईं देंगा।

चुपचाप देखती है रोज़ी...चुपचाप देखता है जब्बार...दूर...फ़ुटपाथ के पास चीथड़ों के बीच...पड़ा है एक टम्बलर। जाए और ले आए ? एक लंबी साँस लेती है।...चल हटा ! चा कू मार गोली। पानी पिला दे ऊपर से...भोत प्यास लगी है...।

कोई ध्यान नहीं देता। देखता रहता है जब्बार...उठ खड़ा होता है।...तू इधरिच ठैर ! मैं लेके आता कुछ तो भी...।

निकल जाता है सामने। झोपड़ों के सामने टूटी चारपाइयाँ...सूख रही हैं मछलियाँ। एक सुतार* ठोंक रहा है कुछ। इस तरफ़ से लौट आता है जब्बार। चिल्लाती है रोज़ी...अरे, लौट आ रे। जान दे कुछ नईं मिलता तो...।

मगर निकल जाता है दूसरी तरफ़। ज़ंग लगे लोहे का ढेर...कितने साल पुराना ! धँस गया है ज़मीन के अंदर। तार...पीपे...टिनें...पुरानी कारों की बॉडियाँ...जालियाँ... सलाखें...कब आए ? उलट-पलटकर देखता रहता है। एक टूटा डिब्बा...मगर काम आ सकता है।

—ले...क्या नाम तेरा ! इसकू धो ले...और ले ले चा इसमें।

रोज़ी...नहीं देखती डिब्बे की तरफ़...देखती है जब्बार की तरफ़।...पतलून एकदम ढीली...मालूम नहीं किसकी पहन रखी है। ऊपर एक गंदा बुश्शर्ट...आँखें लाल। डिब्बा ले लेती है।

—ए छोकरा ! ला ! चा ला ! दो। डब्बे में दे उसकू...डब्बा है उसके पास...।

थोड़ा-सा पानी...धो डालती है डिब्बे को।...थोड़ा-सा और दे...मूँ धोने का है।...मुँह धोती है। खींचकर पीती है पानी...खुल जाती हैं आँखें।...बज गए दो...।

यहाँ आकर ख़त्म हो गए हैं झोपड़े। उधर ऊँचाई पर रेल की पटरियाँ...फिर गंदे कीचड़ का दलदल...दूर तक। झाड़ियों के झुरमुट...फिर छोटे-छोटे मकानों की क़तारें। अब दोनों बैठ गए...रेल की पटरियों की ढलान पर। गुज़र गईं बहुत-सी रेलगाड़ियाँ ...जलकर ख़त्म हो गईं बीड़ियाँ...मगर वक़्त नहीं गुज़रा पूरी तरह...शाम नहीं हुई...सूरज नहीं डूबा। और बोलना होगा कुछ।

—तू दवाखाने में कायकू नईं गई ?

—दवाखाने में ? कायके वास्ते ?

---

* बढ़ई।

—ये तेरे जिसम में क्या हो गया है ? उसका कुछ दवाई-ववाई तो होंगा कि नईं ?

रोज़ी ख़ामोश है। आती है लोकल गाड़ी...और गुज़र जाती है।...दो टैम गई थी मुंसीपाल्टी के दवाखाने में। उन लोक भगा दिया मेरे कू...।

—फिर बाद में दूसरा टैम नईं गई तू ?

—कायके वास्ते ? कितना लंबा जाना पड़ता ! इतना लंबा पाँव-पाँव चलना नईं होता मेरे से...।

अब फिर चुप हैं दोनों। कुछ बाक़ी नहीं रहा। फिर बोलती है रोज़ी।...एक आदमी मेरे कू बोला...परेल का हास्पिटल में जा बोलके। पन पइसा किधर दूर जाने का वास्ते ?

अब फिर...बात करने के लिए कोई बात नहीं। फिर बोलती है रोज़ी...तू किधर गया था इतना दिन ? भोत दिन का बाद देखी मैं तेरे कू !

चुपचाप ज़मीन की तरफ़ देखता रहता है।...तड़ीपार था मैं...मालम तो है तेरे कू !

—वो तो मालम है। पन काय के वास्ते तड़ीपार था ? कोन-सा गुन्हा किया तू ?

समझ में नहीं आता क्या कहे।...अब क्या बोलू मैं तेरे कू !...चोरिया करता मैं...करके तड़ीपार किया। ही ना ! मैं तो साफ बोलता ! जब किया तो सरम कायकू !

फिर चुप हो जाते हैं दोनों। फिर एक रेलगाड़ी आ जाती है बीच में। फिर बोलने लगता है जब्बार।...उधर गोरगाँव में एक मकान में घुसा था अपुन...दो आदमी। माल कुछ जास्ती नईं मिला...और उधर का छोटा साब भोत मारा मेरे कू...पटक-पटकके...।

अचानक चुप हो जाता है...जैसे दर्द हो रहा है छाती में।...मैं बोला साब कू...चलो मैं बताता माल किधर है बोलके...पन मेरे कू छोड़ देव। लगे तो सब माल तुम खुद ले लेव...पन मेरे कू छोड़ देव...।

—पीछू ?...नईं छोड़ा तेरे कू ?...क्या पूछी मैं...साब नईं छोड़ा तेरे कू ?

सिर हिला देता है।...नईं छोड़ा। हम लोक जिसका मकान में घुसा था...वो दारू का धंदा वाला था। साब लोक का भोत दोस्त था। इस वास्ते नईं छोड़ा मेरे कू। नालबंदी कर दिया मेरा...।

—नालबंदी ?...नालबंदी बोले तो ?

—अइसा हाथ ऊपर किया और लकड़ी बाँध दिया...और अइसा पाँव में...। चल छोड़...जान दे उस बात कू। खयाल आ जाता...तो भोत खराब लगता मेरे कू। अपना किस्मतच गाँड़ू है साला...।

फिर एक गाड़ी आई और चली गई।

—तेरा नाम क्या है ? मेरे कू यादच नईं रहता।

—रोजी।

—रोजी !...एक काम कर ना मेरा...।

—क्या काम ?

—मेरे कू अभी डर लगता...।

—काय का ?

—अभी शाम हो गया ना...उधर सब आदमी लोक आना-जाना चालू कर दिया। कोई-ना-कोई मेरे कू पिछान लेंगा...मेरा फिर मुसीबत हो जाएँगा रोजी !

—मैं क्या करू ?

—उधर जा ना जरा...देख आ ना वो आई कि नईं...कि अभी तलक तालाच बंद है।

सोचती रहती है रोज़ी।...मुसीबत हो जाएँगा...तो तू इधर आयाच कायकू ? कोई-ना-कोई तो तेरे कू देखिच लेंगा...।

ग़मगीन हो जाता है।...हो ! कायकू आया मैं इधर !...पन मैं क्या करूँ...उधर मेरे कू अमजद का भोत याद आता।...मेरा औरत इधर...बच्चा इधर...और मैं उधर। महीना हो गया...अच्छा नईं लगता मेरे कू उधर। करके मैं छुपके आ गया।...पन साला वो गाँडू लोक देख लेंगा...तो मैं खलास हो गया समझो।

उठकर खड़ी हो जाती है।...तू बैठ इधर...मैं देखके आई।...पन दूर से देखेंगी ताला बंद है कि नईं...।

अब आने लगे हैं परिंदों के झुंड। चले आते हैं सागर की तरफ़ से...खो जाते हैं दूर...चिमनियों के पीछे। हलकी-हलकी आवाज़ें...ख़त्म हो जाती हैं ज़मीन तक पहुँचते-पहुँचते।...चुपचाप बैठा है जब्बार। तेज़ दौड़तीं लोकल गाड़ियाँ...जल्दी-जल्दी आ रही हैं अब...जल्दी-जल्दी जा रही हैं। लटके हुए आदमियों के फड़फड़ाते हुए कपड़े...फिर ख़ामोशी। फिर आवाज़...फिर ख़ामोशी। रोज़ी नहीं लौटी अब तक। एक-एक क़दम घिसटती हुई...गायब हो गई थी झोपड़ों के पीछे। उसके बाद नहीं दिखाई दी। कब आएगी लौटकर ! आँखों में जलन...दो रातों की नींद। छिपता-छिपाता चला आया किसी तरह।

और अब भी उजाला काफ़ी है। मगर सामने निकल आया है एक तारा। ख़ूब चमक रहा है।...और सामने...गंदे गलियारे से निकलकर चली आ रही है रोज़ी...फिर घिसटती हुई। और आगे आ जाती है। उठकर खड़ा हो जाता है जब्बार...मगर दूर से हाथ हिलाती है रोज़ी।...नहीं ! कोई नहीं ! दरवाज़ा बंद है अब भी।...और पास आती जाती है। वहीं से शुरू कर देती है बोलना।...तेरा अउरत नईं है उधर। जोगेशरी गया...जोगेशरी...।

अब आ गई एकदम पास।...जोगेशरी कू गई ? कायकू गई जोगेशरी कू ?

हाथ हिलाती है रोज़ी।...क्या मालम !...जोगेशरी नईं गई होंगी तो मालाड गई होंगी। मैं ताला बंद देखी तो बाजूवाली कू पुच्छी। वोच मेरे कू बताई कि...जोगेशरी नईं तो मालाड...नईं तो और किधर भी गई...तीन रोज हुआ।

अब चेहरा उतर गया जब्बार का।...जोगेशरी...नईं तो मालाड ? कायकू गई होंगी भला ?

अचानक कुछ याद आ जाता है रोज़ी को।...वो ये भी बोली कि फरीदन है ना...फरीदन के साथ में गई वो।

अचानक गुस्सा आ जाता है जब्बार को।...फरीदन ! फरीदन के साथ गई वो ! इसकी माँ की...! साली कू इतना बोला कि फरीदन के साथ नईं जाना किधर भी। उसकेच साथ गई...साली...।

वहीं से धीरे-धीरे चलना शुरू कर देते हैं दोनों...नज़रें बचाते हुए। गुस्से में है अब भी। कहाँ जाएँगे दोनों...धीरे-धीरे चलकर...नहीं मालूम। वक़्त गुज़रता जाता है... साथ-साथ लँगड़ाते जाते हैं दोनों। ठहर जाती है रोज़ी।...तेरे कू कुछ खाने का नईं है क्या ?

सिर हिलाता है जब्बार।...सुबू कुछ खाया था...कल्यान के टेशन पर। पीछू कुछ नईं खाया...।

सिर हिलाती है रोज़ी भी।...तेरे कू सुबू तो मिला था कुछ। इधर तो सुबू से कुछ भी नईं मिला। तू नईं आता तो एक कप चा कू भी वांदा था...।

फिर लँगड़ाने लगते हैं दोनों। जब्बार की आवाज़...तेरा रोज येच हाल होता क्या ?

—रोज येइच होता। उधर वो होटेल है ना...क्या नाम... ?

—वो मुसलमान का ?

—हौ...वोच। उधर एक छोकरा होता मेरा पिछान वाला। सुबू-साम बचेला माल दे देता था मेरे कू। अब वो भी चले गया। भोत त्रास होता मेरे कू। कभी कुछ मिलता...कभी कुछ भी नईं मिलता। कइसा टैम निकलेंगा...मालम नईं...।

ख़ामोशी। और बोलता है जब्बार...मेरे कू भी समझ में नईं आता कि अब मैं करू तो भी क्या ? रात किधर गुजारू ? वापस कइसा जाऊ ? जाऊ भी...कि नईं जाऊ ?

—अब आज तो तू इधरिच सो जा। मैं तेरे कू जगा बता देऊँगी...उधरिच सो जाना। कोई नईं देखेंगा तेरे कू उधर। पीछे सुबू करना जो करने का होंगा।

अब आधा सूरज डूब गया पानी में। बाक़ी आधा...डूब रहा है धीरे-धीरे। आ गए जहाज़...काली रेतवाले। शुरू हो गया कुलियों का काम...फैल गए चारों तरफ़। अन्ना लोग...रामा लोग।...कितना टाइम बोला हम मद्रासी नईं...हम तेलुगू...आंध्रा...पन इधर का लोक सबकू मद्रासी बोलता।...एक-एक टोकरी रेत...जहाज़ से ज़मीन पर। लकड़ी के तख़्तों पर दौड़ते पैर...भागती टोकरियाँ। भरी और ख़ाली...भरी और ख़ाली। लटके हुए पाल...झूलते हैं हवा में। थके हुए पक्षी...बैठते हैं...उड़ जाते हैं। उस तरफ़ दूर के पानी में...मछुओं के जहाज़...हिल रहे हैं धीरे-धीरे। भरती* शुरू हो गई...बढ़ता जा रहा है पानी...डूबती जा रही है कीचड़ की ज़मीन। और लहराता है पानी...और झूमते हैं जहाज़। कोई गाता है गाना...किस बोली में...मालूम नहीं पड़ता। दूर तक निकल जाती हैं आवाज़ों की लहरें...।

मगर कुछ नहीं सुन पाते भूखे आदमी। चलते जाते हैं धीरे-धीरे। इस तरफ़...या उस तरफ़। एक ही बात। हर रास्ता...बेमतलब...क़दम...बेकार। बहुत-सा अँधेरा...और

---

* समुद्र में ज्वार।

बहुत-से तारे। जितना अँधेरा...उतने तारे। सड़कों और दुकानों के चिराग़...झोपड़ों में कुप्पियों की रोशनी। बैठ गया कबाबवाला...सुलगते हुए कोयलों पर हवा करता है। पकौड़ों की दुकान...भेलपूरी...पानीपूरी...चक्कर काटते हुए छोकरे...मुहम्मद...गोपू... अन्ना...सोन्या...गन्या...राजू...। और आ रहा है आदमी...फटी लुंगी और नंगा बदन। पागल है या नशे में ? गालियाँ नहीं दे रहा है आज। जा रहा है दीवारों की तरफ़... पीछे...नल के पास...अँधेरे में।

मगर अब तक फेंके नहीं गए जूठे पत्ते...और लड़कों की आँखें...लगातार देखती हैं उन चीज़ों को...जिनकी सिर्फ़ ख़ुशबू पहुँच सकती है। आवारा कुत्ते भी...सिर्फ़ ख़ुशबू पाते हैं...नहीं हटते वहाँ से। एक दुकानदार...एक फेंका हुआ पत्थर...रिरियाकर भागता हुआ एक कुत्ता...भागते हुए बहुत-से कुत्ते...।

—भागता कि नईं...तेरी माँ की...।

भागते हैं अब लड़के भी। भागकर वहीं फिर इकट्ठा हो जाते हैं।

—वो आदमी कू देखा तू ?...फुसफुसाता है मुहम्मद।

—कोन आदमी है ?...वो...लुंगीवाला ?

—हौ ना ! अभी रात का टैम उधर कायकू जाता वो...अँधार में ?

गन्या हँसता है।...मेरे कू मालम है।

—तो मेरे कू भी बोल ना...कायकू जाता बोलके ?

—उधर नहाने कू जाता...।

—नहाने कू ? ये टैम ? अँधार में ? कायकू पन ?

—हौ ना ! सच्ची बोलता मैं। एक दिन मैं छुपके देखा...उधर अँधार में नंगा होके नहा रया था।

गन्या हँसता है और मुहम्मद की आँखों में आ जाती है चमक।...सच्ची ? नंगा होके नहाता क्या ? कायकू नहाता नंगा होके ?

—मेरे कू क्या मालम !...पन मेरे कू लगता कि उसके कने एकच लुंगी है...दूसरा कपड़ाच नईं। इस वास्ते नंगा होके नहाता...।

बहुत मज़ा आ रहा है मुहम्मद को।...चल ना...चलता क्या ? अपुन देखेंगा कइसा नंगा होके नहाता।...सोन्या ! अबे ओ साले सोन्या ! इधर आ।...इधर आ बोलता तो। आ ना ! एक भोत अच्छा बात बोलता तेरे कू...।

सोन्या और सब...आ जाते हैं दौड़कर।

—आदमी कू पिछानता क्या ?

—आदमी ?

—लुंगी पेनता वो आदमी ! उधर नंगा होके नहा रया है। चलता क्या ? अपुन देखके आएँगा।

झोपड़ों की दूसरी तरफ़...एक लंबी पतली गली। उस तरफ़...किसी बड़ी इमारत के परकोटे की दीवार। दीवार और झोपड़े...दोनों ख़त्म हो जाते हैं। गली आगे चली जाती

है। आगे...छोटे-से मैदान में...म्युनिसिपैलिटी का नल बंद हो चुका है। पत्थरों के बीच जमा पानी...और एक डबरा। कोई नहीं है यहाँ...एक अँधेरे के सिवा। सब चले गए—सुबह एक हवाई जहाज़ के गुज़रने तक...एक रेलगाड़ी के दौड़ने तक। फिर लौट आएँगे बरतनों के साथ...एक-एक बूँद के सिलसिले के लिए।

वहाँ अँधेरे में बैठा हुआ है आदमी...नंगा...हज़ारों साल हो गए...इसी तरह। धो रहा है एक गंदा कपड़ा...साफ़ नहीं होता। छप्-छप्...दूर तक जाकर ख़त्म हो जाती है आवाज़। वहाँ और कोई नहीं। एक तरफ़ सागर...दूसरी तरफ़ आसमान...दूर टिमटिमाती हुई बत्तियाँ। फिर वही छप्-छप्-छप्...।

आगे-आगे गन्या...चुप रहने का इशारा करता है। दबे पाँव...धीरे...एकदम धीरे। सब आगे बढ़ते हैं। अब भी उसी तरह बैठा है नंगा आदमी...छप्...छप्...छप्। लड़के पास आ गए हैं एकदम। अब साफ़ दिखाती देती है एक काली दुबली नंगी छाया। छप्...छप्...छप् ! गोपू उठा लेता है एक पत्थर...निशाना लगाकर मारता है...टक्। एकदम खड़ा हो जाता है आदमी...नंगा...चारों तरफ़ देखता है। कुछ नहीं...कोई नहीं।...नंगा आदमी ! छोकरों की हँसी निकल जाती है।...अब डर गया है आदमी। अँधेरे को पहचानने की कोशिश कर रहा है। अब छोकरे हँसते हैं ज़ोर से...जान-बूझकर...और अचानक चुप हो जाते हैं। इधर उधर...अँधेरे को घूरता है आदमी। ख़ामोशी...कहीं कुछ नहीं। कुछ दिखाई नहीं देता...कुछ सुनाई नहीं देता देर तक। बैठ जाता है। फिर वही छप्...छप्...छप्। वही पत्थर...टक्। फिर हँसी...फिर ख़ामोशी...।

डरा हुआ आदमी...डरकर देता है गालियाँ।...कौन है साला...मादरचोद ! सामने कायकू नईं आता ? तेरी भेन की...। जितना डर...उतनी गालियाँ। और लड़के ख़ामोश हैं देर तक। बैठ जाता है आदमी। फिर...छप्...छप्...छप्। साफ़ नहीं होता गंदा कपड़ा।...फिर पत्थर...टक्। फिर हँसी। इस बार देख लिया आदमी ने। गुस्सा...बहुत ज़्यादा। पत्थर हाथ में...दौड़ता है नंगा आदमी।...ठैर जा गाँडू की औलाद !...साला हरामी...तेरी माँ की...।

नंगा आदमी दौड़ता है। लड़के तालियाँ बजाते हैं।...भागते हैं...और रुककर खड़े हो जाते हैं...उजाले के पास। नंगा आदमी...नहीं आ सकता आगे...गालियाँ दे सकता है वहीं से। तालियाँ बजाते हैं छोकरे।...ए...ए...आदमी !...ए साला नंगा...ए गाँडू...ए मादरचोद ! खुल गया लुंगी...बज गया पुंगी...साला ढुंगी...किधर तेरा लुंगी...?

गालियाँ देता हुआ लौट आता है अपनी जगह पर। बहुत खुश हैं छोकरे। बहुत मज़ा आ रहा है। कभी नहीं आया इतना। फिर से...दबे पाँव...।

—गोपू...सोन्या...तुम लोक वो बाजू से जा ! हम लोक ये बाजू से जाएँगा। जभी वो हमेरा बाजू में दौड़ेगा...तुम लोक तुम्हेरा बाजू से फत्तर मारने का। जभी वो तुम्हारे बाजू कू आएँगा...हम लोक हमेरा बाजू से फत्तर मारेंगा...क्या !!

अब आ रहा है और मज़ा। गंदा कपड़ा...धुल नहीं सकता। नंगा आदमी...पत्थर लेकर इधर दौड़ता है...कभी उधर। ख़ूब शोर...ख़ूब तालियाँ। भागकर उजाले में चले

जाते हैं छोकरे। नंगा आदमी...अँधेरों की लकीरों में बंद।

चलते हुए आदमी रुक जाते हैं चलते-चलते।...क्या है रे उधर ? कायकू चिल्लाता तुम लोक ?

हँसते हैं छोकरे।...उधर अँधार में भूत है...नंगा भूत...।

जमा हो गए हैं लोग...अँधेरे को घूर रहे हैं। अब नहीं होगा...गंदे कपड़े का साफ़ किया जाना। उसी तरह निचोड़ लेता है लुँगी को...बाँध लेता है। चल पड़ता है धीरे-धीरे...उजाले की तरफ़...बड़बड़ाता...गालियाँ बकता।...गाँड़ू की औलाद ! अब आ ना ! कायकू भागता ? तुम्हारी माँ कू मारू...साले ! फट गई अब।...पत्थर फेंककर मारता है।

जान लेकर भागते हैं छोकरे।...भाग रे भाग ! लुंगी पेनके आ गया साला। भोत मारेंगा...।

भागते जाते हैं छोकरे...और आगे...जहाँ जलते हुए चिराग़ों के पास कुछ जूठे पत्ते फेंके जा चुके हैं अब। हाँफते हैं...मगर बहुत ख़ुश हैं।

—भोत मजा आया आज...सच्ची बोलता यार। अइसा मजा तो वो अंधे बुड्ढे कू फत्तर मारने में भी नईं आता। कायकू...अपुन वो दिन वो कुत्ते कू पानी में डुबाके मारा था ना...पन इतना मजा नईं आया। नईं क्या...!

अब सामने हैं...जूठे पत्ते। पत्थर मारकर भगा रहे हैं कुत्तों को। दौड़-दौड़कर ढूँढ़ रहे हैं पत्ते...चाट रहे हैं। ढूँढ़ते हैं...चाटते हैं...फिर ढूँढ़ते हैं। कभी भौंक उठता है एकाध कुत्ता...डाँटने लगता है दुकानदार। मगर ख़त्म नहीं होती जूठे पत्तों की तलाश।

आगे...बड़ी सड़क पर...कम हो गया मोटरों का दौड़ना। रंडियाँ नहीं दिखाई देतीं आज। मगर हैं...अँधेरे में छिपीं। हर आहट पर भागने को तैयार...पारबती...जमीला...नैना। भाग खड़ी हुई थीं...दोबारा भाग नहीं पाएँगी। बस-स्टॉप इसीलिए ख़ामोश है आज। मगर दौड़ते जाते हैं रेत के टोकरे काँपते हुए जहाज़ों पर। पाली ख़त्म नहीं हुई। अब हो जाएगी। किस्तय्या तैयार...मोटे पाइप के पास...कनस्तर और गिलासों के साथ। हो रहा है धंधे का टाइम...।

सागर-किनारे...एक अँधेरे कोने में बैठा है जब्बार...पास बैठी है रोज़ी। पत्थर हटा-हटाकर बना ली जगह...नारियल की टूटी डालों से झाड़कर साफ़ कर ली। यहीं गुज़ार देगा रात। एक सिक्का...पचास पैसे का...और ख़त्म हो गया। रोज़ी गई लँगड़ाती हुई...ले आई रगड़ा-पाव...बीड़ियाँ। नोच-नोचकर खा गए दोनों...भूख ख़त्म नहीं हुई। पानी नहीं पीने को। माचिस नहीं। नहीं जल सकती बीड़ी। जाना चाहता है उठकर...डरता है मगर।...ये झोपड़-पट्टी का आदमी लोक भोत हरामी है। मेरे कू देखेंगा तो हवलदार कू जाके जरूर बोलेंगा ! इसकी माँ की...।

उठना चाहती है रोज़ी।...मैं जाती फिर से। लेके आती माचिस तेरे वास्ते। पन पानी कइसा लाऊँगी ? बरतन तो है नईं इधर कोई।

बैठा देता है उसे।...तू बैठ इधर...कायकू जाती घड़ी-घड़ी ! चलना तो होता नईं तेरे से...

और बैठ जाती है रोज़ी। बैठे रहते हैं दोनों...ख़ामोश...देर तक। सोच रहे हैं अपनी-अपनी बातें। रोशनी से घिरा हुआ अँधेरा...फिर अँधेरे से घिरी हुई रोशनी। बहुत कोशिश करते हैं...एक दायरे का सिरा नहीं मिलता। रात...एक लंबी उबासी है...एक साँस।...अपना जिंदगानी भी कोई जिंदगानी है !...एक और लंबी साँस ! और लंबी उबासी !...क्या हो गया ज़िंदगानी को ? गहरे अँधेरे में...किसी ने नहीं पूछा यह सवाल। अँधेरे में ताकता हुआ फिर भी देता है जवाब !...रोजी ! रोजी !...मेरे कू लगता...ये लोक उसकू भी बना देंगा रंडी।

और ख़ामोश रहती है रोज़ी। मालूम है उसे। फिर भी तोड़ देती है ख़ामोशी।...किसकू बना देंगा रंडी ! तेरा अउरत कू ?

फिर एक लंबी साँस...लंबी ख़ामोशी।...मेरे कू...मेरे कू अमजद का भोत फिकर है रोजी। मेरा छोकरा...।

फिर ख़ामोशी...और अँधेरे में झपकती हुई आँखें।...पन तू तो मोब्बत से सादी बनाया होता ना ?

—हौ...मोब्बत से सादी बनाया। करकेच बोलता ये भी कोई जिंदगानी है ! मैं उधर...औरत-बच्चा इधर। मैं इधर आ सकता नईं। आया तो साला हवलदार गाँड़ू लोक पकड़ लेंगा। उधर रहू...तो मेरी औरत कू ये साला लोक रंडी बना डालेंगा। ये साली फरीदन की बच्ची...इसकी माँ की...!

और शुरू हो जाता है एक सिलसिला। ग़लत जगह से शुरू होकर ग़लत जगह पर ख़त्म होना चाहता है। बहुत खींचते हैं सब...फिर पहुँच जाता है वहीं। फिर वही कहानी...बार-बार।...हसीना से सादी बनाया मैं। उधर किधर तो भी रहती थी उसको माँ। हसीना कू बेचके पइसा कमाने का ऐडिया था उसका। पन मैं बोला कि नईं...मैं मोब्बत करता हसीना से...मैं सादी बनाएँगा उससे। जभी मैं गया उसकू लेने कू...बीस-पचीस आदमी लोक आ गया लकड़ी ले-लेके मेरे कू मारने का वास्ते। मालम हो गया मेरे कू...एकदम खलास कर देंगा। अभी मैं करू तो भी क्या ! मैं बोला...देखो भाई...मेरा बात तो सुनो। पन कोन सुनता...किसका बात सुनता ! भोत मारा उन लोक मेरे कू। पन वोई टैम हसीना आ गई उधर। बोली...उसकू मारेंगा ? पहला मेरे कू मारो...पीछू उसकू मारने का। वो गुन्हा किया तो मैं भी गुन्हा की। मेरे कू भी मारो।...मैं भी बोला...मैं तो हसीना सेच निका करेंगा...।

सुनती जाती है रोज़ी...गुज़रती जाती है रात। बोलता चला जाता है जब्बार।...चोरिया तो मैं पहला भी करता था रोजी...पन भोत कमती ! जबसे निका किया हसीना के साथ...जास्ती चोरी किया।...और जबसे हो गया ये अमजद...तो पूछो मत। कितना चोरी किया...कुछ हिसाबच नईं। और ये साला लोक...कर दिया मेरे कू तड़ीपार। अइसा किया कि मेरे कूच मालम। अइसा मजबूर तो मैं कब्भी नईं हुआ...।

अचानक पूछती है रोज़ी...जब्बार ! तू रहता किधर तड़ीपार होके ? कल्यान का साइड में ना ?

—हौ ! भीमड़ी रोड पे एक झोपड़ा है। उधर सोता मैं कभी-कभी। वइसा पूछो तो कोई ठिकाना नईं मेरा। कभी किधर तो कभी किधर...।

याद आता जा रहा है रोज़ी को कुछ। हाँ...उधर ही कहीं है जिसने आने के लिए कहा था...और नहीं आया। सोचती जाती है रोज़ी।...एक बात पूछू तेरे कू ?

एक चिड़िया फड़फड़ाती हुई गुज़र जाती है अँधेरे में...।

—वो...उसकू पिछानता तू ? घाटी का छोकरा...इधर भोत आता था सुरू में...?

—कोन ? कोन घाटी का छोकरा ?

भिनू-भिनू...मच्छरों की आवाज़।...वो नईं क्या...चंदू। वो भी तो उधरिच है... कल्यान का साइड में।

याद आ गया।...हौ हौ ! दिखा था एक-दो टैम मेरे कू। कोलसावाड़ी में सोता था...।

—सच्ची ?...बहुत गहरे अँधेरे में चमकती है किसी कार की लाइट...गायब हो जाती है।...वो बोलता था मेरे कू...बरोबर याद है। वो बोलता था मेरे कू...मैं सच्ची बोलती।

ख़ामोशी में...सिर्फ़ मच्छरों की आवाज़। करवट बदल लेता है जब्बार।...क्या बोला था तेरे कू ?

—वापिस आएँगा बोला था। जरूर आएँगा।...जब्बार...एक बात मालम है तेरे कू ?

—कोन-सा बात ?

—चंदू मेरा साथ फोटो निकाला था। मैं और वो...दोनों साथ बैठके...सच्ची !

अँधेरे में बार-बार तैर जाता है चेहरा हसीना का।...कितना प्यार किया साली को...मगर रंडी बन जाएँगी।...क्या बोली तू ? फोटो निकाला ? चंदू के साथ ?...क्यूँ ?

—मेरे कू कि नईं...एक आदमी बोला था...करके।

—ऊँ ? आदमी बोला था ? फोटो निकालने का वास्ते ? चंदू का साथ ?

—हौ ना !

उमस...बहुत ज़्यादा। बहुत दूर चला गया सागर आधी रात के अँधेरे में। हवा नहीं आती। सिर्फ़ बदबू। कुछ नहीं पूछता जब्बार। क्यों खिंचवाई थी फोटो चंदू के साथ ? खुद ही बताने लगती है।

—मेरे कू कि नईं जब्बार...अइसा लगा था कि अपना एक मरद होना बोलके।...मरद होने से कि नईं...भोत अच्छा होता। अपने कू कुछ फिकर नईं। किधर से आएँगा खाना...क्या होंगा...ये रोज का घिनघिन नईं। एक ठिकाना पर बैठके रोटी खाने का और काम करने का...दुसरा क्या मँगता ! खाने को रोटी मिला तो बस।... जो अउरत लोक कू मरद होता जब्बार...वो भोत नसीबवाला होता...।

—सच्ची ?...अँधेरे में फिर तैर जाता है जब्बार का वही चेहरा...।...सच्ची रोजी ? तेरे कू अइसा लगता कि अपना मरद होना बोलके ?...मेरी औरत...हसीना...। चुप हो जाता है अचानक।...कितना उलटा हो गया है ! ये उधर से इधर। और वो...इधर से उधर।...क्या करू मैं ! मेरे कू कुछ समज नईं आता...।

बोलती जाती है रोज़ी।...मरद लगता ? अरे मैं कितना ट्राई की ! एक मिला...थोड़ा दिन रखा...छोड़ दिया। दूसरा मिला। मैं सोची कि अब ये नईं छोडेंगा...पन वो भी छोड़ दिया।...तेरे से क्या बोलू मैं जब्बार...जो मिला...वो सब छोड़ दिया मेरे कू। कोई नईं रखा। मैं भोत काम किया...भोत आराम दिया...पन मालम नई क्यूँ...सब मेरे कू छोड़ दिया। पीछू...।

एक सीटी बज रही है अब...रोशनी की क़तार गुज़रती जा रही है अँधेरे में।...पन तू फोटो क्यूँ निकाली चंदू के साथ ?

—कोई बोला था मेरे कू।...बहुत सुस्ती लग रही है अब। आ रही हैं उबासियों पर उबासियाँ।...हौ ! मेरे कू बोला था...। फिर उबासी।...एक फोटो हो जाएँगा तो तू बोल सकेंगी...कि तू अउरत है उसकी। गुजरान के वास्ते पइसा देना पड़ेंगा उसकू।...जो मेरे पास आया...सबकू मैं बोली फोटो निकालने को। पहला येच बोली...चल अपुन फोटो निकालेंगे। पन ये साला लोक अपना काम निकाला और रस्ता लिया...।

और उबासियाँ। मगर जब्बार को नहीं आ रही है नींद। अँधेरे के परदों पर उभरती हैं तसवीरें और गायब हो जाती हैं।...चली आ रही है भीड़। लाठियाँ...डंडे...छड़ें... सलाख़ें। चीख़ रहा है...नहीं छोड़ूगा इसकू। मोब्बत करता इससे। ये भी करती मेरे कू।...चिल्ला रही है माँ...नईं ! ये साला जूट बोलता। मेरी छोकरी कू लेके भागता ! पइसा कमाएँगा उससे। मारो इसकू। वापिस लाओ मेरी हसीना कू। साला चोर... हरामी...मरदूद...!

उबासियाँ लेती हुई बोलती चली जा रही है रोज़ी।...फिर आ गया चंदू...ये घाटी का छोकरा। मैं बोलती चल अपुन फोटो निकालेंगा। तयार हो गया वो। बोला चल...पन पइसा किधर है ? सो गया क्या जब्बार ? वो मेरे से बोला...पइसा किधर है ? मैं बोली वा रे वा ! फोटो का पइसा भी नईं तेरे पास ? और सच्ची जब्बार। पइसा नईं होता उसका पास। वो दिन मैं सात रुपिया कमाई थी। मैं बोली कि चल भई...मैं देऊँगी पइसा...तू फोटो तो निकाल। मैं और वो—दोनों साथ बैठके फोटो निकाला। सुना क्या जब्बार ?

मार डालेंगे जब्बार को। सब ख़लास हो जाएगा। हो जाए...हसीना को नहीं छोड़ेगा। सिर्फ़ एक जवाब...हसीना का। रुक गई हैं सब लाठियाँ...छड़ें। हसीना दे रही है जवाब।...हौ ! मैं मोब्बत करती जब्बार कू। मैं निका करूँगी उसके साथ। उसकू मारते तो मेरे कू भी मारो। वो गुन्हा किया तो मैं भी गुन्हा की। वो इकला नईं किया।...सन्नाटा फैल गया है चारों तरफ़।

...जब्बार !...मैं क्या बोली सुना क्या ? चार साल हो गया...वो फोटो अभी तलक है मेरे कने। दो साल से नईं देखी उसकू मैं। किधर गया, मालम नईं। पन वो मेरे कू बोला था कल्यान का साइड में जाएँगा। उधर फैक्टरी में काम मिलेंगा कुछ तो भी। और मेरे कू क्या बोला होता...मालम है ? बोला कि जइसाच पहिला पगार मिला...तेरे कू इधर से लेके जाएँगा। मैं उसका रास्ता देख-देखके हैरान हो गई पन उसका पत्ताच नईं...।

लौट गई भीड़ झोपड़ों में। चिल्लाती, गालियाँ बकती लौट गई बुढ़िया। हसीना और जब्बार...दोनों खड़े हैं चुपचाप...थके हुए। देख रहे हैं एक-दूसरे की तरफ़। कौन-सा रास्ता है ? कहाँ जाएँ ? किस झोपड़-पट्टी का कौन-सा झोपड़ा शुरू करेगा नई ज़िंदगी ?...काले सख़्त पत्थर पर करवट बदल लेता है जब्बार...और बोल उठता है अपने-आप।...रोजी ! सुनी क्या ? मेरे कू पक्का भरोसा...ये लोक उसकू बना देंगा रंडी। सच्ची रोजी ! भोत डर लगता है मेरे कू...।

अपनी-अपनी दुनिया से लौटकर...दोनों आ गए हैं एक चट्टान पर। चुभ रही है चट्टान...हर जगह। लहरें बहुत दूर...सिर्फ़ आवाज़ है हलकी-हलकी।...मेरे कू कुछ समझ नईं आता रोजी मैं क्या करू। इधर रहू...तो ये लोक रहने नईं देंगा। उधर जाऊ तो हसीना बन जाएँगी रंडी। मेरा तो भेजा फिर जाता सोच-सोचके...।

आँखों की नींद...अचानक उड़ जाती है। फिर घूम जाती है रोज़ी।...एक काम कायकू नईं करता तू ? उसकू भी ले जा ना अपना साथ में। उधरिच रखना उसकू भी।

उमस नहीं है। लंबी गरम साँसें फैली हैं जैसे...अंदर से बाहर...लगातार। जब्बार चुप नहीं रह सकता।...किधर ले जाऊ मैं उसकू ? उधर कोई जगा-ठिकाना नईं। खीसे में पइसा नईं मेरे। कइसा ले जाऊ उसकू और क़िधर ले जाऊ ! और उसकू साली कू मँगता पइसा। बोलती कि मेरे कू भूखा नईं मरने का है तेरे साथ। ये छोकरे कू भी नईं मरने का है। पइसा नईं तो सादी कायकू बनाया...बच्चा कायकू पैदा किया ?...रोजी। सुनी क्या ? अइसा तो उसका भेजा है !

अब कोई जवाब नहीं। चुप हैं। बहुत देर हो गई...कुछ नहीं बोलते।...और देर हो गई...अब भी चुप हैं। और देर होती जाती है...फिर भी नहीं बोलते दोनों। आधी रात का हवाई जहाज़ मँडराता हुआ निकल जाता है। आवाज़ और रोशनी...अँधेरे आसमान पर आँखें मिचकाती हुईं। अब शायद सो गए हैं दोनों। नहीं। आवाज़ फिर आती है।...रोजी ! सो गई क्या ?...अँधेरे की दूसरी आवाज़...नईं ! फिर एक लंबी ख़ामोशी ...अँधेरे की। कोई जहाज़ नहीं...कोई रोशनी नहीं...कोई रंग नहीं। ख़ामोशी...और ख़ामोशी। फिर आवाज़ !...रोजी की।...जब्बार ! मेरा एक काम करेंगा ?

—क्या ?

—वो चंदू तेरे कू कल्यान में मिलेंगा ना...तो उसकू बोलना...मेरे कू इधर से ले जा। मैं कभी से उसकाच रस्ता देखती। वो नईं निकालेंगा मेरे कू इधर से...तो मै इधरिच भूकी मर जाऊँगी। सुना क्या ? वो नईं निकालेंगा मेरे कू तो कोन निकालेंगा ? कोई भी नईं। मैं सच्ची बोलती जब्बार...एकच उम्मेद है मेरे कू...दुसरा नईं। समजा क्या ! मैं फोटू कू खुब समालके रखी हूँ...।

सागर चला गया है दूर...और जब्बार भी। वहीं से बोल रहा है।...मेरे कू मिलेंगा वो तो मैं जरूर बोलूँगा उसकू।

दूर तक चले गए अँधेरे में चुप है रोज़ी। दूर तक फैले वक़्त में ख़ामोश हैं दोनों ! देर तक ख़ामोश ! और देर तक ख़ामोश ! और देर तक ! उबासियाँ बंद हो गई हैं अब।

और फिर पूछती है रोज़ी...जब्बार सो गया क्या ?

और जब्बार कहता है...नईं !

और वक़्त के अँधेरे में लेटे रहते हैं दोनों। बाहर आने की बात सोचते हैं ! सोचते रहते हैं। फिर पूछता है जब्बार...रोजी ! सो गई क्या ?

फिर पूछती है रोज़ी...जब्बार ! सो गया क्या ?

फिर पूछता है जब्बार। फिर पूछती है रोज़ी। फिर पूछता है जब्बार। फिर पूछती है रोज़ी। फिर पूछते रहते हैं दोनों...सो नहीं पाते।

3

रात गुज़र जाती है हवालात में।

ये बहुत-सी रंडियाँ...ऊँचे क़िस्म की...सस्ते क़िस्म की...जागती हैं...सोती हैं...फिर जागती हैं।

सीख़चों को पकड़कर पुकार रही है कोई...कारकून ! ए कारकून...ए कारकून !

चिल्लाती है दूसरी...ए चोप ! कायकू बोम मारती ? आ जा इधर...।

—आ जा ! आ जा ! कुछ फ़ायदा नईं बोम मारने से। कोई सुनने वाला नईं इधर।

रेंग रहे हैं कीड़े दीवारों पर। मारे गए कीड़ों के निशान...काली हो गई हैं दीवारें। पसीने की बदबू और पेशाब की बदबू। फैली पड़ी हैं औरतें। गरमी बहुत...उतार-उतारकर फेंक दिए हैं ब्लाउज़...साड़ियाँ। लहँगे चढ़ा लिये ऊपर।...और बदबू।

भरी हुई हवालात...कहीं जगह नहीं। नूरन और बशीरन फैल गईं लंबे गलियारे में दीवार से सटकर। लेकिन आ गई एक।

—ए ! उठ इधर से !...थूकती है...पुच् !

—कायकू ?

—ये मेरी जगो है।...थूकती है फिर...पुच् !

—तेरा नाम लिखेला है क्या ?

—नाम की बच्ची ! मैं सोई थी इधर। पूछ ले कोई कू भी...।

—सोई थी ! तो कायकू चली गई ?

—संडास कू गई थी मैं। अभी हटती कि नईं तू...?

बशीरन समझाती है नूरन को।...जान दे ना ! बैठन दे उसकूच। अपुन वो बाजू चलके सोएँगी। आ आ ! तेरी जगो है...सो जा तूच।

हट जाती है नूरन।...मगर मैना को नहीं चाहिए जगह। वहीं बैठी है दीवार से सटकर...सीख़चों के दरवाज़े के पास। काफ़ी है इतनी जगह। नई छोकरी भी बैठी है वहीं। उसके लिए भी बस है इतनी ही जगह। अंदर कमरों में कहीं जगह नहीं। औरतें-ही-औरतें !...जगह रोक-रोककर जमी हुई हैं। अंदर झगड़ा कर रही हैं किसी से...शांती और चंद्री। मैना चुपचाप देखती जाती है सामने। बहुत किया...अब नहीं करेगी झगड़ा। कोई फ़र्क़ नहीं। हर जगह बराबर। चुपचाप देखती चली जाती है सामने।

सीख़चों के पार...मटमैली दीवारें। दीवारों के पार...फिर सीख़चे। नीचे बिखरी हुई जूठन...दाल...तरकारी...भात। बहुत दिनों की...सूख गई है। नई जूठन...सड़ रही है। पैर फैला लेती है जूठन पर। सो जाएगी वहीं। और सामने ? वही नई छोकरी...रोती चली जा रही है। नहीं बंद होगा रोना।

—अभी चुप बैठ ना। रो-रोके जान हैरान कर डाली। कभी तलक रोएँगी तू ?

एक बार देखती है छोकरी...फिर सिसकियाँ...और सिसकियाँ। देखती रहती है मैना। धीरे-धीरे ठंडा हो जाता है सारा गुस्सा। नई छोकरी...है एकदम छोकरी। कई साल पहले...ऐसी ही थी मैना भी। हँसती तो हँसती चली जाती। रोना किसको कहते मालूम नहीं। फिर जो शुरू हुआ रोना...तो बस रोना...रोना। हँसना किसको कहते मालूम नहीं। किधर कहाँ चले गए सब लोग !

—ए ! देख इधर।...क्या बोलती मैं ! सुनी क्या मेरी बात ? इधर देख ! बात कर मेरे से...।

बड़ी मुश्किल...सिर उठाती है छोकरी। आँखें लबालब...मगर ठहर गई हैं सिसकियाँ।

—देख ! ये रोना-धोना बेकार...इधर कोई सुनने वाला नईं। तू रो-रोके मर भी जाएँगी ना...तो कोई पूछने वाला नईं कि क्या मँगता तेरे कू। जरा हिम्मत से काम ले। मेरे से बात कर। मेरे से होएँगा तो तेरे कू दो अच्छा बात बोलेंगी। समजी क्या ?

उमड़ते हुए आँसुओं में आ जाता है ठहराव। देखती रहती है पल-भर मैना की आँखों में...फिर और सिसक पड़ती है अचानक। सिसकती चली जाती है। लाख समझाओ नहीं समझती।

हो गई सुबह। नहीं आया भत्तेवाला अभी तक। जो सो रही हैं...सो रही हैं। जो जाग रही हैं...देख रही हैं सीख़चों की तरफ़। कब आएगा ? अच्छा रहता है इस तरह। भत्तेवाले का रास्ता देखो...टाइम गुज़र जाता है। उधर...बंद हो गई है नाली। भर गया है पानी...टखनों तक। धीरे-धीरे चल रहा है नल। नहानी और पाख़ाना...सब एक हो गए। जूठन का दाल-भात...साबुन की सफ़ेदी...पाख़ानों की गंदगी...तैर रहे हैं सब। छप्-छप्...उसी में बैठी कपड़े धो रही है एक। एक महीने से पड़ी है। तीसरा रिमांड दे दिया मैजिस्ट्रेट ने। छप्-छप्-छप्...धोती है कपड़ा...गुज़ारती है वक़्त।

बशीरन और नूरन...दोस्ती हो गई है लड़ने वाली से। ख़ुद ही जगह दे दी अब। बैठी हैं दोनों। मगर है एक...कोलाबा की घरवाली। चिल्ला रही है सीख़चे पकड़कर। ...कारकून ! ए कारकून ! जमादार कू बेजो। इदर सब पानी बर गया। कारकून ! ए कारकून...!

नई छोकरी का रोना बंद नहीं होता। चिढ़कर बैठ जाती है मैना चुपचाप। मगर बैठा नहीं जाता। फिर पूछती है प्यार से।...मेरे कू कुछ बोल तो। किधर है तेरा गाँव ? बोल ना ! किधर है तेरा गाँव ?

नहीं बताती छोकरी।

—नाम क्या है तेरा ?...तो नाम बोलने में क्या जाता तेरा ! कोन लाया तेरे कू मुंबई में ?

बहुत देर तक नहीं बोलती छोकरी। फिर शुरू कर देती है बोलना। मैली दीवारों पर कोयले से लिखे हुए नाम...किसके हैं ? सलीमा...जग्गो...फ़्लोरा...। कहाँ चली गईं सब ? ज़िंदा हैं या मर गईं ? कब आई थीं...और कब चली गईं ?

नई छोकरी का क़िस्सा...सुनती जाती है मैना चुपचाप। बड़ा पैसादार है छोकरी का बाप...काठियावाड़ में। ख़ूब जगह-ज़मीन...खेत...गाय...भैंस...सबकुछ। मगर छोकरी को हो गई मुहब्बत...भागकर आ गई बंबई। मुहब्बत झूठी निकली। किसी से ले लिये कुछ रुपए और छोड़कर चला गया मुहब्बत करनेवाला।...मगर मैना को नहीं सुनना है यह सब। रोक देती है बीच में।...पेला ये बोल कि गाँव कोन-सा तेरा ?

और चुप हो जाती है बोलने वाली।...नईं ! मे...मेरा गामड़ा का नाम नईं बोलेंगी...।

—कायकू नईं बोलेंगी ? गाँव का नाम नईं बोलेंगी...बाप का नाम नईं बोलेंगी... तो वापिस जाएँगी कइसा ?

ख़ामोशी...और आँसू गिरते जाते हैं फ़र्श पर। फिर और ज़्यादा ख़ामोशी। फिर आने लगती है आवाज़...धीरे-धीरे।...मेरे कू नईं जाना है उधर...।

ख़ामोशी...और...क्यूँ नईं जाना है ?

फिर चुप्पी।...मेरा भाई...मेरा बाप...जान से मार डालेंगा मेरे कू...।

मुँह बिचकाती है मैना।...इधर जिंदा रहने से तो वो अच्छा। पन तेरे कू अपना जान का फिकर है...नईं क्या ?

एकदम आँखें उठाती है।...जान का फिकर नईं मेरे कू। मेरा जइसा इनसान कू तो मार डालनाच मँगता...।

—तो फिर जा ! कायकू नईं जाती ?

चुप रहती है।...वो लोक मेरे कू जरूर मार डालेंगा। पीछू उनकू क्या होंगा ? मेरा बाप कू ? मेरा भाई कू ? वो लोक बचेंगा क्या ? उनका जान...! नईं। अब मेरे कू उधर नईं जाने का है। वो लोक कू मालम भी नईं होना मँगता मे किधर हूँ...।

एक पल ख़ामोश है मैना।...तो फिर रह इधरीच। रोती कायकू ?

—रोना...तो पड़ेगाच। मे बोलू कि नईं रोऊँगी...तो नईं रोऊँगी क्या ?...ये धंदा नईं करने का मेरे कू। कोई का वासण* भी साफ़ करेंगी। पन ये धंदा नईं मँगता मेरे कू।

बड़ी देर...एकदम गुमसुम बैठी रहती है मैना। फिर...मैं बोलू ? तू एकदम पग्गल है। मेरा तेरा जइसा इनसान कू तो इधर भांडी* घासने कू भी नईं मिलता। समजी क्या ? मिलेंगा भी तो लोक अपने से येच काम करवाने वाला है अखेर में। मैं सब करके देख ली। सादी भी बनाई...तो भी वो का वोच...।

---

* बरतन। ** बरतन।

अब तक नहीं आया भत्तेवाला। लग गई है लाइन। अलमुनियम के गिलास हाथों में। पिचक गए हैं जगह-जगह। कब आएगा भत्तेवाला ? कितना टाइम लगाता है साला !

—ए ! तू हट इधर से। इधर मेरा नंबर है।

—काय कू ? मैं आगे है तेरे से...पूछ ले कोई कू भी।

—गरज नईं पूछने का। तू हट ! मेरा लैन है इधर।

—नईं हटेंगी मैं। लैन का बीच में घुसती क्या ? जा पीछू लैन लगा।

—तू हट जा...।

—नईं हटती मैं...।

—तेरी माँ की चूत। हट बोलती मैं...।

—मूँ समालके बात कर। नईं तो तोड़ देंगी तेरा मूँ...भेनचोद !

और कई आवाज़ें एक साथ गूँज उठती हैं...ए ! ए ! बीच में घुसती क्या ? हट ! पीछू हट !

लड़ाई शुरू हो गई। मैना और छोकरी...हट जाती हैं दरवाज़े पर से। समझा रही है कोलाबा की घरवाली।...टुम लोक इतना छोटा-छोटा बाट पर झगरा करटा ! भोट खराब ! भोट खराब ! एक कप चा का वास्ते ! सबकू मिलेंगा चा...सबकू मिलेंगा।

जगह के लिए झगड़ा करने वाली छोकरी अब ख़ुश है। कह रही है बशीरन से...पाँव और फैला ले ना यार...पुच् !...नूरन से...यार तू भी जरा सीधा हो ले...पुच् ! तब तलक लैन खतम हो जाएँगा और अपुन कू भी मिल जाएँगा चा...पुच्...पुच् !

पैर फैला लेती है नूरन।...नाम क्या है तेरा ?

—मेरे कू पूछी ?...पुच् !

—हौ !

हँसती है और गाती है।...मेरा नाऽऽऽम है चमेली...। क्यूँ यार...पसंत पड़ा मेरा नाम ?...पुच्...!

—हौ ! पसंत पड़ा।...हँसती है नूरन।...पन तू इधर कइसा आई चमेली ?

—जइसा तू आई...पुच् !

—बोले तो ?

फिर थूकती है सामने।...कांदेवाड़ी में एक घरवाली के पास थी मैं। उधर पुलिस का धाड़ गिरा...पुच् ! पाँच छोकरी लोक कू पकड़ा पुलिस का साब ! दो छोकरी लोक रोने कू लगी...पुच् ! पन मैं नईं रोई। साब कू बोली...साब ! मैं डरने वाली नईं तुम्हारे से। मेरे कू मालम है तुम क्या करने वाला है और किधर बंद करने वाला है। मैं नवी छोकरी नईं। सब मालम है मेरे कू।...क्यूँ यार ? कइसा जवाब दिया साब कू ! पसंत पड़ा ? पुच्...!

—हौ ! पसंत पड़ा। पन तेरे कू पहला भी लाया था इधर ?

—एक टैम लाया ? कितना टैम लाया। मैं देखने की छोटी...पन भोत दुनिया देखी मैं...पुच् ! क्या समझी ? जभी पैला टैम पकड़ा मेरे कू...इधर इंगले नाम का साब होता।

साला रात कू किया मेरे कू...फिर ये मोटे डंडे से मारा। बोला कि कोई कू बोलेंगी तो तेरा जान ले डालूँगा। क्या समझी ? पुच् ! भोत छोटी थी वो टैम मैं। मेरे कू क्या मालम ! करवा ली और मार भी खा ली चुपचाप। भोत डर लगा मेरे कू। तीन दिन लाकप में रखे मेरे कू...पीछे होम में डाल दिए...पुच् ! महीना-भर उधर रही। पीछू एक भाई आया मेरा। साब उससे पाँच सौ रुपिया लिया और मेरे कू भेज दिया साथ में।...वो टैम ताड़देव में एक मुस्लिम घरवाली होती। ये मेरा भाई उधरिच रखा मेरे कू। उधरिच धंदा करती मैं...पुच् ! तीन टैम गई होम में और तीन भाई आया मेरा। कोई पाँच सौ दिया साब कू...कोई चार सौ। अभी ये टैम क्या करेगा मालम नईं...क्यूँ यार ? नींद आता क्या ? पुच् !

हँसती है बशीरन।...कितना भाई है तेरा मुंबई में ?

—आक्खा मुंबई का लोक मेरा भाई है। जो साब कू देंगा रुपिया...वोच मेरा भाई हो जाएँगा। भाई नईं होएँगा तो बाप हो जाएँगा। बाप नईं होएँगा तो मरद हो जाएँगा। पुच् ! साला ये लोक कितना पइसा कमाता ! उधर होम का छोकरी लोक भूका मरता। इसकी माँ की...पुच् !

लाइन है लंबी। एक चाय...एक बुरुन...बस। रोज़ का भत्ता दो रुपए। सबकुछ दो रुपए में। दो टाइम की चाय...नाश्ता...खाना...बीड़ी...तमाखू...सबकुछ। खोखे पर बैठी है लैलाबाई...एक-एक का हिसाब लिख रही है।...चल तू ! ले नफीसा। चा ली ? बुरुन भी ? तो खड़ी कायकू है ? पीछे हट ! आन दे दूसरे कू।...जना ! क्या मँगता तेरे कू ! नरम पाव कि बुरुन ?...ले हट ! हटती कायकू नईं ? अभी और क्या मँगता तेरे कू ?

—चा कमती डाला मेरे कू। थोड़ा और डाल ना।

नाराज़ है भत्तेवाला।...बरोबर दिया। चल हट जल्दी। टैम नईं है मेरे कू...।

—डाल ना। थोड़ा और डाल ना। ऐसा क्या !

—चल ले ! भाग जल्दी से। चल दुसरा...।

हट गई चाय लेने वाली। लाइन में दूसरी...मंगूबाई।...क्या मँगता तेरे कू ?

—चा दे ! बुरुन दे ! एक बंडल बीड़ी दे...।

—चल आगे बढ़। तेरेकू...क्या मँगता ?

—मेरा तपकीर* लाया कि नईं ?...चिल्लाती है बुढ़िया।...साला गाँडू ! आज भी नईं लाया तू...।

समझाती है लैला—देख-देख ! गाली मत दे उसकू।

—कायकू नईं दे गाली ? इधर तपकीर के बिगर मेरा जान निकलता...और ये भड़वी का रोज भूल जाता।

—मैं क्या तेरा बाबा का नौकर हूँ !...चिल्लाता है भत्तेवाला।...नईं लाता ! मूँ समालके बात कर।

---

* नसवार, सुँघनी।

—चल हट पीछू ! हट पीछू !...कई आवाज़ें एक साथ। हटना पड़ता है बुढ़िया को।

चा और बुरुन ! चा और पाव ! कम होती जा रही है लाइन।

एक हलकी फुसफुसाहट...मेरा सामान लाया क्या ?

सिर उठाकर देखता है भत्तेवाला।...हौ ! लाया। जेब से निकालता है पुड़िया...चरस की। दे देता है चुपचाप। न चाय ! न पाव ! सारे भत्ते की चरस।...चल दुसरा...।

आ जाती है सामने...एक पतली औरत।

—तेरा नाम क्या ? भूल गई मैं।...सिर उठाकर पूछती है लैला।

—सुभद्रा।

—हौ-हौ ! याद आ गया मेरे कू। क्या मँगता तेरे कू बुरुन कि पाव ?

सुभद्रा...पतली औरत...खड़ी है चुपचाप।...दोनों भी नईं। मैं एक पोस्ट-कारड लाने कू बोली थी। लाया क्या ?

धीरे-धीरे हिलाता है सिर।...नईं लाया ! भूल गया।

एक धुँधली छाया...आँखों पर।...भत्तेवाले भैया ! तू नईं लाएँगा तो कोन लाके देंगा मेरे कू ! इधर तो अपना सबकुछ तूच है। तेरे कू नईं बोलेंगी तो किसकू बोलेंगी...?

सीख़चों के पार से...देखता रहता है भत्तेवाला।...अच्छा ! अभी तू ले ले चा-बरुन। दुफेर कू ज़रूर लाऊँगा पोस्ट-कारड। सिंगल कारड मँगता ना तेरे कू ? नईं-नईं...दुफेर में ज़रूर लाऊँगा। बोल दिया ना...।

ले लेती है चाय और बुरुन...और हट जाती है।...चल दुसरा...।

बशीरन और नूरन और चमेली...सब हैं लाइन में...जो ख़त्म हो रही है। मैना उठाती है नई छोकरी को।...चल उठ ! एक चा पी ले। रोना-धोना तो चलताच रहेंगा।...उठ-उठ !

पिचके हुए गिलासों को ले-ले दोनों खड़ी हैं सबसे पीछे।...एक काली लड़की सबसे आगे...चुपचाप। क्यों है चुपचाप ? कुछ बोल न !...भत्तेवाला ! मेरा एक काम करेंगा क्या ?

—हौ करेंगा। बोल ! क्या काम है ?

—उधर...मुंबई सेंट्रल टेशन के कने झोपड़-पट्टी है ना...उधर बाबू भाई रहता। मेरे कू इधर बंद करके रखेला है...उसकू मालम नईं। दस दिन हो गया। तू उसकू बोलेंगा जाके ? तेरा भोत मेरबानी होंगा...।

लेकिन नाराज़ है अब भत्तेवाला।...नईं, टैम नईं ! मेरे पास...।

—जा ना ! तेरेकू पइसा देती मैं जाने का। फुकट थोड़ी बोलती...।

अब और नाराज़ है भत्तेवाला।...तेरा पास पइसा है ? किधर है पइसा ? निकाल !

काली लड़की...देख रही है चुपचाप। समझाना चाहती है धीरे-धीरे।...नईं पइसा नहीं है मेरे कने। पन तू मेरे कू आज खाने के वास्ते मत देना ! चा भी मत देना ! लगे तो दोनों टैम मत देना। भत्ते का पइसा अपने कने रख लेना। समझ गया ? मैं भोत मुसीबत में हूँ। उसकू खबर नईं होंगी...तो मैं इधरीच सड़ती रहूँगी...।

—नईं-नईं ! मैं झोपड़-पट्टी में नईं जाता। टैम नईं मेरे कू...।

लेकिन समझा रही है लैला भी...जा-जा ! काम कर दे बिचारी का। इधर कोई सुननेवाला नईं। आज का भत्ता ले लेना तू...।

लैला की तरफ़ देखता है एक बार...कोई जवाब नहीं देता। बुरा मुँह बनाता है। चाय भरता है पिचके गिलास में। फिर बोल रही है काली लड़की...नईं-नईं ! चा मत दे मेरे कू। चा और बुरुन का पइसा तूच रख। पन काम कर दे मेरा...।

गिलास थमा देता है हाथ में...सीख़चों के पार।...चा पी ले तू। मैं काम कर देऊँगा तेरा...।

समझाती है लैला...चा पी ले ! कर देंगा तेरा काम।

अब ख़ाली है दरवाज़ा। सीख़चों के बीच से गुज़रने वाले हाथ...अब नहीं। सिर्फ़ छलकी हुई चाय...गीली ज़मीन। एक सिंगल ऑमलेट लैला के लिए...हिसाब लिखने के लिए...सीख़चों के पार। चला गया भत्तेवाला। पाव पर रखकर ऑमलेट खा रही है गोरी लैला...बात करती जा रही है काली लड़की से।...और कायके वास्ते पकड़ा तेरे कू ?

हाथ रख लेती है माथे पर।...मुकद्दर ख़राब...करके पकड़ा ! और कायके वास्ते नईं पकड़ा...।

हँसती है लैला।...मुकद्दर तो सबका खराब ! पन कुछ और भी होना मँगता। बोल ना ! कायके वास्ते पकड़ा तेरे कू ?

—मैं रंडी नईं। चोरी में पकड़ा मेरे कू...।

फिर हँसती है लैला।...चोरी में ! काय की चोरी की तू ?

बोलने जाती है...और रुक जाती है काली लड़की।...जान दे ना ! कायकू पूछती...।

और हँसती है लैला।...तू समझती कि मैं साब कू बोल देंगी तेरी बात ! मेरे कू क्या करना ! मैं तो ऐसेइच पूछी...।

चाय और बुरुन के टुकड़े...कम पड़ जाते हैं हमेशा। दोपहर और शाम भी...यही होता है। हर चीज़...हमेशा कम। ज़िंदगी और बहुत लंबे वक़्त के बीच...हर चीज़...हमेशा कम पड़ती रही। दाल और रोटी...भात और भाजी...चाय और पाव...सब कम। कभी पूरे नहीं हुए।...हो गया ख़त्म। मैली धोती से मुँह पोंछती है काली लड़की। लैला का ऑमलेट बाक़ी है अभी। ख़ाली गिलासों को धोया जा रहा है नल पर। छप्-छप्...जमा होता जा रहा है पानी।

—कारकून ! ऐ कारकून ! बेजो जमादार कू...!

उठती है काली लड़की।...तुम्हेरा गिलास ख़ाली हो गया लैलाबाई ? मेरे कू देव ! मैं धोके लाती।

—नईं-नईं ! तू कायकू धोएँगी मेरा जूठा ! मैंच धो लेऊँगी।

पर गिलास ले लेती है काली लड़की। चली जाती है नल पर। छप्-छप् ! अब और ज़्यादा पानी।...ये साला कारकून का बच्चा ! कुछ फिकर नईं इसकू। घर कू जाके सो

जाता आराम से...।

लेकिन खुल जाता है सीख़चों का दरवाज़ा। अंदर आ जाती है कांस्टेबल। सफ़ेद...एकदम सफ़ेद...और नीली। एक साथ चिल्लाती हैं सब।...जमादार ! किधर है जमादार ! मोरी बंद है मोरी...।

ऊँची आवाज़ में बोलती है कांस्टेबल...हल्ला...करना...नईं ! समझ गया ! जमादार नईं तो मैं कारकून कू बोलेंगी। मेरा ड्यूटी अब शुरू होता। इधर चिल्लाने का जरूरत नईं...।

और घूमती है चारों तरफ़...और गिनती है सबको।...एक...दोन...तीन...चार...।

आवाज़ आती है...मैं हूँ तेरा यार...।

गिनती भूल गई कांस्टेबल।...कोन बोला ये ? जरा खयाल से काम करो तुम लोक। बड़ा साब का पास रिपोट करेंगी तो सबकू पता पड़ जाएँगा। भला क्या ! खयाल में रखो।...एक...दोन...तीन...चार...पाँच...सहा...सात...आठ...।

फैल गईं सब। कुछ काम नहीं। रिमांड वालियाँ...देख रही हैं रास्ता बुलाए जाने का। पानी आ रहा है नल में...धीरे-धीरे। नहा रही हैं...कुछ नंगी...कुछ अधनंगी। छप्-छप् ! मंगू के हाथ में साबुन...आँखें फाड़कर देखती है जना।...कुठें ? कुठें सापडला* ?

मंगू उँगली रखती है होंठों पर...जल्दी-जल्दी लगाती है बदन पर। मगर सब्र नहीं जना को।...साँग ना ! कोठून आणला**?

—चुप बैठ ! लेना होंगा तो तू भी ले...जल्दी...।

आ गई पास नफ़ीसा भी।...ये साबुन किधर मिला मंगूबाई ? मेरे कू भी देव ना थोड़ा-सा !

खुश है मंगूबाई।...ले ! जल्दी कर। वो कोलाबा का बाई है ना...घरवाली...उसका है। मी गुपचुप उठाके लाई।

लगा रही हैं जल्दी-जल्दी...तीनों। छप्...छप्...छप् भरता जा रहा है पानी। कोलाबा की घरवाली...अब भी पुकार रही है...कारकून ! ओ कारकून !

साबुन है ! फैल गई ख़बर। आ रही हैं और भी नहाने वालियाँ...जल्दी-जल्दी। दौड़कर आती है नूरन बशीरन के पास।...आपा ! आपा ! तुमकू नहाने का है ? साबन है उधर। चलो...जल्दी करो !

उठना नहीं चाहती बशीरन...उठ जाती है। लाइन लग गई। कुछ नहा रही हैं साबुन लगा-लगा...कुछ रास्ता देख रही हैं। छप्-छप् !...मालदार है कोलाबावाली ! कइसा खसबूदार साबन है !

पानी जमा होता जा रहा है। मगर चमेली...बैठी है संडास में। चिल्लाती है

---

* कहाँ ? कहाँ मिला ?

** बोल न ! कहाँ से लाई ?

नूरन...तू संडास में बैठी ! दरवाजा तो बंद कर...।

हँसती है चमेली।...कायकू यार ? जो तू वो मैं ! फिर दरवाजा कायकू बंद करना ?

—हौ-हौ ! जो तू...वो मैं। पर दरवाजा बंद करने में क्या जाता तेरा ?

फिर हँसती है चमेली।...मेरा कुछ नईं जाता...पुच् ! पन मेरे कू तकलीफ होता यार...करके नईं बंद की।

आगे आती है बशीरन।...ले, तेरे कू तकलीफ होता ना ! तो मैं बंद कर देती...।

हँसती जाती है चमेली।...बंद कर दे तेरे कू लगता है तो। पन कितना दफे बंद करेंगी तू ? मेरे कू तो झाड़ा लग रया है। पुच् ! तू बार-बार आएँगी मेरे साथ ? पुच् ! ये साला...टूटेला दरवाजा ! कुंडी तलक नईं...पुच् !

अंदर...चंद्री जूँएँ निकालती जाती है शांती के सिर से। कहानी आगे बढ़ती जाती है।

—फिर क्या हुआ ?...शांती का झुका हुआ सिर पूछता है सवाल।

अँगूठे के नाख़ून पर जूँ रखती है चंद्री...दूसरे अँगूठे के नाख़ून से दबा देती है.. कुट् !...फिर क्या ! मैं बोली मजिस्ट्रेट कू कि मेरे कू ये लोक मारे। मजिस्ट्रेट मेरे मूँ की तरफ़ देखने कू लगा ! पीछू बोला...कोन मारा तेरे कू...नाम बता। मैं बोली...साब ! मैं क्या जानू नाम-गाम ! पन सकल से पिछान सकती। ये इंस्पेक्टर लोक कू मेरे सामने करो। मैं अब्भी बताती कोन-कोन मारे मेरे कू...कइसा-कइसा मारे...कइसा मेरा हाथ और इधर पाँव पर बूट पेन-पेनके खड़े हुए। मैं जूठा नईं बोलती साब...।

और फिर अँगूठे के नाख़ून पर रखती है और दबाती है...कुट् !

—पीछू क्या हुआ ?...उसी तरह सिर झुकाए पूछती है शांती।

मैल से उलझे बालों पर दौड़ती हैं चंद्री की उँगलियाँ।...पीछू क्या होने का ! मजिस्ट्रेट बोला कि मार किधर लगा...दिखा मेरे कू। कुछ जखम-वखम है ? खून बहता है ?...मैं बोली...खून नहीं बहता...जखम भी नईं दिखता। पन मेरे कू मारे...भोत मारे...ये बात सच्ची।...बस ! वो लगा मेरे कू डाटने। बोला कि तू जूठा बोलती। मैं बार-बार उसकू बोली कि मैं जूठा नईं बोलती। पन कोन सुनता मेरी ! फिर से लाके बंद कर दिया हवालात में...।

बड़ी देर चुप रहती है शांती। फिर उसे बोलना पड़ता...कुछ फायदा नईं। मजिस्ट्रेट कू बोलो कि बड़ा साब कू। मैं तो बोलतिच नईं। कायकू बोलू ? कोन सुनेंगा अपना बात ! फालतू है सब...।

दस क़दम पर पूछती है नफ़ीसा...लैलाबाई ! कायकू पकड़ा तुमकू ? बोलो ना मेरे कू...।

हँसती जाती है लैला...आँखें फाड़कर देखती जाती है नफ़ीसा।

लेटी है मैना। चाय पी ली...बुरुन खा लिया। पर जी नहीं होता उठने को। नई छोकरी नहीं छोड़ती साथ। रहती है पास-ही-पास...धो लाई है जूठा गिलास। मैना को प्यास लगी...दौड़कर ले आई पानी। बहुत बातें कर रही है अब।...मैनाबाई ! मैनाबाई।

तुम हमेरा बात सुनता ना ?

—हौ ! सुनता...।

—मेरा बापूजी है ना...भोत प्यार करता मेरे कू। मेरा वास्ते नवा-नवा साड़ी लाता। वे...दो साड़ी होली पर...दो साड़ी नवदुर्गा पर...दो दिवाली पर...दो जनमाष्टमी पर... दो...।

लंबी साँस छोड़ती है मैना। बोलना चाहती है...बोल नहीं सकती। नई छोकरी की बातें ख़त्म नहीं होती।...मैनाबाई ! तुमकू मालम है मेरा बापूजी मेरे कू भोत प्यार क्यूँ करता ? बोलो ना !...क्यूँ करता...मालम है तुम कू ?

—तू पग्गल है बिलकुल।...टोकती है मैना।...मेरे कू ये तो मालम नईं कि तेरा गाव किधर...तेरा बापू कोन। ये कइसा मालम होंगा कि तेरा बापू तेरे कू भोत प्यार क्यूँ करता ?...भोत प्यार करता तो तेरे कू जान से कायकू मार डालेंगा ? है ना तू पग्गल ?

सिर झुका लेती है छोकरी।...मे तुम्हेरे कू उधर का सब बात बोला। हम लोक राजपूत है। प्यार कितना भी करो...पन अइसा छोकरी कू खतमच कर देंगा।...पन मेरे कू मालम...मेरा बापूजी मेरे कू भोत प्यार क्यूँ करता...।

—क्यूँ करता ?

—एक तो ये कि मे चार भाई का बीच में एक बेन हूँ...बापूजी की एकली छोकरी। करके वो मेरे कू भोत प्यार करता।...दुसरा...।

चुप हो जाती है।...दुसरा क्या ?...ठहरकर पूछती है मैना।

—दुसरा ये...कि मे भी मेरा बापूजी कू भोत प्यार करती...उसकू मालम है...। एकदम चुप हो जाती है नई छोकरी।

चुप रहेगी मैना भी। कुछ भी बोलेगी...तो फिर से टपकने लगेंगे आँसू...टप्-टप् ! शुरू हो जाएँगी सिसकियाँ। इसलिए ज़रूरी है...वक़्त का गुज़र जाना। काफ़ी वक़्त गुज़र जाएगा। सिर्फ़ आवाज़ें सुनाई देंगी इस बीच। किसकी आवाज़ें ? कहाँ से आती हुईं ? मालूम नहीं होता। जँगलों के अंदर से आ रही हैं...या बाहर से ? कोई नहीं जानता। मगर अब चुप नहीं रह सकेगी मैना। धीरे-धीरे बोलने लगेगी।...मेरी बात सुनी क्या ?...ए ! मैं बोलती मेरी बात सुनी क्या ?

उठ जाता है झुका सिर।...क्या बोलती मैनाबाई ?

पल-भर देखती है मैना उन आँखों को।...मैं...मैं ये बोलती...कि तू वापिस चली जा अपने घर कू...।

उठा हुआ सिर...गिर जाता है एकदम। कई लंबी साँसें गुज़र जाती हैं एक साथ।...नईं ! अब मे उधर कब्भी नईं जाएँगी...कब्भी नईं...।

झुके हुए सिर की तरफ़...देखती जाती है मैना।...मैं बोलती तू पग्गल है...बिलकुल पग्गल।

सिर उठ जाता है...नईं ! मे पग्गल नईं। मे अब उधर जाएँगी तो भोत खराब हो जाएँगा...ये मेरे कू मालम है। मेरा खून हो जाएँगा...कुछ बात नईं। पन मेरा बापूजी

...मेरा भाई लोक...। नईं ! उनकू मालम होना भी नईं मँगता कि मे इधर हूँ।

आ गए कांस्टेबल। शुरू हो गई पुकार। जमा हो गईं रिमांडवालियाँ सीख़चों के दरवाज़े के पास।

—नफ़ीसा सुलेमान !

—हौ !

सरकता है सीख़चों का दरवाज़ा...बाहर निकलकर खड़ी हो जाती है।

—पेरिअम्मा !

—हौ !

फिर सरकता है दरवाज़ा। खड़ी हो जाती है निकलकर।

—जना मारुति !

सरकता है...बंद हो जाता है दरवाज़ा।

—गंगाबाई धोंडो !

गुज़रती हुईं औरतें...फटे कपड़े...मैले लुगड़े...सूखे जिस्म...बूढ़े जिस्म...हथकड़ियाँ... हाथ आगे...सरकता...बंद होता दरवाज़ा।...मंगू...तुकाराम...जसोदा...मार्टिनेट...आंटी... करीमन...डिसूजा...।

और अचानक ख़ामोशी ! ख़त्म हो गया शोर ! चली गई भीड़। फिर बोल रही है छोकरी...घर की बातें...गाँव की। वहाँ...गाँव के पास नदी...नदी के पास आम के पेड़...आम के पेड़ों के पास कच्चा रास्ता...रास्ते पर मकान...।

—उधर रहती हंसा...मेरा दोस्तार। मे उसके घर कू जाती। फिर दोनों नदी पे जाके खूब नहाती। भोत मज़ा आता। फत्तर मार-मारके आम गिराती...खट्टे-खट्टे आम। भोत मजा आता। सच्ची मैनाबाई ! खट्टा कैरी मिट्ठे कैरी से भी मिट्ठा लगता...।

और मैना...सुनते-सुनते...पहुँच गई कहीं और। पोपट...राजू...ज़िंदगी...सब हट गए एक तरफ़। रह गई सिर्फ़ नई छोकरी। जैसे ख़ुद है मैना...अपने सामने। अपने को देख रही है बैठा...देखती चली जाती है। और नई छोकरी की आँखों के सामने...कुछ नहीं है अब। मैना...दीवारें...सीख़चे...अँधेरा...कुछ नहीं। सिर्फ़ एक शाम...भैंसों की घंटियाँ ...नदी का पानी...घर...बापूजी...बा...भाई लोंग...टिमटिमाते चिराग़...मिट्टी...हवा... आसमान...।

—फिर कि नईं बा मेरे कू बोली...कि तू और तेरा बापूजी राजकोट कू जाना। उधर अमदाबाद का अच्छा-अच्छा साड़ी...चोली...सब बिकता। लेके आना। मेरा गामड़ा कि नईं...सड़क का नजिक। सीधा मोटर मिलता उधर से। क्या मैनाबाई ! गामड़ा से निकलके थोड़ा चलो तो बड़ा रस्ता मिलता। उधर से मोटर मिलता। फजर कू दो गाड़ी और संझा कू दो गाड़ी। कोई भी गाड़ी होवे...उधर तो रुकनाच मँगता। हाथ भी बताने का गरज नईं...खुद हो के रुकता। मे...बापूजी...हंसा...बा...मोटा भाई...सब लोक राजकोट कू जाते...।

धीरे-धीरे खो जाती है आवाज़। कुछ सुन नहीं सकती मैना...कुछ देख नहीं सकती।

तेज़ी से भागते चले जाते हैं समय के बादल। यही...सबकुछ यही...बिलकुल ऐसा। यही कच्चा रास्ता...यही बड़ी सड़क...नदी...पेड़...झोपड़ा...माँ...बाप...ज़िंदगी। बिलकुल यही। जो कुछ कहा है नई छोकरी ने...सबकुछ देखा है मैना ने। फिर कौन आ जाता है अचानक...उठा-उठाकर फेंकता जाता है सबको गंदगी और सड़न के ढेर पर ? और जब बोलती चली जाती है नई छोकरी...तो मैना रोक देती है...सिर्फ़ यह पूछने के लिए कि क्या हुआ...कौन आ गया अचानक...कि सब पीछे छूट गया...हमेशा के लिए।

और टाल जाती है नई छोकरी। सबकुछ कहेगी...यह नहीं कहा जाएगा। चुप भी नहीं रहा जाएगा। बा...बापूजी...मोटा भाई...छोटा भाई...सब छाए हुए हैं...बहुत ज़्यादा ! नहीं हटेंगे। बहुत कोशिश करेगी...कुछ नहीं होगा। इसलिए बोलना पड़ेगा। और मैना सुनती जाएगी सब। दस साल छोटी हो गई है। माँ से बात कर रही है।...आई ग। आई ग। कोठें हाय ?...कहाँ है ?...अँधार ! अँधार ! रात्र-भर...दिवस-भर।...राम-राम ! काय पीक-पाणी...कसें काय ?...रात्र गेली...दिवस उजाडला...सापडला नाहीं...आई ग !*... सिर्फ़ हंसा की बात करती है नई छोकरी।...हर रोज़ नदी पर आता था...थोड़ा-थोड़ा बोलने लगा।...हंसा कि नईं...भोत भोली छोकरी...। उसकू मोब्बत करने लगा वो। बोला कि उसकू परणेंगा**...अपना घर में अपना ओरत बनाके रखेंगा। पन हंसा कि नईं...उसका बात का भरोसाच नईं की। उसकू डाँट दिया। फिर उनका सकल नईं देखा। कब्भी नईं देखा...कब्भी नईं...।

और अब अचानक चुप हो जाती है छोकरी। नहीं बोलती मैना भी कुछ। पाँचों कोठरियों में चुप्पी...जो चुप्पी नहीं...एक फुसफुसाहट है...रिमांड वालियों के जाने के बाद हमेशा रहती है। तब ख़त्म होती है जब लौट आती हैं सब। थक गई है चंद्री...बैठ गई हाथ खींचकर।...आए और चले गए...बहुत-से साहब लोग...इंस्पेक्टर लोग। डंडे पड़े...और टूट गए। जुबान बंद नहीं हुई चंद्री की। गालियाँ देती रही मुँह पर।... ताड़-ताड़ ! ताड़ से मारा मेरे कू...क्या समझी ? घोरपडे बोलके था...छोटा साब। मैं बोली...भड़वा है तू...भड़वा। फिर मारा मेरे कू...ताड़ ! मैं फिर बोली...भड़वा ! भड़वा ! हजार बार भड़वा...ताड़-ताड़ मारता रया मेरे कू...सब हवलदार लोक देखता होता। पन मैं मूँ नईं बंद की। सब बोली। भड़वा ! मादरचोद ! हरामी ! गाँड़ !...वो मारता रया मेरे कू...पन मेरा मूँ बंद नईं हुआ। फिर साला खुदिच थकके रुक गया। मैं बोली...मार ना गाँड़ू कितना मारता...मैं भी देखती...।

और फिर बोलने लगती है नई छोकरी।...हंसा कि नईं...भोत भोली छोकरी। बोली उसकू...तू इधर दिखना नईं। तेरा प्यार...मोब्बत तेरे पास रख। मेरे कू ओरत बनाने की बात भी नईं करना। चल जा इधर से। फिर दिखा तो बापूजी कू बोलके तेरे कू खतम कर देऊँगी।...नईं क्या मैनाबाई ! ठीक बोली कि नईं...मेरी सहेली...हंसा...।

---

* माँ ! माँ ! कहाँ है ? अँधेरा ! अँधेरा ! रात-भर...दिन-भर। राम-राम ! कैसी है फ़सल ?...रात गई... दिन बीता...नहीं मिला...माँ !

** उससे शादी करेगा।

कहती जाती है मैना...नईं ! तू मेरा बात मान...अपना नाम-पत्ता बोल दे और लौट जा घर कू...समझी क्या ? येइच ठीक है।

चुप्पी। और फिर वही...कब्भी नईं ! कब्भी नईं। उधर मे जाएँगी तो भोत खराब हो जाएँगा।...और फिर एक लंबी चुप्पी। उस चेहरे की तरफ़ देखती जाती है मैना... जो अपना लग रहा है। इसीलिए तकलीफ़ है। कोई रास्ता नहीं है। एक है...मगर बंद। लौटना नहीं हो सकता। उस चेहरे की तरफ़ देखते-देखते...अचानक एक सवाल आ जाता है। अपने-आप को नहीं रोक पाती मैना।...क्यूँ री...एक बात बोलेंगी ?

—क्या ?

—तेरे कू अइसा नईं लगता कि अपने घर कू जाऊ...मा कू मिलू...बापू कू मिलू...भाई लोक कू देखू...? बोल ना...लगता कि नईं लगता ?

पत्थर हो गया है चेहरा ! काला मटमैला पत्थर!...मिट्टी हो जाएगा।

—बोल ना ! क्या पूछी मैं ?

—लगके क्या होंगा मैनाबाई ? कुछ होएँगा क्या ? नईं होएँगा कुछ भी। पीछू क्या फायदा लगके...?

—फायदा...कि नईं फायदा ! जो लगने का होता है वो लगताच...उसकू कोन रोक सकता ! रोक सकता क्या ? करकेच मैं पूछी...तेरे कू मन के अंदर भी अइसा नईं होता उधर जाऊ...?

एक लंबी साँस...एक लंबी चुप्पी।...मैनाबाई ! ये नईं होएँगा अब। मेरे कू मालम है। पन जो होता...तो एक बार मे उधर जाती। बापू का पग ऊपर...एक बार माथा लगाती। बोलती...मे भोत खराब...मे पाप किया...मेरे कू...मेरे कू माफी देव। तुम्हेरी छोकरी होने की लायकी मेरे में नईं। बा का पग ऊपर हाथ रखके बोलती...मेरे कू कुछ नईं मँगता। जिंदा रहू कि मर जाऊ...पन मेरे कू माफी दे बा ! तू मेरे कू भोत अच्छा-अच्छा बात सिखाई। पन मे सब भूलके ये पाप किया। अभी कुछ नईं मँगता मेरे कू...कुछ नईं...।

आ गए हैं सीख़चों के दरवाज़े के पास। कौन है ? पता नहीं। एक कांस्टेबल आवाज़ दे रहा है।...मैनाबाई ! मैनाबाई पोपट...!

—मैनाबाई पोपट !...पाँचों कोठरियों में ख़ामोशी। एक और आवाज़। एक-दूसरे से पूछती हैं...मैनाबाई ? कौन है मैनाबाई ?

एक दूसरे कमरे में...बशीरन कहती है नूरन से...मैना कू बुला रया है हवलदार। जा बोल दे उसकू...।

—हट्ट ! मैं नई बात करती उससे।

चिल्लाती है शांती...मैना ! ओ मैना ! हवलदार बुला रया है तेरे कू...।

चौंककर उठ बैठती है।...कोन ? कोन बुलाया मेरे कू ? हवलदार ? कायके वास्ते ?

निकल आती है कोठरी से। लंबा गलियारा। दूसरे सिरे पर दरवाज़े के सीख़चों को पकड़े...खड़ा है पोपट। और कौन ? राजू भी। फिर आवाज़ हवलदार की...मैना ?

धीरे-धीरे चलती है मैना। खड़ी हो जाती है सीख़चों के इस पार। चला गया हवलदार।...और चुप खड़े हैं दोनों। सिर्फ़ मोटरों की आवाज़ सुनाई देती है।

—कायकू आया इधर ?

चुपचाप खड़ा है पोपट। सिर्फ़ राजू बोलता है...तेरे कू ले जाने कू आया माँ !

बहुत धीरे-धीरे बोलती है मैना।...कायके वास्ते ले जाएँगा उधर ? भूका मारने का वास्ते ? मेरा जान मारने का वास्ते ?

बहुत धीरे-धीरे बोलता है पोपट।...पाँच बार गया हाजी शेठ का कारकून का पास। हाथ जोड़ा...पग पड़ा। तब भेजा वो अपना आदमी। उसका आदमी कू लेके इधर आया हूँ मैं। उसकाच बात मानता है इधर का साब लोक। उसके बोलने सेच तेरे से बात करने का परवानगी दिया...।

बहुत धीरे बोलती है मैना...जैसे अपने-आप से।...मेरे कू इधरिच रहने का है। किधर भी नईं जाने का है।

—नईं ! मैं तेरे कू इधर नईं रहने दूँगा।

—तू नईं रहने देंगा ? तू होता कौन है ? नईं जाना मेरे कू। इधरिच रहने का है।

—नईं ! मे बोल दिया साब लोक कू कि हम गरीब है...पन सरीफ लोक है। मेरा ओरत रंडी नईं...सरीफ ओरत है। हाजी शेठ का कारकून का आदमी भी येच बात बोला...कि तुम उसकू गलती से पकड़ा...।

—तेरे बोलने से क्या होता ! मैं रंडी हू...सब लोक कू मालम। मैं खुद बोलती... मैं रंडी हू।...और तू...मेरा मरद होके मेरे से अइसा काम करवाता...मेरी कमाई खाता...।

चुपचाप खड़ा रहता है।...मे सोच लिया मैना ! अपुन इधर नईं रहेंगा। इधर से चला जाएँगा। तू मेरे कू एक चानस दे। खाली एक चानस और...।

—अब चानस-ही-चानस है तेरे कू...जितना मँगता ले। मैं नईं आऊँगी लौटके...।

एकटक देखता है मैना के चेहरे को। मगर मैना नहीं देखती उसकी तरफ़। मोटरों की आवाज़...रुकती है...तेज़ हो जाती है। तब अचानक बोलने लगता है पोपट।...देख ! इतना नफरत मत कर मेरे से। मे कबूल करता...मे गुन्हा किया...तेरे से भी करवाया। पन अपना वास्ते नईं...समझी क्या ? मे येच सोचा कि ये थोड़ा टैम का बात है...पीछू मेरा टैम जरूर आएँगा। और मेरा टैम आएँगा तो मे तेरे कू अइसा रखूँगा कि जइसा हाजी शेठ का औरत भी क्या रहेंगा। तेरे कू और राजू कू। मे भूका रहा तो परवा नईं। पन ये मादरचोद टैम...कभी से रास्ता देखता हू...आताच नईं। किस्मत गाँडू है मेरा... दुसरा कुछ नईं।

सीख़चों के बीच से निकालकर हाथ फेरती है राजू के रूखे बालों पर। बोलती जाती है।...तू अपना टैम का रस्ता देखता रह...इधर मेरा आक्खा जिंदगानी खलास हो जाएँगा। मेरा मरने के बाद आएँगा तेरा टैम। आएँगा भी कि नईं आएँगा...किसकू मालम...!

अब फिर देखता रहता है उसी तरह। न हिलता है...न आवाज़ निकलती है मुँह से। ठीक बोलती है...आएगा भी कि नहीं ? पक्का भरोसा था अब तक...जरूर आएगा। एक-न-एक दिन क़िस्मत साथ देगी...चांस लगेगा। अब...आवाज़ें होती जा रही हैं ख़ामोश। सुनने की कोशिश करता है...दूर-दूर तक कुछ नहीं। इसलिए ख़ामोश है। देखता रहता है मैना के चेहरे की तरफ़...जहाँ कुछ नहीं है...एक नफ़रत के सिवा। किसके लिए...मालूम नहीं। हाथ फेरती जाती है सीख़चों के पार...राजू के सिर पर। बहुत ख़ुश है राजू।

—माँ ! मम्मद कि नईं...रेलगाड़ी में बेठके गया था...ख़ूब दूर। वो बोलता कि उधर पइसा मिलता...और भोत खाना मिलता। भोत अच्छा-अच्छा खाना...खूब दूर...।

चुप हैं दोनों। चुप हैं सब लोग।

—मेरे कू कि नईं माँ...मम्मद बोला उधर का वास्ते। बोला कि उधर सब मिलेंगा। सुनी क्या माँ ? उधर सब मिलेंगा। पन खूब दूर जाना पड़ता उधर। मैं जाऊ क्या माँ ?

सुनती जाती है माँ...बोलती नहीं कुछ। सिर्फ़ एक सवाल।...किधर सोया था रात कू ? झोपड़े में ?

—नईं माँ ! पुल का पायरी ऊपर...।

—कायकू ? उधर कायकू सोया ?

और ख़ुश है राजू।...हम लोक कू कि नईं...भोत अच्छा खाना मिला माँ ! मेरे कू...मम्मद कू...गन्या...गोपू—सबकू।...चिश्ती बाबा का दरगा है ना...उधर सब लोक कू खाना खिलाया। पाव और कीमा...सब लोक कू। भोत सारा लोक था उधर...।

फिर नाराज़गी।...वो कोढ़ी लोक का साथ तू खाना खाया ? नईं क्या ? मैं मना की थी ना तेरे कू ?

—पन उधर पाव और कीमा दिया था ना !

—पाव कीमा नईं...मुरगा खिलाएँगा। पन क्या बोली थी मैं तेरे कू...कोढ़ी लोक का पास नईं जाना बोलके। बोली थी कि नईं ?

बुरा लगता है राजू को।...हम भूखा होएँगा तो पीछू क्या करेंगा ?

चिल्लाती है मैना...दरिया में डूबके मर जाएँगा। साला...कमीनचोट...।

सीख़चों के पार से खींच लेती है हाथ।...तुम लोक कायकू आया इधर ? कोन बोला तुमकू ? नईं जाना मेरे कू इधर से...।

पोपट और राजू...देखते रहते हैं दोनों। लौट पड़ती है मैना सीख़चों के दरवाज़े पर से। चला गया दूर तक लंबा-पतला गलियारा। दूर तक दिखाई देती है मैना। अचानक आवाज़ देता है पोपट...मैना...ओ मैना ! सुन तो सही...।

वहीं से घूमकर जवाब देती है...नईं सुनना है मेरे कू कुछ भी।

—खाली एक मिनट। बस एकज बात बोलने का तेरे कू...।

सोचती है कुछ...और लौट पड़ती है।...क्या बोलने का है ?

लेकिन...उसी तरह चुपचाप खड़ा है पोपट।

—बोल ना ! क्या बोलने का है ?

—कुछ नईं।

—तो कायकू बुलाया मेरे कू ?

—फकत ये बोलने का वास्ते कि...एक चानस और मँगता मेरे कू। इसका बाद तू जो बोलेंगी...मे वोच करेंगा।

आँखों से जैसे निकलने लगती है आग। कहना चाहती है कुछ...नहीं कह पाती। देखती रहती है सिर्फ़।...साला गाँडू ! मादरचोद ! मेरे कू रस्ते से लगा दिया ! छोकरे कू भिकारी और कोढ़ी बना देंगा। और अभी तेरे कू चानस मँगताच है ! तेरी माँ की में डाल तेरा चानस। भड़वी का...!

चल पड़ती है तेज़ी से घूमकर। हाथों में सीखचे...दूर तक देखता रह जाता है पोपट।...

नई छोकरी की आवाज़...क्यूँ...क्या हुआ मैनाबाई ? क्या हुआ ?

माथा पीट लेती है मैना।...होने का क्या है ! ये गाँडू लोक मेरा खून पी गया... पन अभी भी इनकू चैन नईं। मेरा जान मँगता इनकू...।

चिल्ला रही है कोलाबा की घरवाली...माई-माई ! कइसा ओरट लोक है टुम ! हम काल सोप लाया। आज इटना बारीक कइसा हो गया ? हमारा ऑयल खटम...हमारा पाउडर खटम...हमारा ब्रेसियर...हमारा पेटीकोट...।

लैला लेटी है चुपचाप। काली लड़की साथ नहीं छोड़ती। बैठी है वहीं...मारती जाती है कीड़े। देखती जाती है दीवार की तरफ़...एकटक। हँसती है लैला।...तू मेरे कू अभी तलक ये नईं बताई कि कायकी चोरी की तू...और बाबू भाई कोन है तेरा ?

एक तिरछी मुसकराहट आ जाती है। काली लड़की...हँस रही है...या रो रही है ?...तुम चोरी का बात पूछता लैलाबाई ? अपुन क्या बड़ा चोरी करेंगा ? इधर-किधर छोटा-मोटा कुछ मिल गया तो ले लिया...और क्या !

—छोटा-मोटा !...फिर हँसती है लैला।...छोटा-मोटा क्या ?

—कोई का शर्ट...लैंगा...धोती...बनियान...बाहर किधर भी सूखता होंगा...मोक्का मिलेंगा तो अपुन उठा लेंगा। ले जाके दे देंगा बाबू भाई कू। भाई जो ठीक समझेंगा वो पइसा दे देंगा अपुन कू। एक टैम का खाना भी मिला तो भोत। जास्ती क्या करने का...!

और लैला की हँसी रुक जाती है अचानक।...बस ! खाली एक टैम का खाना देता बाबू भाई ! और कुछ नईं ?

अब काली लड़की हँसती है एक सूखी हँसी।...अपुन कू दुसरा कुछ मँगताच नईं।...पन कभी-कभी अइसा भी मोक्का आता कि वो भी नईं मिलता...।

हँसती है लैला।...मैं समझी थी कि बाबू भाई तेरा मरद है...। करके बुला रही तू उसकू।

काली आँखों में अब छा जाता है काला बादल।...मरद नईं तो क्या...आता तो है

मेरे कने।

—सोने कू ?

—नईं तो क्या ?

—और खाना भी नईं देता दो टैम का ?...

दुबली-पतली औरत...घूम रही है कोठरियों में। पूछ रही है हर किसी से...क्या टैम हुआ होंगा ?

—ए ! बता ना ! क्या टैम हुआ ?

कोई नहीं बता सकता।

दूसरी कोठरी में भी सब ख़ामोश। तीसरी कोठरी से कोई देता है आवाज़...क्या मँगता तेरे कू ? आ जा इधर...।

—टैम ! टैम मँगता मेरे कू !

—टैम !...गूँज जाती है एक हँसी।...इधर भी टैम ? बाहर टैम...तो अंदर भी टैम ?

फिर हँसी।...टैम हम लोक कू पकड़के अंदर भेज दिया। अब तू टैम कू भी पकड़के अंदर ला रही क्या ?

—ए ! टैम कू उधरिच रख...लाकप का बाहर। नईं मँगता अंदर...।

मगर परेशान है पतली औरत। बढ़ जाती है अगली कोठरी में।...तुमकू मालम है...क्या टैम हुआ होंगा ?

हँसती है लैला।...हौ ! मालम है मेरे कू। इधर आ...बताती मैं...।

आ जाती है।

—बैठ जा ना !

बैठ जाती है।

—क्या नाम है तेरा ?

—मेरा नाम ? कल सुबू बताई...कल साम कू बताई...आज सुबू बताई...।

—हौ-हौ ! भूल जाती मैं बार-बार। एक मरतबा और बता दे।

—सुभदरा।

—हौ-हौ ! याद आ गया मेरे कू। तू भत्तेवाले से पोस्ट-कारड के लिए बोलती थी ना ?

—हौ ना !

—कायके वास्ते तू टैम पूछती रोज-रोज...सुबू-शाम ?

—भत्तेवाले के वास्ते। रोज-रोज कारड लाने कू बोलता...और नईं लाता। आज बोला है कि जरूर लाएँगा...।

—पन किसकू लिखेंगी कारड ?

चुप है दुबली-पतली औरत।

—अपने मरद कू लिखेंगी क्या ?

फिर ख़ामोशी।...मैं क्या लिखेंगी ! मेरे कू लिखना किधर आता। तुम्हारा जइसा

कोई कू बोलेंगी लिखने का वास्ते...।

—पन लिखना किसकू है ? तेरे मरद कू ?

—मेरा जइसा औरत का मरद होता क्या ? बोले तो...सब मरद अपना मरद है...बोले तो...कोई अपना नईं...।

लैला के हाथों पर रेंग रहा है कीड़ा। पकड़ती है काली लड़की और मार देती है। पूछती है घूमकर...सुभदरा नाम तेरा ! नईं क्या ?

—हौ !

—जमानत मिल गई तेरे कू ?

—जमानत तो मिल गई...पन जमानत लेने वाला कोन ? सौ रुपिए की जमानत की साब ने। आठ दिन हो गया इधर ! कोन लेंगा अपनी जमानत !

ख़ामोशी।...अपना भी येच हाल है। सौ रुपिया का जमानत किया साब। दस दिन हो गया...।

खुल गया सीख़चों का दरवाज़ा। लौट आईं रिमांड वालियाँ। जैसे लौटी हैं मेला देखकर। चौदह दिन में एक बार...मौक़ा बाहर निकलने का !...वा रे वा ! साला मेरे कूच धमकी देने लगा। जा जा ! भोत देखे तेरे जैसे...।

गंगाबाई...जसोदा...एनेट—जेल-कस्टडी। बाक़ी को एक-एक रिमांड। आंटी की हो गई ज़मानत। नफ़ीसा की ज़मानत...पाँच सौ से हो गई ढाई सौ। किसी की सौ...किसी की दो सौ। मगर नहीं मिलते ज़मानतदार। सब पड़ी हैं और गालियाँ दे रही हैं सबको। कोई काम नहीं आता ! सब मतलबी। इनकी माँ-बहन को...।

फिर शुरू हो गया है शोर। हर कोठरी में आवाज़। कुछ सुनाई नहीं पड़ता। रेंगते हुए कीड़े रेंगते जाते हैं...रेंगते-रेंगते मर जाते हैं। उनका रेंगना ग़लत...उनका काटना सही। परेशान हो गई है काली लड़की। मगर सुभद्रा अब भी सोच रही है टाइम के बारे में।...तुम मेरे कू ये तो बोलताच नईं कि क्या टैम हुआ होंगा...!

हिसाब लगाती है लैला।...ये लोग कोरट से आ गई हैं। साढ़े ग्यारा-बारा का टैम होंगा। एक-डेढ़ घंटे में आ जाएँगा तेरा भत्तेवाला। पन तू ये तो बताइच नईं कि किसकू लिखेंगी कारड...!

ज़मीन की तरफ़ देखती है सुभद्रा।...क्या बताऊ मैं ! कोई नाता-रिश्ता हो तो बोलू। इधर तो कुछ भी नईं।...एक आदमी एक दिन आया। मैं पिछानी नईं। बोला...सुभदराबाई ! मेरे कू पिछानती ? मैं बोली...नईं रे भाई ! मैं तेरे कू नईं पिछानी। कौन है तू ? हसने लगा वो। बोला...फोरस रोड के नाके के पास...पुलिस का धाड़ गिरा...रात के टैम तुम भागके आया होता। होता कि नईं ? मैं तुमकू फुटपायरी पर सोने का जगा दिया...! लैलाबाई ! सच्ची...मेरे कू एक टैम बचाया होता वो। याद आ गया मेरे कू। तभी से मेरा उसका पिछान बढ़ गया।

हँसती है लैला।...दोस्त है तेरा वो...नईं क्या ? उसकूच लिखेंगी कारड...?

चुप है काली छोकरी। सामने से गुज़रते जाते हैं रेंगते हुए कीड़े। मगर कुछ नहीं

करेगी। देखती रहेगी...मगर कुछ नहीं देखेगी। अब ख़त्म हो जाती है लैला की हँसी। कहती है धीरे-धीरे।...पन सुभदरा ! तेरे कू ये मालम है कि फुटपाथ पर रहने वाला लोक का जमानत नईं चलता इधर ?

अचानक...आँखें फाड़ देती है सुभद्रा।...कायकू ? कायकू नईं चलता ?

फिर हँसती है लैला।...सुभदराबाई ! जमानत उसका चलता जिसके पास पइसा होता है...कुछ घर-बार होता...भाड़ा-चिट्ठी होता...नोकरी-धंदा होता। बेघर-बार, बेकार आदमी का कइसा जमानत।

शोर है...मगर अचानक सन्नाटा। सुभद्रा और काली लड़की...दोनों देख रही हैं मुँह बाये। गायब हो जाती है लैला की हँसी।...हौ ना ! सच्ची बोलती मैं। फालतू आदमी का जमानत नईं चलेंगा इधर...।

एक छोटी-सी चुप्पी में शामिल हो गईं बहुत-सी आवाज़ें। फिर परेशान हो जाती हैं छोटी-छोटी आँखें। काली लड़की...अचानक बेबस हो गई है...बहुत ज़्यादा।...तो...बाबू भाई का जमानत भी नईं चलेंगा...?

तबीयत ज़्यादा ख़राब है चमेली की। बार-बार लग रहे हैं दस्त। दस-बारह हो चुके। निढाल हो रही है अब। कम नहीं होती गरमी...बढ़ती जा रही है। बार-बार लगती है प्यास...बुझती नहीं। डरी हुई है बशीरन।...क्या हो गया इसकू ? हैजा तो नईं हो गया ?

और नूरन देखती रहती है चुपचाप।...चमेली ! ओ चमेली !...सुनी नईं क्या ?

और आँखें खोल देती है चमेली। सूखे-सूखे होंठों पर फिर हँसी।...क्यूँ यार ? क्या बात है ?

—कइसा लगता है तेरे कू ?

—कइसा लगता। ठीक लगता। खाली ये साला पेट कू क्या हो गया...मालम नईं। पानी होएँगा थोड़ा ? प्यास भोत लगती...।

बशीरन देखती रहती है चुपचाप। एक घड़ा है कहीं पर। जम रही है सफ़ेद फफूँद। छप्-छप् में रखकर...कोई-न-कोई भर देता है पानी। अलमुनियम के पिचके हुए गिलास...सबके मुँह से लगकर...डूबते रहते हैं।...नूरन ! जा ला दे थोड़ा पानी इसकू...।

और नूरन चली जाती है पानी लाने। समझाती है बशीरन।...देख चमेली ! अइसा कर...कि कारकून कू आवाज दे। बोल कि मेरे कू अस्पताल भेज...झाड़ा लग रया है...।

—कारकून ?...होंठों पर जमा पसीना पोंछती है चमेली।...वो साला क्या मेरा झाड़ा बंद करेंगा ?

—झाड़ा नईं बंद करेंगा...पन अस्पताल तो भेजेंगा तेरे कू।

—माँ की चूत में गया अस्पताल !...गुस्सा आ जाता है चमेली को।...उधर क्या होता...मालम है मेरे कू। इधर पीने कू पानी जो मिल जाता। उधर तो साला वो

भी नईं...।

लग गई है लाइन दरवाज़े पर। पिचका हुआ अलमुनियम...थालियाँ और गिलास। अभी तक नहीं आया भत्तेवाला।...आ रे भाई ! कितना टैम लगाएँगा ? सुबू का खाया बुरुन किधर गया...मालम नईं। पेट में कुलबुल होता। सैयद का मैयत ! साला अभी तलक नहीं आया...।

बैठी हैं चुपचाप...सुभद्रा और काली छोकरी। समझा रही है लैला...कुछ हरकत नईं। उसका जमानत नईं चलेगा तो क्या हुआ ! वो अपना कोई दूसरा पिछान वाले कू बोलके जमानत करवा देंगा। उसकू खबर देने में कुछ हरज नईं...।

लेकिन उठ बैठती है चमेली। फिर जाएगी संडास।...इसकी माँ की चूत !...चिल्लाती है अपने-आप पर।...साला बंद होने का नामच नईं लेता। क्या हो गया ये पेट के अंदर ! मादर...!

अब कमज़ोर हो गए हैं घुटने। तकलीफ़ होती है उठने में। आँखों में अँधेरा।...किधर गया साला डब्बा ? पानी भी नईं नल में। क्या करेंगा आदमी ? और ये साला डब्बा में कितना तो छेद है ! लेके बैठो कि एक मिनट में खाली। उधर पानी भी नईं।...कारकून ! ए साला मादरचोद कारकून !...नईं सुनेंगा। कायकू सुनेंगा ! उधर आराम से सोएँगा ! उधर आराम से सोएँगा और हराम का माल खाएँगा...।

जाकर बैठ जाती है उसी तरह। पानी हो गया है पेट। मगर मालूम नहीं किसी को। लाइन में खड़ी हैं सब और चिल्ला रही हैं...आ जा रे सैयद ! भोत भूक लगा...!

पीछे वालियाँ पूछती हैं आगे वालियों से...आया ? दिखा क्या ?...नईं दिखा ? हत् तेरे की...।

मगर आ जाता है सैयद...बड़ा थाल सम्हाले...क़दम-क़दम।...आ गया रे ! आ गया।...आगे वालियाँ बता रही हैं पीछेवालियों को।...आ गया ! सच्ची आ गया। वा रे सैयद ! जियो मेरे लाल...!

बैठ गई लैला अपनी जगह पर। गिलास में दाल और दो-दो रोटियाँ।...चलो दुसरा।...दो रोटी...बस ? एक और दे ना रे ! खाली एक। उधर भटियारखाने में दो आने का दो रोटी मिलता ! और तू इधर एकच देता...।

चिल्लाता है सैयद...तू खोटी मत कर मेरा। तेरा हिसाब में जो आता है ले और आगे बढ़।

हट जाती है मन मारकर। भटियारख़ाने में चार आने में पूरा खाना हो जाता है...पेट भरके। इधर रोटियाँ...मोटी-मोटी...जली-जली। छुट्टी शाम तक के लिए।...चलो दुसरा !...थोड़ा काँदा* और दे ना रे।...ले ! थोड़ा काँदा और ले। हट जल्दी से।

लड़खड़ाती हुई चली आ रही है चमेली। लाइन में से चिल्लाती है नूरन...आ जा चमेली ! रोटी ले ले अपनी...।

---

* प्याज़।

—माँ के थोबड़े में डाल रोटी।...हारकर वहीं फैल जाती है चमेली। फूल रहे हैं हाथ-पैर। साँस लेना भी पहाड़।...लाइन सरकती जा रही है धीरे-धीरे।

—भत्तेवाले भैया !...सामने खड़ी है पतली औरत...सुभद्रा।...मेरा कारड लाया क्या ?

—कारड ? हौ लाया।...जेब में हाथ डालता है...निकालकर दे देता है।...तेरा कल का दो चपाती जास्ती है। एक कारड का गया। एक चपाती उधार देता आज मैं...भला क्या ? चल हट बाजू। चलो दुसरा...।

आ गया नूरन का नंबर।...वो चमेली है ना ?...ए भत्तेवाले ! क्या बोली मैं। वो चमेली है ना ! उसका दाल और चपाती भी मेरे कू दे दे...समझा क्या !...देखती जाती है चमेली की तरफ़...बार-बार। चमेली पड़ी है ज़मीन पर...मुरदे की तरह।

मगर काली लड़की नहीं है लाइन में। अलग है चुपचाप। टुकुर-टुकुर ताक रही है भत्तेवाले को...दाल को...रोटियों को...खाने वालों को। एक बार देखती है लैला।...आ जा ना लैन में तू भी।

हाथ का इशारा करती है काली लड़की।...नहीं ! आज नहीं खाएगी...बाबू भाई के पास संदेशा भिजवाएगी।

सब टूट पड़ी हैं खाने पर...खा रही हैं। बड़े-बड़े कौर...बहुत बड़ी आग में पड़कर गायब हो रहे हैं। नूरन...बशीरन...शांती...चंद्री...मंगू...जना...पेरिअम्मा...कोई नहीं देखता किसी की तरफ़। सब लगी हैं खाने में। सिर्फ़ चमेली...फिर उठ रही है घिसट-घिसटकर जा रही है अंदर की तरफ़। मगर नहीं देखा किसी ने...कभी नहीं देखेगा कोई।

लाइन ख़त्म। कुछ खा रही हैं...कुछ धो रही हैं। सीख़चों के आर-पार फैली पड़ी है दाल...चटनी...प्याज़ के टुकड़े। काली लड़की उसी तरह चुपचाप। समेट लिया है सब सामान...सैयद लौट रहा है।

—तू मेरा बात भूल गया क्या ?

रुक जाता है।...कोन-सा बात ?

—मैं तेरे कू बोली थी ना...मुंबई सेंट्रल का झोपड़-पट्टी में बाबू भाई है बोलके...।

—हौ-हौ ! याद आया मेरे कू।...तू अपना खाना ली कि नईं ?

—किधर ली ! पूछ ले लैला कू।

सोच रहा है सैयद।...अच्छा-अच्छा ! पता क्या है उसका ? और क्या बोलने का है उसकू ?

पता समझा रही है काली लड़की।...इधर से सीधा जाना ब्रिज का बाजू में...क्या समझा ? समझो कि तू जिधर खड़ा है उधर झोपड़-पट्टी है...और मैं जिधर खड़ी उधर स्टेशन है...तो तू इधर से जाके उधर जाने का। उधर से सीधा हाथ का बाजू में जाके फिर उलटा हाथ का बाजू में जाने का। बस उधरिच तो है। कोई कू भी पूछो बाबू भाई का झोपड़ा...कोई भी बोलेंगा। ये इतना बड़ा बच्चा भी बोलेंगा...।

मगर नहीं आता सैयद की समझ में। बार-बार समझाती है काली लड़की। जितना समझाती है...उलझता जाता है। सिंगल ऑमलेट खाने वाली लैला...आ जाती है पास। ...ये क्या लगा रखा है...सीधा हाथ का बाजू और उलटा हाथ का बाजू ! इधर से सीधा हाथ का बाजू और उधर से उलटा हाथ का बाजू ! इधर से बोले तो किधर से और उधर से बोले तो किधर से ?...हाँ तो अइसा बोल ना कि मुंबई सेंट्रल का लोकल गाड़ी का टेशन।...पीछू ?

—फाटा* ऊपर से जाने का। उधर जँगला तोड़के रस्ता बनाएला है। बाजू मेंच है झोपड़-पट्टी। जिधर जँगला टूटा उधर से चार झोपड़ा छोड़के पाचवा झोपड़ा बाबू भाई का...कोई कू भी पूछो...।

ठीक है। अब पहुँच जाएगा सैयद।...कभी जाएँगा तू ?

—आजच जाएँगा। आजच बोलेंगा बाबू भाई कू कि तू इधर बंद है बोलके।...पन तू बोले तो ? तेरा नाम ? तारा ? ठीक है। आजच उसकू बोलेंगा कि तारा उधर बंद है बोलके। शाम कू जभी खाना लेके आएँगा...तेरे कू बोल देंगा कि बाबू भाई क्या बोला बोलके। ठीक है ?

बिलकुल ठीक। चला जाता है सैयद। देखती रहती है काली लड़की...जिसके होंठ सूख चुके हैं...और भी मुरझा गया है चेहरा। पेट में कहीं एक दर्द। दर्द या आग ? जाती है घड़े के पास। दो गिलास पानी। कुछ नहीं होता मगर। नहीं मिटती जलन।...बाबू भाई कू एक बार मालम हो जाएँगा...तो बस। वो जरूर निकालेंगा मेरे कू इधर से। कइसा भी करेंगा मगर जमानत करवाएँगा मेरा। बस एक बार उसकू मालम होना मँगता।

लैला सुनती जाती है...हँसती जाती है। देखती जाती है काले चेहरे की तरफ़। आज कुछ नहीं खाया बेचारी ने...दे दिए पैसे सैयद को।...क्योंकि आएगा बाबू भाई...छुड़ाकर ले जाएगा।

—क्यूँ री ! इतना भरोसा है तेरे कू बाबू भाई पर ! जरूर आएँगा वो ?

काली लड़की की मुरझाई आँखों में चमक।...बाबू भाई कि नईं भोत अच्छा आदमी है लैलाबाई ! मैं सच्ची बोलती। मेरे कू कि नईं...प्यार भी भोत करता। एक बार कि नईं...भोत भूकी थी मैं। वो सोने का वास्ते आया। मैं तो बोली नईं कि मैं भूकी हूँ...पन उसकू कइसा तो भी मालम चल गया। वो टैम उठाया मेरे कू...ले जाके पाव-रगड़ा खिलाया।

और लैला की आँखों में उभर आया है दर्द। देखती जाती है काली लड़की की तरफ़...लगातार।

—सच्ची लैलाबाई ! भोत प्यार करता मेरे कू। कइसा भी करेंगा...मगर निकालेंगा मेरे कू इधर से।

और चली आ रही है सुभद्रा। हाथ में कारड।...लैलाबाई ! तुम्हारा खाना हो गया

---

* पटरा।

क्या ? जरा मेरे कू लिखके देव ना। भोत मेरबानी होंगा तुम्हारा...।

मगर चमेली...पड़ी है चित। बार-बार उठना पड़ता है...और गिर जाना पड़ता है। समझा रही है बशीरन...जा ना ! बोल ना कारकून कू। भेज देंगा तेरे कू अस्पताल...।

सूख रहा है तालू...मगर मुँह खोलती है चमेली।...अस्पताल और हवालात...मेरे कू कुछ फरक नईं लगता बाई ! जइसा ये वइसा वो। जीना...वइसा मरना। क्या फरक...?

लेकिन नहीं मानती है बशीरन।...मैं जो बोलती उसकू समज। इधर पड़ा रहने से उधर जाना अच्छा ? कुछ तो दवाई जाएँगी पेट में। क्या बोलती ?

—कुछ नईं बोलती मैं। तेरे कू लगता तो तू दे आवाज उसकू। मेरे कू ले जाएँगा तो चली जाऊँगी मैं।

आवाज़ नहीं देगी बशीरन।...कारकून साला उलटा खोपड़ी का आदमी है। मेरे कू बोलेंगा कि तेरे कू क्या गरज ! तू कायकू आवाज देती...नईं-नईं ! तूच दे आवाज...।

पड़ी रहती है चमेली कुछ देर। फिर घिसटकर आती है सीख़चों के पास।...कारकून ! ओ कारकून !...कारकून !...ओ कारकून !

और दम फूल जाता है। मगर फिर भी पुकारती जाती है।...कारकून ! ओ कारकून !

कहीं खो जाती है आवाज़। लौटकर नहीं आती। बार-बार वही आवाज़...वही ख़ालीपन...नहीं होता ख़त्म।...कारकून !...और एक लंबी साँस। फिर वही...कारकून !

सीख़चों के दरवाज़े पर आकर खड़ी हो गई हैं नूरन और बशीरन।

—बशीरनबाई !...हाँफकर बोलती है चमेली।...मेरे से नईं पुकारा जाता अब...।

उठती है किसी तरह।...मैं जाती फिर से। ज़रा पानी दे देना मेरे कू...।

लंबे गलियारे में चली जाती है दूर तक...लड़खड़ाती हुई। और नूरन और बशीरन देखती हैं एक-दूसरे को। आँखों में...ख़ौफ़।...सच्ची ! ये क्या हो गया इसकू ?

देखती हैं एक-दूसरे को चंद्री और शांती भी।...झाड़ा लग रया है इसकू...।

हैरान है चंद्री।...पंधरा बार तो मैं जाती देखी इसकू।

मंगू निकल आई है बाहर।...क्या हो गया इसकू ?

—झाड़ा लग रया है।

जना भी आ गई...नफ़ीसा भी।

—ये साला भड़वी का सुनताच नईं।

—ये कोन ?

—ये कारकून का बच्चा ! हवलदारनी लोक भी नई सुनती। अइसा तो वो मर जाएँगी इधरीच...।

मंगू खड़ी हो जाती है सीख़चे पकड़कर...कारकून ! ओ कारकून !

और ज़ोर से चिल्लाती है...कारकूऽऽन ! ओ कारकूनऽऽऽन !

और कई आवाज़ें गूँजती हैं। धीरे-धीरे चलकर आती है एक हवलदारनी...क्या है ? कायकू हल्ला करता तुम लोक ?

—तेरे कू कोन बुलाया ? कारकून कू भेज उधर से। बड़ी आई...हल्ला कायकू मचाता !

खड़ी है मंगू...उसी तरह। ऊपर से नीचे तक देखती है हवलदारनी...तू कौन ?

—तेरे बाप की अम्माँ !...पीछे से आती है आवाज़। एक हँसी। चिढ़ जाती है हवलदारनी।...एक-एक का मूँ तोड़ देंगी...याद रखना। क्या समझता तुम लोक ?

समझाती है बशीरन...हम लोग कुछ बुरा नईं बोला। अंदर वो छोकरी कू झाड़ा लग रया है...करके बुलाया। कारकून कू बोलके उसकू अस्पताल भेजने का है।

एक पल का सन्नाटा।...झाड़ा ? कायकू लग रया है झाड़ा ?

—कायकू लग रया है झाड़ा !...चिल्लाती है मंगू।...झाड़ा भी तेरे से पूछके लगेंगा क्या ? तुझा डोका तर...।

बशीरन हटा देती है मंगू को।...उसका तब्बेत बरोबर नईं है। अस्पताल भेजना मँगता उसकू। जरा कारकून कू बोलो ना।

लेकिन खुद ही चला आ रहा है कारकून।...क्या बात है ? कायकू चिल्लाता तुम लोक ?

—चमेली का तब्बेत खराब है कारकून साहेब ! उसकू झाड़ा लग रया है।

—चमेली कू बाद में देखेंगा...पहला तुम लोग पीछू हटो। कायदा मालम है तुम लोक कू ? दरवाजा से पाँच गज दूर रहना। नज़दीक नईं आना। हटो पीछू बोलता ना...!

हट जाती हैं दो-चार। मगर खड़ी है मंगू अपनी जगह...सीख़चे पकड़े।

—क्या मँगता तेरे कू ?...आँखें फाड़कर देखता है कारकून।

—तू...तू मँगता मेरे कू...।

हँसती हैं सब...लैला...चंद्री...शांती...आंटी...।

जना हटाती है मंगू को।...चल ! जाऊ दे ना ! उगीच कशाला...।*

हट जाती है मंगू।...मगर बड़बड़ाती है।...इनसान है क्या ये लोक ! गरीब का जिंदगी का कुछ परवा नईं। कोई मर जाएँगा तो भी इन लोक कू दरद नईं आएँगा...।

और घूर-घूरकर देखता है कारकून...मगर बोलता नहीं कुछ।...किधर है ? किधर है वो चमेली ?

और सब हट जाती हैं। और लंबे पतले गलियारे में...दूर पड़ी है चमेली। आँखें बंद। सीख़चों के पास से देख रहा है कारकून। चुपचाप खड़ी है हवलदारनी। कहीं से आ रही है बदबू। कैसी अजीब ! पहले भी आती रहती है...।

बरं-बरं ! करतो कांही बंदोबस्त ! पाठवितो तिला...!** घूमकर चला जाता है कारकून। चली जाती है हवलदारनी। रह जाती है मंगू...मुँह बनाती है।...पाठवितो तिला ! साला ! भाड़े का कुत्ता...।

---

* चल ! जाने दे ना ! बेकार क्यों...!

** अच्छा, अच्छा ! करता हूँ बंदोबस्त ! भेजता हूँ...।

चुपचाप बैठी है काली लड़की। मुँह उतरा हुआ।...लैलाबाई ! मेरे कू येच फिकर है कि बाबू भाई नईं मिला सैयद कू तो ! मेरा एक टैम का खाना गया...दुसरा टैम फिर कोई बात...।

गुज़रता चला जाता है दिन...छपू-छपू पानी में। निचोड़-निचोड़कर फैला दिए कपड़े जँगलों पर। धोतियाँ...लहँगे...ब्लाउज़। एक-ही-एक हैं सबके पास। नंगी हो गई हैं। या लपेट लिए हैं हवालात के कंबल...कीड़ोंवाले। सूख जाएँगे कपड़े। फिर पहन लेंगी। मगर लैला के हाथों में है पुरानी पेंसिल जिससे हिसाब लिखती है भत्तेवाले का।...और है एक पोस्टकार्ड। टूटी-फूटी हिंदी-उर्दू-मराठी में चिट्ठी लिख रही है !...नारायन रामभाऊ घाडगे !...बोलती जाती है सुभद्रा...यांस सपरेम...।

—ये क्या है ?...सिर उठाकर देखती है लैला।...ये सब लिखना नईं आता मेरे कू। सीधा-सादा बोल जो लिखने का होंगा...।

—तुम अपना मन सेच लिख देव कुछ भी...।

—कुछ भी।...हँसती है लैला।...मेरे प्यारे नारायन रामभाऊ। मेरे कू भोत याद आती तेरी। तू आ और ले जा मेरे कू इधर से...।

—ठीक ! अइसाच लिख देव।

हँसती जाती है लैला। नहीं, ऐसा नहीं लिखेगी। लिखती है...और पढ़ती है।... नारायन रामभाऊ कू लिखा सुभदरा ने। मे इधर दोईवाड़ा का पोलिस लाकप में बंद हू। मेरा सौ रुपिया का जमानत हुआ। तुम कुछ तो भी करके मेरे कू इधर से निकालना। नईं तो मे मुकदमा चले तब तलक इधरिच बंद रहूगी। जरूर छुड़ाना मेरे कू। मेरे कू तुम्हाराच आसरा है...।

टोकती है सुभद्रा।...लैलाबाई ! अइसा लिखो ना कि...मे दुसरा किसकू लिखू...कोई भी नईं कि मे जिसकू लिखू और बोलू...।

ठीक है। ऐसा ही लिखेगी लैला।...दुसरा कोई भी नईं ! किसकू लिखू ! किसकू बोलू ! तुम नईं आएँगा...तो इधरिच सड़ती रहूगी मे ! कोई नईं निकालेंगा मेरे कू...।

कार्ड भर जाता है...ख़त्म नहीं होती सुभद्रा की चिट्ठी। अब ?

—पता क्या है उसका ?...पूछती है लैला।

—पता ?...चक्कर में पड़ जाती है सुभद्रा।...पता तो कुछ भी नईं उसका। वो तो फुटपायरी पर सोता लैलाबाई !

—तो फिर ये खत कइसा जाएँगा उसके पास ?

दोनों पड़ गई हैं चक्कर में।

—अच्छा...वो काम किधर करता ?

—काम ? कायका काम ! उसकू कोई नौकरी थोड़िच। बेकार है वो। कभी हमाली करता तो कभी सुतार का काम...तो कभी पाकिट मार लेता।

अँधेरा नहीं होता है पूरी तरह...मगर कम होता चला जाता है उजाला। उसी तरह पड़ी है चमेली। भिनभिना रही हैं मक्खियाँ। फिर लाइन लग रही है। पिचकी हुई थालियाँ

और गिलास। फिर वही इंतज़ार...भत्तेवाले का। फिर वही भूख...फिर वही आग। मगर नई लड़की अब भी कह रही है कहानियाँ।...हंसा...बा...बापू...मोटा भाई...छोटा भाई।...नहीं सुनती मैना। कहीं और देखती है। कुछ और सोचती है। फिर अपने-आप से शुरू कर देती है बोलना।...ये पोपट...ये साला नईं मानेंगा...।

कहानियाँ रुक जाती हैं। सिर उठाकर देखती है नई छोकरी।...क्या बोलता तुम मैनाबाई ?...क्या नईं मानेंगा ?

और मैना पहली बार देखती है नई छोकरी को। और देती है जवाब।...ये साला पोपट...इधर नईं रहन देंगा मेरे कू। ले जाएँगा इधर से...।

ताज्जुब है छोकरी की आँखों में।...तुम इधर और रहना मँगता मैनाबाई ? उधर जाना नईं मँगता ?

आँसू हैं या नहीं मैना की आँखों में...मगर आवाज़ भारी हो गई है। क्या है उधर मेरे वास्ते ? वोई रंडी का धंदा ! वोई रोना-धोना...लफड़ा...तंगी। उधर से तो इधर अच्छा।

और दोनों चुपचाप रहती हैं बड़ी देर तक। बड़ी देर तक...बोलना अच्छा नहीं लगता ! ज़बरदस्ती बोलती है मैना...मेरे कू लगता कल ले जाएँगा मेरे कू इधर से। पूरा छोड़ देंगा ये लोक...नईं तो पोपट जमानत का कुछ बंदोबस्त कर लेंगा। इधर नईं छोड़ेंगा। मैं जानती इसकू। साला चैन नईं लेन देंगा मेरी जान कू। हरामी की अउलाद ! इसका कब्भी भला नईं होंगा। साला कुत्ता ! भड़वी का ! हरामजादा ! कमीनचोट ! मुरदा निकलेंगा ! मादरचोद ! हलकट ! बेसरम !

और उदास हो जाती है नई छोकरी। जब चली जाएगी मैना भी...तब क्या करेगी ? किससे बोलेगी ?

खोला जा रहा है सीख़चों का दरवाज़ा। आ गया है कारकून। साथ में हवलदारनियाँ। चमेली अस्पताल जाएगी। अब...चार घंटे बाद। औंधी पड़ी है।...चमेली ! ओ चमेली !

बड़ी मुश्किल से खोलती है आँखें। चढ़ रही हैं। मुश्किल से निकलती है आवाज़...क्या है यार ?

कान के पास मुँह ले जाकर बोलती है बशीरन...अस्पताल नईं जाएँगी तू ?

—नईं ! इधरिच रहूँगी मैं...।

भिन्-भिन्...उड़ रही हैं मक्खियाँ।

—क्या बोलती है ?...पूछता है कारकून।

—बोलती कि इधरिच रहूँगी। अस्पताल जाने का ताकत नईं उसमें।

—कइसा नईं है ताकत ! हॉस्पिटल जाना पड़ेंगा उसकू। उठ जल्दी टैम नईं मेरे पास...।

मगर नहीं उठती चमेली। धीरे-धीरे हिलाती है हाथ। नहीं जाएगी कहीं। यहीं मरेगी। गुस्सा आ रहा है कारकून को। यहाँ नहीं मरने देगा। अस्पताल जाना पड़ेगा।...उठ

जल्दी ! बोला ना मैं। टैम नईं मेरे कू जास्ती। अभी हॉस्पिटल का वास्ते बोम मारती थी...अब बोलती नईं जाती। क्या तेरा राज है इधर ! उठ लवकर...!

अब भी नहीं उठेगी चमेली। नहीं जाएगी कहीं। लाइन में खड़ी औरतें पूछ रही हैं...सब-की-सब।...क्या हुआ ? क्या बात है ?...कुछ नहीं। चमेली कू ले जाने के वास्ते आए ये लोक...चार घंटे के बाद। बोलती कि नईं जाती।...साला हरामी है ये लोक। कुछ फिकर नईं इनकू। आदमी का जान जाओ कि रहो।

मगर समझा रही है बशीरन...जा ! चली जा चमेली ! कुछ हरज नईं जाने में।...चल ! मैं पोंचा देती तेरे कू।...नूरन ! तू पकड़ उधर से। सम्हालके। भोत कमजोर हो गई है।...क्या करना बाबा ! हम लोग का तो जिंदगानीच अइसा है। अपुन मर भी जाएँगा तो किसकू क्या फरक पड़ने वाला है। एक-दूसरे की मदद करो...येई भोत है। सम्हालके नूरन आस्ते...आस्ते चल !

देख रही हैं लाइन में खड़ी औरतें। चमेली...पीली-पीली। जैसे कोई मुरदा। और बशीरन और नूरन...चलाकर ले जा रही हैं मुरदे को। कारकून और हवलदारनियाँ आगे-आगे। खुलता है दरवाज़ा...और बंद हो जाता है। देखती रह जाती हैं दोनों...सब। चली गई चमेली...मैली दीवारों के पार। अब नहीं दिखती।

—बिचारी ! जीती कि मरती...किसकू मालम !...बोलती जाती हैं लाइन की औरतें।...क्या करना ! अपना-अपना नसीब ! हम लोक का नसीबच गाँड़ है। पन इनसान का भी कुछ फरज होता। ये लोग इनसान नईं...जिनावर है। अपना चैन-आराम मालम ! दुसरे का कुछ नईं। बिचारी चमेली...!

जिंदगी और नसीब की कहानियाँ...दीवारों-दरवाजों के खालीपन को भरने के लिए। एक कोशिश...बेकार...बेमतलब। लंबे सीख़चों के बीच गुज़रने वाला वक़्त...झूठा और ग़लत। रोशनी...एक वहम। सिर्फ़ अँधेरा...कई रंगों कई रूपों में। जाता नहीं...बहाना करता है। वहीं है भेष बदल-बदलकर। सच...ऊँची छतों से लटकता हुआ मकड़ी का जाला...गंदे फ़र्श पर रेंगता हुआ कीड़ा।...एक क़तार...पिचकी हुई...बार-बार बनती है...बार-बार बिगड़ती है...।

और कहानियाँ फिर भी ख़त्म नहीं होतीं। वही नई लड़की और वही मैना। बार-बार वही कहानी।...हंसा...मेरी सहेली। भोत भोली छोकरी। क्या मालम उसकू दुनिया में कइसा-कइसा लोक होता है। ऊपर कुछ...अंदर कुछ। जो बोला...वोज मान ली...भरोसा कर ली। धोका हो गया उसकू। अइसा धोका ! आक्खा जिंदगानी बिगड़ गया उसका। अब क्या होंगा ? कुछ नहीं होंगा।...हंसा...भोत भोली छोकरी !...बिचारी...!

और फिर आँखों में आँसू। टपकें...या वहीं थम जाएँ ? किसके लिए ? हंसा के लिए ? हंसा...जो अपना नाम नहीं बताएगी। भटकती रहेगी अलग-अलग नामों-रूपों में। कहानियाँ सुनाएगी...हंसा की। हंसा...जो खा गई धोखा ! भोली-भाली...क्योंकि दुनिया को पहचानती नहीं थी। लेकिन कुछ नहीं हो सकता अब। ज़िंदगी लौट नहीं सकती। बा और बापू। और गाँव और नदी। और खट्टी कैरी और मीठी कैरी। और हवा और

ख़ुशबू। बहुत पीछे छूट गया सबकुछ।

और सिर उठाकर बोलती है मैना...जैसे अपने-आपसे बोल रही है...बारह साल पीछे लौटकर।...देख ! क्या नाम है तेरा ! ये मुंबई है ना ? और मुंबई क्या ये अक्खा दुनिया है ना...बजार है...भोत बड़ा बजार। बोले तो...एक भट्ठी है। भोत बड़ा भट्ठी। और दूर-दूर से...गाव-गाव से छोकरी लोक कू ला-लाके ये बजार का भट्ठी में डालता है ये लोक। सीधा भोला छोकरी लोक...तेरा जइसा...हंसा जइसा। भोला नईं होएँगा। तो ग़रीब होएँगा खाना नईं...ठिकाना नईं। एक बार गिरा ये भट्टी में...तो जलनाच मँगता। कोई रस्ता नईं। ये लोक तुमकू निकलनेच नईं देंगा।

रात का अँधेरा घिर जाने से पहले फिर आ जाता है भत्तेवाला। और हड़बड़ाकर कहती है लैला...जल्दी बोल सुभदरा ! क्या पता लिखने का है। भत्तेवाला आ गया। मेरे कू जाने का है हिसाब लिखने कू।

और सुभद्रा नहीं जानती क्या पता है उस आदमी का...जिसके सिवा और किसी को लिख नहीं सकती...बोल नहीं सकती।...नारायण रामभाऊ घाडगे।...सोचती जाती है। अच्छा ! अइसा लिखो लैलाबाई कि...देना नारायन रामभाऊ घाडगे कू...बोरी लैन का फुटपाथ...भीमजी भाई बनिया का दुकान का सामने वाला जगा...कमाठीपुरा नाका...।

और सिर उठाकर पूछती है लैला...पन उधर तो वो रात कू सोता ना ?

—हौ !...नहीं जानती कि क्या कहे।...पन कोई दे देवे उसकू तो दे देवे...।

और लैला लिख देती है पता...कि शायद पहुँच जाए ख़त...आ जाए एक नारायन रामभाऊ...छुड़ाकर ले जाए सुभद्रा को...जो अब एक-एक दिन रास्ता देखेगी उसके आने का।

और आवाज़ें फिर वही। सीख़चों के पार फिर गुज़रने लगती हैं रोटियाँ...दाल...तरकारी। हिसाब...दिन और रात रोटियों का...फिर शुरू हो जाता है।...एक और ! एक रोटी और दे ना रे !...नहीं ! हिसाब पूरा हो चुका है। अब नहीं मिलेगी रोटी।...थोड़ी तरकारी और दे ना रे !...नहीं ! दो रुपए का भत्ता ख़त्म ! अब कुछ नहीं मिल सकता...।

आगे सरकती हुई लाइन के बीच कहीं खड़ी है काली लड़की। धक-धक कर रहा है दिल। अभी आ जाएगा नंबर। अभी मालम हो जाएगा बाबू भाई मिला कि नहीं। नहीं मिला तो ! फिर एक टाइम का खाना और। कितने टाइम के कितने खाने और।...मेरा भगवान ! मिल गया हो बाबू भाई ! बस ! दुसरा कुछ नहीं मँगता...।

जल्दी-जल्दी हाथ चलाता है भत्तेवाला। फालतू टाइम नहीं है पास में।...ये ले।...तेरी तमाखू। चल आगे।...तेरी तपकीर। गया पचीस पैसा। बाक़ी का ये रहा...रोटी...दाल...आगे बढ़।...तू कोन ? अच्छा ! ये तेरा पान दो। ये बीड़ी का बंडल ! बाकी का ये खाना...तू भी चल। लैलाबाई ! ये बाई का हिसाब में कितना है ?...ठीक ! सात रोटी तेरी तरफ जास्ती हो गया। अभी कल नईं देऊँगा। पान-सुपारी भी नईं। हिसाब पूरा होना मँगता। आगे बढ़...।

और अब है काली लड़की...काली तारा। डरी हुई। देख रही है भत्तेवाले की तरफ़। पूछ रही है आँखों से...मिला बाबू भाई ?

और हाथ रोककर देख रहा है सैयद।...तूच है ना जो मेरे कू भेजी थी उधर।... क्या बोलते...मुंबई सेंट्रल का झोपड़-पट्टी में...?

सहमी हुई सिर हिलाती है तारा।...हौ ! मैंच भेजी थी। क्या हुआ ? मिला बाबू भाई ?

फिर पूछता है सैयद...वोच ना...टकला ? दुबला सरीखा है। खूब बीड़ी पीता है...?

—हौ-हौ ! वोइच...?

अचानक गिर जाती है सैयद की आवाज़।...मैं उसकू बोला कि तारा कू पुलिस लोग पकड़ा...तो वो बोला कि मैं नईं जानता कोई तारा-वारा कू...।

काली लड़की की समझ में नहीं आता कुछ।...क्या बोला ? वो मेरे कू जानताच नईं ?

सूखी हँसी हँसता है भत्तेवाला।...हौ ना ! मैं उसकू बार-बार बोला कि वो काली सरीखी बाई है...ताराबाई। जरा मुसीबत में पड़ गई है। तुमकू बुलाती है। तुमकू डरने का कुछ गरज नईं। एक बार चलो उधर।...पन वो मानाच नईं। बोला कि जानताच नईं तारा कू...और मेरे पास टैम भी नईं। मेरे कू अपना धंधा देखने का है...।

काली लड़की...कुछ सुन नहीं पाती। खड़ी रहती है पत्थर की तरह। कुछ और भी कहता है भत्तेवाला। क्या कहता है...मालूम नहीं। दो रोटियाँ थमा देता है। गिलास में दाल। हाथ से हिलाकर कहती है लैला...जा ! उधर हो जा ! दुसरे कू लेन दे...।

और हिलती है काली लड़की। होंठ भी हिलते हैं...बहुत धीरे-धीरे।...साला ! मादरचोद !...और आँखों से शायद गिर जाए एक-आध बूँद। और होंठ फिर हिलते हैं।...साला ! मादरचोद !...और होंठ फिर-फिर हिलते जाते हैं...मगर नहीं आती आवाज़।

बाजू में लाइन आगे सरकती चली जाती है।...पाव और तरकारी।...मेरे कू दाल और रोटी...। काँदा दे थोड़ा।...एक हरी मिरची दे ना मेरे कू ! बस एक ! खाली एक ! जास्ती नईं।...कल कि नईं...मेरे कू बैदा-करी मँगता ! दाल खा-खाके हैरान हो गई मैं।...मेरे कू मच्छी-करी मिलेंगा ? ए सैयद ? एक टैम का खाना रख ले...पन मच्छी-करी लाके दे। भोत दिन हो गया...सकल भी नईं देखी मच्छी की।...बांत कमती करो। भोत बोलता है तुम लोग। अपना सामान लेके जल्दी बाजू हो जाने का।

दोपहर की भूख और दिन का दर्द...कहाँ चले गए दोनों ? हाथों में दाल का गिलास और दो रोटियाँ...काली लड़की अब भी खड़ी है उसी तरह। एक और दर्द आ गया है कहीं से।...साला ! मादरचोद !...होंठों से बाहर नहीं आ पाती आवाज़।...क्या हो गया। ! ऐसा तो सोचा भी नहीं था कभी।...और समझा रही है सुभद्रा...भत्तेवाले भैया ! ये कारड आजच डाल देना डब्बे में। भूलना नईं। नईं तो मैं इधर रस्ता देखती

रहूँगी...उधर कारड चला जाएँगा कचरे में।...और बार-बार समझाता है सैयद ! जरूर डालेंगा ! नहीं भूलेगा।...लेकिन भरोसा नहीं होता सुभद्रा को। डर लगता है अंदर...कहीं भूल गया तो...!

बहुत ऊपर टिमटिमाते हुए बल्ब की रोशनी...ज़मीन तक नहीं पहुँच पाती। ऊपर उजाला। नीचे...न अँधेरा...न उजाला। क्या है ? सब दिखाई देता है...मगर कुछ दिखाई नहीं देता। सीख़चों में बंद बहुत-सी औरतें...लेकिन कौन है कौन ? सब एक ! अँधेरे और उजाले के बीच हिलती हैं...और नहीं हिलतीं। बोलती हैं...और हो जाती हैं ख़ामोश। बहुत देर हो गई। चला गया भत्तेवाला। धुल गए बरतन। आधी-आधी बीड़ी पीकर लेट गईं आमने-सामने। बहुत देर हो गई। कुछ नहीं बचा अब। कोई काम नहीं। कोई इंतज़ार नहीं। सिर्फ़ कहानियाँ...सुबह तक...गुज़रे हुए वक़्त की। सैकड़ों बार, बार-बार, वही-वही। रात के डूबते हुए पहरों में जागती हुईं आवाज़ें। नींद नहीं आएगी। कहानियाँ जारी रहेंगी। ज़िंदगी की कहानियाँ। पहले कही जाएँगी दूसरों के लिए...बार-बार। फिर अपने लिए...बार-बार। पहले सुनेंगी दूसरों की कहानियाँ...फिर सिर्फ़ अपनी। अपनी-अपनी आवाज़ में अपने-अपने गुबार...टिमटिमाते बल्बों के नीचे अँधेरे और उजाले में...बार-बार उठेंगे...फिर भी ख़त्म नहीं होंगे...।

बीत जाती है आधी रात इस तरह। कहानियों वालियाँ थक जाती हैं और ऊँघने लगती हैं। फिर भी कहती चली जाती हैं। ऊँघने वालियों की कहानियाँ जागने वालियों की कहानियों से ज़्यादा बोलती हुईं...ज़्यादा साफ़। तब खुल जाता है सीख़चों का दरवाज़ा। और एक...दो...तीन...दस...पंद्रह...औरतें और लड़कियाँ...और डाल दी जाती हैं अंदर। ख़ामोशी में फैला हुआ एक नया शोर। जाग उठती हैं ऊँघने वालियाँ। नई आने वालियाँ फैल जाती हैं चारों तरफ़। जगह ढूँढ़ती हैं बैठने की...सोने की। लड़ती हैं और देती हैं गालियाँ।...तुम्हारे बाबा की जगो है ये। पाँव सिकोड़-सिकोड़के लेटो। ये तेरा रिजरब जगा नईं है...भला क्या ! हट ! सोने दे मेरे कू इधर।...सोने वालियाँ...लेटने वालियाँ...और ज़ोर से देती हैं गालियाँ।...ए ! ए इधर क्या मेरा सर के ऊपर सोएँगी ! भाग इधर से !...जैसे हो जाएगी मारपीट। मगर कुछ नहीं होता। कुछ देर तक होता रहता है शोर। फिर धीरे-धीरे मिट जाता है। फिर शुरू हो जाती हैं कहानियाँ...पुरानी वालियों और नई वालियों के बीच।...कहाँ...किधर धाड़ गिरा आधी रात के टैम ? कितने कू पकड़ा ? कुछ मारा-पीटा क्या ?...तू कितने दिन से है इधर ?...पहलाच टैम है आने का ?...नाम क्या है तेरा ?...और तेरा ?...ठीक है ठीक है। पाँव फैला ले अच्छे से और सो जा ! दो घंटे के बाद तो सुबू की तैयारी हो जाएँगी। थोड़ा टैम का बात है।...अच्छा-अच्छा ! घरवाली कू पकड़ा कि नईं ? उसकू तो पकड़नाच मँगता।...आ-आ ! तू इधर लेट जा...।

धीरे-धीरे फिर सब होने लगता है ख़ामोश। कहानियाँ फिर भी ख़त्म नहीं होतीं। उबासियों पर उबासियाँ। सब सो जाएँगी अब। करवट बदलकर पूछती है बशीरन... नूरन ! सो गई क्या ?

जागकर कहती है नूरन...नईं तो आपा !

एक लंबी उबासी...और कहानी ख़त्म कर देती है बशीरन।...येई सब सोचती रहती मैं। जो चलता है सोचना तो खतमच नईं होता। ये टैम तो निकल गया...पन आगे क्या होंगा ? जिसम जवाब दे रया है। मैं बोलती नूरन...दो साल के अंदर वो टैम आ जाएँगा मेरा...कि हवलदार लोक पकड़ेंगाच नईं मेरे कू। इधर रहके महीना बीस दिन जो चैन से खाने कू मिलता है बैठके...वो भी नईं मिलेंगा। तब क्या होंगा मेरा ? सोचती तो सर में चक्कर आने लगता।

नूरन को फिर आ गई है नींद। आगे क्या कहती है बशीरन...नहीं सुनती। मगर बशीरन को ख़याल नहीं इसका। कहती जाती है कहानी...क्योंकि अपने-आप को सुनाती जाती है। क्योंकि गुज़रे हुए दिन डरा नहीं पाते...लेकिन डरा रहे हैं आने वाले। रात के अँधेरे के बाद जो चला आ रहा है...सुबह का उजाला नहीं...एक और गहरी रात का अँधेरा है।

एक और लंबी उबासी। चुटकी बजाती है मैना और चुप हो जाती है। दोनों पड़ी हैं। सो रही हैं...मगर सो नहीं पातीं। कहानियाँ सुना-सुनाकर चुप हो गई है नई छोकरी। कुछ बाक़ी नहीं रहा अब। हो सकता है, कल चली जाए मैना। तब कौन सुनेगा ? लेकिन करवट बदलती है मैना।...देख ! क्या नाम तेरा...मेरी बात सुन। सुनती क्या ?

करवट ले लेती है छोकरी भी।...क्या बोलती तुम मैनाबाई ?

—ये बोलती...कि चली गई तो कल चली जाऊँगी मैं। पन एक बात बोलके जाती तेरे कू। याद रखना...।

—क्या बात मैनाबाई ?

—तू ये लोक कू अपना घर का पता बोल दे। वापिस लौट जा...।

चुप है छोकरी। जवाब...पहले ही दे चुकी है। मगर फिर कहती है एक बार।...ये नईं होने का मैनाबाई ! मे तुमकू बोली। उधर गई तो मे जिंदा नईं रहेंगी।...और बापू जी...और मोटा भाई भी...।

फिर भी समझाती है मैना।...मेरी बात कू समझ ले। तू पता नईं बताएँगी तो ये लोक तेरे कू होम में भेज देंगा। एक बार होम में गई...तो बन जाएँगी पूरी रंडी। कोई भी आएँगा...ले जाएँगा तेरे कू रुपिया देके। बेच देंगा ये लोक तेरे कू। उधर कागद पर लिख देंगा...तेरा भाई ले गया...तेरा बाप ले गया। समज गई क्या ? ये लोक जो धाड़ मारता है तो कायके वास्ता मारता है ?

चुप है नई छोकरी। समझ गई...या नहीं समझी। दोनों बराबर। फिर भी बोलती जाती है मैना।...तेरे कू देखती...तो मेरे कू अइसा लगता...कि जइसा मैंच हूँ। करके बोलती मैं। इधर अपना जिंदगानी बरबाद मत कर। पता बता दे और चली जा लौटके। ये सब बेकार का बात है कि कुछ काम करेंगी...बरतन-भांडी घसेंगी। ये लोक तो अपने से एकच काम लेंगा...ये समझ ले तू।

सुनती जाती है छोकरी...मगर नहीं टूटती चुप्पी...।

फिर फैल रही है बदबू...बहुत ज़्यादा। पास में सोई हुई की तरफ़ इशारा करती है मंगू। यहीं से आ रही है बदबू। गरमी है इसको...नहीं तो परमा। सड़ रही है।...उठग जाना। जाऊ दुसरी कडे। इधर नईं आएँगा नींद अपने कू...।

अँधेरे कोने में टिकी काली लड़की बार-बार कहती है...नईं-नईं ! मेरे कू भरोसा नईं होता। बाबू भाई अइसा नईं बोलेंगा लैलाबाई !

और कोई जवाब नहीं देती लैला। फिर भी बोलती चली जाती है काली तारा।...मेरे कू लगता कि डर गया वो। चोरी का माल बेचता ना। कल के दिन मैं फिर नईं लेऊँगी अपना खाना। सैयद कू बोलूँगी और जा एक बार। उसकू बोल कि डरने का कुछ बात नईं।...तुम सो गया लैलाबाई ? भला ही बाबू भाई मेरे कू ना निकाले इधर से...पन एक टैम मिलने कू तो आवे...।

और ख़ामोश देखती रहती है लैला...सामने...जहाँ कुछ नहीं है।

भागती हुई नीली गाड़ी में बैठी हैं रिमांड वालियाँ...ज़मानत वालियाँ। चारों तरफ़...लोहे की जालियाँ। जालियों के उस तरफ़...हवलदारनियाँ। सिर से नीची हैं खिड़कियाँ। बाहर देखने के लिए झुकना पड़ता है नीचे। दौड़ रही हैं गाड़ियाँ। भाग रही हैं सड़कें... सड़कों पर सारी दुनिया। चुपचाप बैठी है मैना...चुपचाप बैठी हैं सब-की-सब...मोटे चश्मेवाली बुढ़िया भी। कमानी की जगह बँधा हुआ धागा।...रोज़ ऐसा ही...जब जाती हैं अदालत...चुप होती हैं सब-की-बस। सिर झुका-झुकाकर देखती जाती हैं भागती हुई सड़कों को। जालियों के दरवाज़े के उस तरफ़...ऊँघती लगती हैं हवलदारनियाँ।

—क्या हुआ री ?

—कुछ नईं...।

—क्या बोलेंगा मजिस्ट्रेट ?...जाओ ! छोड़ देव सब कू। इनका कुछ गुन्हा नहीं। इनके बदले पकड़ लो इंस्पेक्टर लोक कू...साहब लोक कू...हवलदार लोक कू। बंद करो सब कू। येच हैं असली गुन्हेगार। कब होंगा अइसा इंसाफ ? कब्भी नईं। कब आएँगा अइसा मजिस्ट्रेट ?...कब्भी नईं...।

चुप्पी ख़त्म नहीं होती...और आ जाता है कोर्ट। खड़ी है गाड़ी...मगर दरवाज़ा अब भी बंद। जालियों के पीछे से ताक रही हैं सब। ख़ूब आवाज़ें। घूर रहे हैं ख़ूब आदमी लोग। काले कोटवाले। सफ़ेद पतलूनवाले। नीली वर्दीवाले हवलदार। ख़ाकी वर्दीवाले इंस्पेक्टर। सफ़ेद साड़ीवाली हवलदारनियाँ। पी रहे हैं चाय...बीड़ी, सिगरेट, पान। ठहाके लग रहे हैं।...गरदन दुखने लगती है देखते-देखते।...कब खुलेंगा दरवाज़ा ? कब निकलेंगे लोक गाड़ी के बाहर ?

काले पत्थरों की इमारत। बहुत सारे लोग...दरवाज़ों-दीवारों के पास...बड़े कमरों के अंदर-बाहर...इंतज़ार कर रहे हैं किसी फ़ैसले का। डरे हुए हैं...मगर बच नहीं सकेंगे। आना पड़ेगा...बार-बार। फ़ैसला छोड़ेगा नहीं। हर जगह...हर कहीं...पहुँच जाएगा और

जकड़ लेगा। मगर बार-बार क्यों होता है ? एक बार क्यों नहीं हो जाता ?...यह ज़रूरी है। बार-बार होना ज़रूरी है। नहीं तो ख़त्म हो फ़ैसला...ख़त्म हो जाएँगे फ़ैसला करने वाले। काली इमारत...काले लबादे...काले कोट...काले नहीं रहेंगे।

दरवाज़ा अब भी बंद। गाड़ी के अंदर बंद हैं सब-की-सब। फिर-फिर दुख जाती है गरदन। फिर भी बंद नहीं होता झुककर देखना। टहलने वाले साहब लोग और ठहाके लगाने वाले साहब लोग। सीढ़ियाँ चढ़ने वाले लोग और उतरने वाले लोग। फाटक पर वक़्त गुज़ारने वाले लोग। हर आने वाले के पीछे पड़ जाते हैं काले कोटवाले वकील। खींचते हैं अपनी-अपनी तरफ़।...यस जेंटिलमैन ! कम टु मी...टु मी...टु मी...। झाँक रहे हैं उधड़े हुए रेशे चौड़े पाँयचों की पतलूनों से। काले कोटों पर लगे हुए पैबंद। अधेड़ और बूढ़े जिस्म...वक़्त से क़दम मिलाने की कोशिश में घिसटते हुए।...यस ! हम कू बोलो। हम कर देंगा तुम्हारा काम। क्या है ? एफ़ीडेविट ? नोटिस ? पिटीशन ? दो रुपिया नहीं...तो रुपिया देना।...नईं तो बस पचास पइसा...।

अंदर से ताक रही हैं रंडियाँ...झोपड़-पट्टीवाली।...सच्ची...अइसाच तो अपुन लोक भी करता। नईं क्या ?

कुहनी मारती है बाजूवाली।...वो देख ! वोई है ना तेरा मरद। कल आया था उधर...।

सामने की सीट पर चली जाती है। गरदन झुमाकर देखती है मैना। सामने सीढ़ियों के पास खड़ा है पोपट...पास में राजू। फटा हुआ पाजामा...फटा हुआ जाँघिया...भीड़ में खोया हुआ। बाज़ू में हाजी सेठ के कारकून का आदमी।...पोपट ! साला हलकट ! बेसरम ! हरामी...!

—चलो ! उतरो नीचू।...खुल गया दरवाज़ा। दे रही हैं आवाज़ सफेद साड़ीवाली हवलदारनियाँ।...उतर नीचू ! जल्दी...।

नहीं उतर पा रही है मोटे चश्मेवाली बुढ़िया। दिखाई नहीं देता कुछ। कोई पकड़े इसका हाथ। सत्तर साल की उम्र में करेगी चोरी। क़ानून छोड़ेगा नहीं। रपट हो गई...चोरी की बुढ़िया नौकरानी ने।

—चल ! जल्दी उतर ना...।

धोती नहीं है। लपेट रखा है फटी चादर का टुकड़ा। बोल रही है...कायकू घाई करता इतना ? उतरती मैं। पन किधर उतरने का ? दिखता नईं मेरे कू कुछ...।

एक लकड़ी थी...पकड़-पकड़कर चलती थी। हवालात में कोई नहीं रख सकता लकड़ी। क़ानून है क़ानून। छीन ली।...चल ! बिना लकड़ी के चल अब।

खड़ी हैं एक तरफ़। घेर रखा है हवलदारों और हवलदारनियों ने। नीली वर्दी और सफ़ेद साड़ियाँ। हो रही है गिनती। एक...दो...दस...बारा...सब ठीक...सब ठीक। चलो ऊपर...पायरी पर। एई ! उधर नईं...इधर।...सब चढ़ती हैं। चढ़ नहीं पाती बुढ़िया। बहुत मोटे शीशों के पार...कुछ दिखाई नहीं देता। मोतियावाली आँखों में दिखाई देते हैं सिर्फ़ धब्बे...चलते-फिरते और ठहरे हुए।...ए ! ए ! कोई मेरा हाथ पकड़ लेना। खाली

एक पायरी...बस...।

बहुत बड़े इजलास में बहुत बड़ी भीड़। कठघरे और कठघरे...आगे और पीछे। भेड़-बकरियाँ हाँककर ला दी गईं...खड़ी कर दी गईं एक जगह...सब-की-सब। सामने...पुलिस के साहब लोग। पीछे...हथकड़ियाँ और गुनहगार। फटे कपड़ों के नीचे उभरतीं हड्डियाँ। सूखे चेहरे। उगी हुईं दाढ़ियाँ। गुनाह...जो ज़िंदगी से पहले हो गया था...कभी माफ़ नहीं होगा। सज़ा मिलेगी बार-बार...फिर भी धुलकर साफ़ नहीं होगा। सफ़ेद कॉलर और काले लबादे...ख़ाकी वर्दियाँ और नीली वर्दियाँ...सब एक तरफ़ हैं। फटे कपड़े और हड्डियाँ...और सूखे चेहरे और हथकड़ियाँ...दूसरी तरफ़। इस तरफ़ और उस तरफ़। उस तरफ़ ऊँचाई की कुर्सियाँ...इस तरफ़ कठघरे और कठघरे। पेशकार और अहलकार। नीचे-ही-नीचे सरकने वाले नोट। चपरासियों की टटोलती हुईं निगाहें। हर क़दम और हर कुर्सी...एक नोट। ऊँचाई की कुर्सी का इंसाफ़ खुली आँखों को बंद मान लेता है। जो देखना चाहता है...वही देखता है। जो सुनना चाहता है...वही सुनता है।

चुप !...चुप !...चुप !...चिल्ला रहा है चपरासी। सब चुप हैं और खड़े हैं। बैठ जाता है काला लबादा ऊँचाई की कुर्सी पर। बैठ जाती है खड़ी हुई दुनिया। सरकते हुए काग़ज़ और गूँजती हुईं आवाज़ें।...आ-आकर खड़े होते जाते हैं लोग। पहला कठघरा...ख़ाकी वर्दी। दूसरा कठघरा...गुनहगार...फटे कपड़े और सूखे चेहरे ! सारी आवाज़ें एक तरफ़...दूसरी तरफ़ ख़ामोशी। पहला रिमांड...दूसरा रिमांड। ज़मानत...सौ रुपिया...दो सौ रुपिया। ज़ामिन मिला ? नहीं। चलो तीसरा रिमांड।...चलो जेल-कस्टडी...।

सरककर मैना के पास पहुँच जाता है पोपट। नहीं बोलती मैना। जारी हैं आवाज़ें ...शंकर गजानन सुतार !...काका डोंगरे !...सोनू सखाराम कांबली !...आनंदीबाई जागोराव ! ...बात करने की कोशिश करता है पोपट।...वो हामिद भाई आया है। अभी हो जाएँगा तेरा मुचलका। फिर छोड़ देंगा तेरे कू...।

मुँह घुमा लेती है मैना। लेकिन पास आ जाता है राजू।...माँ !...ओ माँ !

अब मुँह नहीं फेर सकती मैना।...क्या है रे ? तुम लोग कायकू आया इधर ? मेरा जान खाने का वास्ते ?

परेड जारी है। आवाज़ें जारी हैं।...अगरीपाड़ा पोलिस स्टेशन।...नंदूप्रसाद परदेसी। फ़रीद मलबारी। सुलेमान ख़ान। शंकर शेट्टी...।

फिर कोशिश करता है पोपट।...हामिद भाई...भोत भला इनसान है। कितना तकलीफ उठाया मेरा वास्ते ! कल कइसा दौड़के आया। साब लोक कू मिला। अइसा आदमी कू इनसान नई बोलना मँगता...उसकू भगवान बोलना मँगता...।

थोड़ी देर के लिए रुक जाती हैं आवाज़ें...फिर शुरू हो जाती हैं।...डोंगरा पोलिस स्टेशन।...कठघरे में ख़ाकी वर्दी का सैल्यूट।...मूसा नूर मम्मद ! हुसेन अली।...हातम मियाँ !...टोनी मेंजी !...बाडीलाल जेठाभाई...!

अब भी चुप है मैना। फिर एक बार...हामिद भाई मेरे कू पइसा दिया...बस का वास्ते। इधर से भिंडी बजार तक अपुन पैदल चलेंगा। फिर उधर से बस पकड़ लेंगा।

भिंडी बजार से ये पइसा में अपुन तीनोच पोंच जाएँगा। हामिद भाई मेरे कू भोत मदद किया। हामिद भाई नहीं होता...तो भोत तकलीफ होता। हामिद भाई...

अब बोल उठती है मैना...ज़ोर से।...अपनी माँ में डाल हामिद भाई को। मेरे कू मत बता ये सब। बातच मत कर तू मेरे से...।

हथकड़ियों में बंद नंगे बदन...फटे जाँघियों में...जाते हैं और लौटते हैं। रिमांड... तारीख़...जेल-कस्टडी। लंबी ज़ंजीरें...मोटी रस्सियाँ...डाँटते हुए हवलदार...चीख़ता हुआ चपरासी। ख़ामोशी। फिर आवाज़। सब चली गईं कठघरे तक...सिर्फ़ मैना रह गई। और पास आ जाता है पोपट। और घूमकर खड़ी हो जाती है मैना। क्या कहे...समझ नहीं पाता। मुँह खोलता है कई बार...चुप हो जाता है। मगर नहीं रहेगा चुप। कह डालेगा।...मैना ! ओ मैना ! एक बात सुन। खाली एक बात। अब दुसरा बात नईं है मेरा पास। एकच बात बोलूँगा। तू एक मरतबा देख ले इधर...।

लेकिन नहीं घूमती मैना। ख़ामोश खड़ी रहती है उसी तरह।...बोलेगा। फिर भी बोलेगा।...नईं देखती तू मेरी तरफ ? मत देख। पन मेरा बात सुन ! खयाल से सुन। मैं तेरे कू चानस का बात बोला था ना ? बोला था कि मेरे कू एक चानस मँगता...खाली एक चानस।...अब मैं बोलता मैनाबाई...नईं ! मेरे कू चानस नईं मँगता। एक भी चानस नईं मँगता। मेरे कू माँ का कसम ! बाप का कसम ! सच्ची ! चानस का बात कब्भी नईं करेंगा मैं। तू जइसा बोलेंगी...वइसाच रहेंगा मैं। जो बोलेंगी...वोज काम करेंगा मैं। एकदम सच्ची बोलता मैना ! अभी मेरा बात में फरक नईं होएँगा। तू अजमा लेना।...क्या बोला मैं ! सुनी क्या मेरा बात ? ए...!

चुप है मैना। बहस शुरू हो गई है। आवाज़ें बंद। वापस लौट रहे हैं जानेवाले। चुप है पोपट...मगर फिर भी बोल रहा है।...मैं भोत सोचा...मैना ! कायके वास्ते मँगता मेरे कू चानस ? मेरा खुद के वास्ते ? नईं। मेरे कू चानस मँगता तेरा वास्ते...ये राजू का वास्ते। तेरे कू इधर से ले जाऊ...अच्छा खोली में रखू। तेरे कू आराम का जिंदगानी मिले...येच मँगता मेरे कू...दुसरा कुछ नईं। पन नईं। अभी नईं मँगता मेरे कू चानस। मटका नईं ! नंबर नईं ! जुआ नईं ! कुछ नईं। जो तू बोलेंगी...वोज करेंगा मैं। हमाली करेंगा। जूता पालिस करेंगा। कप-बसी धोएँगा। पन अभी से तेरा वो काम बंद। सुनी क्या ? क्या बोलता मैं ! माँ का कसम मेरे कू ! बाप का कसम ! जिसका बोल उसका कसम ? तेरा काम बंद मैना ! मैं सच्ची बोलता...।

लौट आईं रिमांड वालियाँ...कठघरे से। एक मोटे चश्मे को कुछ नहीं दिखता। कहाँ जाना है ? कुछ सुनाई नहीं पड़ा...क्या आवाज़ आई ऊँची कुर्सी से।...मेरे कू क्या बोला ? कभी छोड़ेंगा ? बताओ ना मेरे कू...कभी छोड़ेंगा ? मेरा लकड़ी...मेरे कू नईं देंगा क्या ?...

और कोई नहीं देता जवाब। हवलदारनियाँ हाँक रही हैं सबको। जा रही हैं सब नीचे। सिर्फ़ मैना खड़ी है चुपचाप। क्या बोला पोपट ? सच्ची बोला ? एकदम सच्ची ?...नईं ! साला झूटा ! बनाता मेरे कू...!

और पोपट अब भी ताक रहा है उस तरफ़...जहाँ मैना खड़ी है...चुपचाप...।

4

एक ही बात...हर सुबह...हर शाम। हसीना आई ? चिलचिलाती हुई धूप और उमसती हुई हवा के साथ...हर बात...एक ही बात...हर रात...हसीना नहीं आई ?

फिर कट गया कोई रेल की पटरी पर। जानवर या आदमी ?

आदमी दौड़ते हुए...हाँफते हुए...ठहरे हुए...पसीना पोंछते हुए...देखते हैं आसमान की तरफ़। नहीं आए बादल। क्यों नहीं आए ? कब आएँगे ?

कचरे के ढेर पर घूम-घूमकर अब भी ढूँढ़ रहा है पागल...एक दुनिया...जिसको ढूँढ़ते हो गया पागल...नहीं मिली अब तक। दुनिया...जिसने कचरा बनाकर फेंक दिया कचरे के ढेर पर। फटे हुए कपड़े। जमे हुए मैल की परतें...और परतें। चिपके हुए बाल। एक पागल जिस्म।...पंख फड़फड़ाती मुर्ग़ियाँ। दुम हिलाते हुए कुत्ते। गंदे सूअर। एक कुतिया...खुजली के ज़ख़्मों को चाटती हुई। डिब्बियाँ...पन्नियाँ...जली हुईं सिगरेटें। जूठन और गंदगी। थूक और बलग़म। ढूँढ़ता रहेगा कचरे के ढेर पर...क्योंकि न ढूँढ़ना नाउम्मीदी...हार...।

बादल नहीं आए। बादल नहीं आएँगे। फैला है सिर्फ़ ख़ाली आसमान...जिसके नीचे...डूबते हुए जहाज़...डूबता हुआ सागर...डूबते हुए टापू...डूबते हुए आदमी...।

काली चट्टान के पीछे छिपा हुआ आदमी...जब्बार। बीड़ी का आख़िरी कश... आख़िरी कोशिश।...रोजी ! जाके देख ना एक मरतबा...आई कि नईं आई हसीना।

एक लहर टकराती है दीवार के साथ और लौट जाती है। बहुत गरमी। सुबह-शाम रगड़ा और पाव खाते हैं साथ-साथ। सामने सफ़ेद इमारतों की बत्तियाँ...जलती हैं और बुझ जाती हैं। जब्बार देखता रहता है। एक...दो...तीन...चार। नीचे से ऊपर चले जाते हैं पाइप। जब्बार...काली चट्टान के पीछे से निकलकर घूम आता है उस तरफ़। उस तरफ़ कोई नहीं है जो पहचानेगा। इधर...झोपड़ों की तरफ़...नहीं जा सकता। सब पहचान लेंगे। उस दिन गया था अँधेरे में छिपता हुआ। देख लिया। पहचान लिया। कइयों ने।...चली गई। नहीं लौटी अब तक हसीना। जान ले लेगी। अमजद को भी ले गई साथ।...हरामजादी ! तेरा कब्भी भला नहीं होएँगा। कब्भी नईं...कब्भी नईं ! रो पड़ेगा जैसे।

फिर आ जाती है रात। आने लगती हैं फिर रंडियाँ। जमीला...नैना...मंगला। चक्कर

काटते हैं काली रेत के मज़दूर। किस्तय्या के गिलास चलते जाते हैं उधर। झोपड़े के अंदर...फटी हुई दरी का बिस्तर...जिस पर प्लास्टिक का कपड़ा। कपड़े पर...चलो एक के बाद दूसरा।...थक गई है पारबती। चला गया तीसरा आदमी। चौथा !...जरा ठैर ! एक नौटाक पिला दे मेरे कू...पीछू कर। सारा जिस्म टूट रया है।...

रगड़ा और पाव...और बीड़ियाँ। लँगड़ाती हुई ले आई है रोज़ी। नहीं आई हसीना। अँधेरे में ताकता रहता है जब्बार।...रोजी ! दो-चार रुपिया जो मेरे कने था...ख़त्म हो गया। अभी वापस जाने के वास्ते भी पइसा नईं है। क्या करू मैं ? मेरे कू कुछ समज नईं आता। मेरे कू लगता...अब हाथ मारना पड़ेंगा किधर तो भी।...

फटी हुई चटाई। चुपचाप पड़ी है मैना। नहीं...अब नहीं जाएगी। अब नहीं करेगी सब। समझा रहा है पोपट।...ये नईं तो वो...कुछ तो भी करेंगा मैं। हापुस आम का पेटी घूम-घूमके बेचेंगा। धनी का पइसा धनी कू...बाकी अपना। ये नईं तो स्टोव रिपेयरिंग का काम करेंगा। दो-चार रुपिया रोज का कमाई किधर गया नईं। नईं तो जाएँगा लोकल गाड़ी में। कुछ तो भी बेचेंगा उधर...कंघा...कलम...शेंगदाना...चिक्की...। चार-पाँच रुपिया तो किधर गया नईं। राजू कू भी ले जाएँगा साथ में। क्यूँ राजू ? है ना ! तू भी बेचना कुछ तो भी।...तू घबरा मत मैना। सब ठीक हो जाएँगा। मेरे ऊपर भरोसा रख तू। क्या रे राजू...है ना ?

बुझी हुई मैना देख रही है सामने। झूठ है सब। ऐसा कभी नहीं हुआ। कभी नहीं होगा। एक सपना दिखा रहा है कोई। नहीं ! अब नहीं। अब सपना नहीं देखेगी मैना। मगर खुश है राजू।...हौ ना ! तू कायकू फिकर करती माँ ! कायकू मरती ? मैं और बापू सब ठीक कर लेंगा...।

तले हुए पकौड़े। सिंके हुए कबाब। पिएं हुए लोग। काला धुआँ उगलता है तेल मिट्टी का। लाइन लंबी...ख़ाली पाइपों की...लंबी ख़ाली परछाइयों की...चली गई दूर तक। एक आवाज़...कराहती हुई। दर्द हो रहा है बहुत ज़्यादा। कौन है पाइप के अंदर ?...भड़वी का ! कोन आया था ? कर डाला। डाल दिया बच्चा पेट में।...गुड़ और काला तिल किसने बताया था ? झूठ ! बिलकुल झूठ। जो कुछ बताया था...सब झूठ निकला।...हाय ! क्या दरद ! क्या दरद ! अल्ला-अल्ला ! किधर है तू ? कुछ दे मेरे हाथ में। दबा दू ! मसल दू ! हाय रे !

कसी जा रही है बत्तीसी। दाँतों पर दाँत। नहीं सहा जाता अब...।

दारू ग़टकते हुए मज़दूर देखते हैं एक-दूसरे की तरफ़।...कोन है ? कोन चिल्लाता उधर पाइप में ?

—वो नईं क्या...मरियम...रंडी। पेट से थी। बच्चा हो रया उसकू...।

—बच्चा ? कोन का बच्चा ?

—उसकू भी क्या मालम ?

काली चट्टान के अँधेरे में कुछ सुनाई नहीं देता। लेकिन ख़ामोश जब्बार देखता रहता है सफ़ेद रोशनी की इमारतों को। कोई आवाज़ ? नहीं ! कोई आवाज़ नहीं। सिर्फ़

रोज़ी बोल रही है।...नईं-नईं ! तू हात-वात नईं मारना किधर भी। क्या समझा ? एक तो तू तड़ीपार होके इधर आया ! दुसरा तू चोरी करेंगा। डबल गुन्हा। नईं ! तू ये नईं करना जब्बार !

—ये नईं करना तो क्या करना ? डूबके मर जाना दरिया में ? वो छिनाल का पता नईं। किधर ले गई मेरे छोकरे कू...मालम नईं। जेब खाली। कभी तलक इधर छुपके उसका रास्ता देखू मैं ?

—नईं-नईं ! तू अइसा मत घबरा। सुबू होने दे। मैं करूँगी कुछ तो भी।

गहरे अँधेरे में चेहरा दिखाई नहीं देता।...तू करेंगी कुछ तो भी ! क्या करेंगी तू ?

कोई चेहरे दिखाई नहीं देते।...करूँगी...जो अभी तलक नईं किया। पन तू मत पूछ मेरे से। इधर ही पड़े रहके रस्ता देख उसका। चार रोज...आठ रोज...फिकर मत कर। उससे मिलके और बात करकेच जाना। भला क्या...?

अब सिर्फ़ एक आवाज़ सुनाई दे रही है। बहुत तेज़...पाइप की आवाज़। जमीला और नैना...सुन रही हैं बार-बार...मगर सुनना नहीं चाहतीं। सामने खड़े हुए क़ुली ताक रहे हैं। पट जाएगा सौदा। मरियम बहुत चिल्ला रही है। मगर सुनना होगा।...कोन है ? कोन चिल्लाता उधर ?

चुप रहकर बोलती है जमीला। मरियम। दरद चल रहे उसकू...।

भूल जाना चाहती हैं दोनों...क्योंकि आता है एक क़ुली...सीटी बजाता...आँख मारता निकल जाता है।...उफ़ ! दर्दनाक आवाज़। नहीं सुनी जाती जमीला से।...तू पटा ये लोक कू...मैं अब्भी आती उसकू देखके। मेरे वास्ते भी बात कर ले। भला क्या ?

लंबा पाइप। एक अँधेरी सुरंग। कुछ सुनाई नहीं देता। सिर्फ़ आवाज़ें आती चली जाती हैं लगातार।

—मरियम !...मरियम ! किधर है तू ?

—कोन है ?...अरे मेरे कू बचा ले। अल्ला ! मैं मरी।...भड़वी का...हाए ! डालके चला गया पेट में ! साला !...अल्ला ! अल्ला !...किधर है तू ?

हैरान है जमीला। अंदर जाती है थोड़ा।...मरियम ! मैं जमीला। तेरे कू क्या मँगता...बोल मेरे कू।

—जमीला...! हाँफकर बोलती है।...मैं मरी जमीला ! मेरा जान निकलता। भोत...भोत दरद हो रया है।...हाँफती जाती है।...तू...तू बैठ मेरे कने ! छोड़के मत जा मेरे कू। अल्ला !...अल्ला !

पीछे देखती है जमीला...पाइप से बाहर। बिजली के खंभे की धुँधली रोशनी में क़ुलियों को पटा रही है नैना। बैठ जाती है।...बोल कोई कू बुलाके लाऊ तेरे वास्ते ?

दर्द की लहरें अब पड़ रही हैं हलकी। दम लेती है मरियम।...कोन कू लाएँगी ? कोन आएँगा मेरे कने ? नईं-नईं ! तूच बैठ। छोड़के मत जा मेरे कू। मर जाऊँगी मैं...।

बैठी रह जाती है जमीला। हाथ फेरती है मरियम के माथे पर। देखती जाती है

फूले हुए पेट को...जो काँप जाता है रह-रहकर।...मरियम ! तू उधर झोपड़े से इधर कायकू आ गई ?

आँखें बंद हैं मरियम की।...वो...वो छोकरी लोक कू उधर धंदा करने का है...करके इधर आ गई मैं। जमीला ! जमीला ! मेरे से नई होता बरदास...।

काम शुरू हो गया है। रेत के जहाज़ों पर जल उठी हैं मशालें। लंबे-लंबे पटरे...ऊँचे-ऊँचे पाल...मटमैले...फटे हुए। ऊँची-ऊँची बल्लियाँ। सबकुछ काँप-काँप उठता है मशालों की रोशनी में।

अँधेरे में अँधेरे का आसमान। और सागर...जैसे कुछ नहीं...एक ख़ालीपन। जो है...सिर्फ़ रोशनी में। इसके बाद कुछ नहीं।

अब उठना चाहती है जमीला।...नई-नई ! तू मेरे कू छोड़के मत जा।...चिल्लाती है मरियम।...मेरी जान की कसम तेरे कू...मत जाना। मैं जिंदा नई बचूँगी। हाए ! फिर जोर मार रया है ये। अल्ला ! किधर जाऊँ मैं...?

जमीला झुँझला रही है मन-ही-मन। ये साली नैना की बच्ची अकेली हजम कर जाएँगी तीनो-चारो कू। हरामजादी कुत्ती !...ज़ोर से बोलती है...मरियम ! मेरे कू जान दे ना एक मरतबा...!

—नई-नई ! तू मत छोड़ मेरे कू। तेरा हाथ जोड़ती। पाँव पड़ती। बचा ले मेरे कू। भोत तकलीफ है। हाए रे !

झुँझलाती है जमीला।...जान नई देंगी मेरे कू तो मैं कोई कू लाऊँगी कइसा ? मेरे कू नई मालम कइसा पैदा होता है बच्चा। तू सच्ची मर जाएँगी ! नई तो जान दे मेरे कू एक मरतबा। मैं लेके आती हूँ कोई कू तो भी...।

जोर पकड़ रहे हैं दर्द। हाँफती जाती है मरियम।...तेरे कू कसम अल्ला की...जरूर आना वापिस। इकला मत छोड़ना मेरे कू। हाएऽऽ ! अल्लाऽऽ...!

झोंके हवा के...काँपती जाती हैं मशालें एक साथ। चिल्लाता है मुक़ादम। दौड़ते हैं मज़दूर। ऊपर-नीचे झूलते हैं पटरे। जाँघिए पहने नंगे बदन मज़दूरों की क़तार भरे टोकरे लिए दौड़ती है...ख़ाली लिए लौटती है। चिल्लाता जाता है मुक़ादम...कोने पर खड़ा। काँपती जाती हैं मशालें।

चारों तरफ़ ताकती है जमीला।...नैना ! मादरचोद चारो कू लेके गायब हो गई। इसकी माँ की...। ढूँढ़ती है हर जगह। कहीं नहीं। किस्तय्या की दारू के ख़ाली कनस्तर। वापस जा रहे हैं। पी रहा है सिगरेट खुद।...गई नैना ! किसको पकड़े जमीला ?...मरियम मर जाएँगी। मरियम का नसीबच खराब। नई तो रंडी लोक कू बच्चा किधर ! कभी अटका भी तो अपने-आप गिर जाएँगा। करवा-करवाके सब जिसम ढीला बन जाता। बच्चा अटकेंगा भी तो दो महीना बस हुआ...अपने-आप बाहर आ जाएँगा। पन जिसका नसीब खराब उसकू सब हो जाएँगा।...सोचती जाती और चलती जाती है जमीला।...किसकू बोलू ? किसकू पकड़ू ?...नैना मादरचोद ! चारो कू हजम कर गई...।

छूट गया आख़िरी शो। दौड़ रही हैं मोटरें...टैक्सियाँ। अँधेरे फ़ुटपाथों पर भीड़ के

रेले। खो गई आवाज़ अँधेरे पाइप की। कोई नहीं सुनेगा। रात के अँधेरे में दिन की आवाज़ें। यों ही कराहती जाएगी मरियम। यहाँ से वहाँ भटकती जाएगी जमीला। नहीं मालूम किसे ढूँढ़ रही है...।

ख़ामोशी अब फिर। निकल गए जाने वाले। सीख़ों के कबाब भुन-भुनकर ख़त्म हो गए। दारूवाले...लड़खड़ाते हुए...पहुँच गए अपनी मंज़िलों पर। क्या हुआ मरियम को ? ज़िंदा रही कि मर गई ?...सामने कौन ? पारबती। कबाब खाके आ रही है साली ? धंदा अच्छा हुआ आज...तभी। चिल्ला रही है...क्यूँ री जमीला ? कायकू खड़ी इधर ?...पास आ जाती है...लड़खड़ाती हुई। सिगरेट पी रही है आज। दारू भी चढ़ा रखी है।...क्या हुआ ? नईं मिला क्या ? मैं तो चार कू निपटाके आई। दो नौटाक चढ़ाई। कबाब खाई। तेरे कू नईं मिला कोई ?

चिड़चिड़ाती है जमीला।...वो मादरचोद नैना की बच्ची ले गई मेरे घराक। मैं कि नईं...उधर गई मरियम कू देखने कू। उसकू बच्चा हो रया है। ये साली इधर गायब हो गई वो लोक कू लेके...।

फिर वही आवाज़ सड़क के पार। तेज़ नशा...गालियाँ...और गालियाँ...नामालूम के नाम। नामालूम...आदमी...दुनिया...धरती...आसमान...भगवान...सबकुछ। हमेशा की तरह।...त् त् त् तेरी माँ की...चूत। त् त् त्...तेरी भेन की...म् म् म् मत मिल।...हाँ-हाँ म् म् मत मिल।...अ् अ् अ् अपनी मैया ठुका। हाँ...ह् ह् ह् हम बोलता...अपनी मैया ठुका। भ् भ् भ् भोत किया कोसिस। नईं मिला। म् म् मेरे घंटे से। हाँ ! स् साफ बोलता...म् म् मेरे घंटे से। हुक्...हुक्...हुक्।...क् क् क्या समझता तू मेरे कू ? म् मैं पूछता...क् क्या समझता तू मेरे कू ? म् म् मैं तेरे कू अपना ब् ब् ब् बाल समझता।...हाँ-हाँ ! त् त् तेरे कू अपना ब् बबाल समझता। हुक्...हुक्...! हुक् !

पाइप की आवाज़ और तेज़ है मगर। जमीला और पारबती खड़ी हैं मुहाने पर।

—तेरे कू कुछ मालम...ये बच्चा कइसा पैदा होता !...पूछती है जमीला।

—हौ ! मालम है ! सच्ची। मैं नईं पैदा की बच्चा तो क्या हुआ ! मेरे कू सब मालम। मेरी माँ तो गाँव में येइच धंदा करती। फिकर मत कर तू...।

क्या देखती है जमीला ? नशे में है पारबती ? नहीं। बोल रही है।...एक काम कर तू जमीला ! इधर झोपड़ी में जा। बत्ती लेके आ किधर से तो भी। मोमबत्ती कि घासलेट की चिमनी। कुछ तो भी। एक छुरी भी लेके आ। कुछ फटेला पुराना कपड़ा की माँगके ला। जल्दी कर। मैं इधरीच खड़ी हूँ इसके पास...।

चली जाती है जमीला। खड़ी रह जाती है पारबती। अँधेरे पाइप के अंदर दर्द के रेले अब जल्दी-जल्दी लौट रहे हैं। इधर उलट जाती है मरियम। कुछ पकड़ने की कोशिश करती है कसकर। लौट आती हैं ख़ाली हथेलियाँ। उधर उलटती है। फिर कुछ नहीं को पकड़ने की एक बेकार कोशिश। फिर इधर। फिर उधर। ठूँस लेती है मुँह में मैली धोती का छोर। अब...कोई आवाज़ नहीं। सिर्फ़ एक छटपटाहट। एक छटपटाहट ख़ुद एक आवाज़।...अल्ला ! अल्ला ! किधर है तू ! कहाँ है तू ? क्यों...क्यों पैदा करता है

सबको ? रंडी को ? रंडी के...पेट से बच्चे को ?...अल्ला ! अल्ला।

चुपचाप खड़ी है पारबती। उड़ गया दो नौटाक का नशा। अंदर देखती है कभी...कभी बाहर। डर गई है...क्योंकि पाइप के अँधेरे में कोई आवाज़ नहीं। बार-बार देखती है बाहर। कहाँ है जमीला ? आई कि नहीं आई ? अंदर मुँह कर पुकारती है एक बार...मरियम ! मरियम !...सुनाई पड़ती है एक छोटी-सी कराह।

जलती हुईं मशालों की काँपती हुई रोशनी। चिल्लाता जा रहा है मुक़ादम, दौड़ते जा रहे हैं मज़दूर। हिलते जाते हैं तख़्ते...ऊपर-नीचे। ख़ामोश...जहाज़ों के पाल। बल्लियाँ और रस्सियाँ। कहाँ जाकर ठहर गए हवाओं के झोंके ? कब तक उमसता जाएगा आसमान ?...जोर ! और जोर लगा रही मरियम। दाँतों को दाँतों पर गड़ा डालेगी। रोक लेगी साँसों को। जिस्म को पत्थर बना डालेगी...लौट आई है जमीला।

अँधेरे आसमान पर...पैदा हो रहा है एक सितारा। लंबे पाइप की गोल सुरंग में काँपती जाती है चिमनी। देख रही हैं एकटक...जमीला और पारबती।...हट गई मैली साड़ी। दो थरथराती टाँगों के बीच...फैलता जा रहा है जिस्म। रिसता जा रहा है गंदा पानी। गंदा ख़ून...लकीरें बनकर फैलता जा रहा है।...अल्ला ! अल्ला ! कहाँ है तू ?...अब नहीं...अब नहीं...।

जो आए थे...चले गए। सड़कें ख़ाली...गलियाँ सुनसान। झोपड़ों की ढिबरियाँ बुझने लगीं। सोने लगीं थकी हुई रंडियाँ। हो गया पैदा...काले आसमान पर एक नया तारा। काली रोशनी का काला सितारा। देखती रही जमीला। बीच के जिस्म ने फेंक दिया एक नया जिस्म। एक ज़ंग लगा चाक़ू चला। पारबती ने काट दी एक झिल्ली। एक कमज़ोर आवाज़...एक कमज़ोर रोना...घुटकर रह गया पाइप के अंदर।...छोकरा।...एक और गोल घेरा आ गया जिस्म के बाहर। फिर वही चाक़ू। चिमनी से लेकर मिट्टी का तेल लगा दिया बच्चे के पेट पर...जहाँ से काट दी थी नली।

पसीना और ख़ून और गंदा पानी। गंदे कपड़े से पोंछ रही हैं दोनों...जमीला और पारबती। कमज़ोर कच्ची आवाज़...रोती चली जाएगी लगातार। कोई नहीं सुनेगा। सिर्फ़ आ रही आवाज़...गालियों की। नामालूम के नाम।...तू् तू् तू् मेरी माँ की ! तू् तू् तू् तेरी भेन की। स् साला अ् अ् अपनी मैया ठुका।...न् न् न् नईं मिलता...म् म् मत मिल। म् म् मेरे घंटे से...।

अँधेरे आसमान पर...काला सितारा...काली रोशनी फेंकता जाता है...।

फिर हो गया सवेरा। फिर आ गए लोग बसों और मोटरों पर...फ़ुटपाथों और स्टेशनों पर। आदमियों और आदमियों की क़तार। भिखारियों की क़तार। रात बड़ी देर तक नहीं सोया था। अब भी सो रहा है जब्बार।

—जब्बार ! ओ जब्बार !...रोज़ी की आवाज़।...मैं जाती...भला क्या !

करवट बदल लेता है।

—सुना क्या मेरी बात ? मैं जाती। दुफेर कू लौटके आऊँगी। तू जाना मत किधर भी। समजा क्या ?

मगर अब भी सो रहा है। कैसे जगाए रोज़ी ? अपनी टेढ़ी गलती उँगलियों से हिला नहीं सकती।

—जब्बार ! जब्बार ! एक मिनट मेरा बात सुन ले खाली। फिर सो जाना।...क्या ? जब्बार !

फिर एक करवट बदलता है। अधखुली आँखों से देखता है।...क्या है ? क्या बोलती ?

—मैं येच बोलती कि तू जाना मत किधर भी। मैं दुफेर के पहलेच आ जाऊँगी। तू इधरिच रहना। क्या ?

—हौ !

लँगड़ाती हुई चलना शुरू कर देती है। रात को पास आकर फिर बहुत दूर चला गया सागर। काले पत्थरों के पास कीचड़-ही-कीचड़। उस तरफ़ कीचड़ में दूर तक बैठे हुए लोग। इस तरफ़ रेल की पटरियों के किनारे दूर तक बैठी हुईं औरतें...रंडियाँ। पीली रोशनी में डूबी सारी दुनिया।

और तेज़ चलना चाहती है। चल नहीं पाती। दोनों पैरों के बीच की उँगलियाँ आधी-आधी। ख़ून बहता जाता है। पपड़ी पड़ती जाती है। दूसरी उँगलियों में पड़ते जा रहे हैं घाव। मैले-मैले कपड़े लपेट लिए हैं दोनों पैरों में। हाथों में भी। चलना चाहती है तेज़...चल नहीं पाती।

मगर गाड़ियाँ दौड़ रही हैं अभी से। कैसे पास कर ले सड़क जल्दी-जल्दी ? जब्बार के पैसे हो गए ख़त्म। नहीं, नहीं ! अब करेगी जो अब तक नहीं किया। भीख माँगेगी। वापस नहीं जाने देगी उसको...जब तक लौट नहीं आती हसीना।

दरवाज़ा अब भी बंद है...झोपड़ों की टेढ़ी-मेढ़ी क़तार के बीच। अब भी लटक रहा है पुरानी साँकल से पुराना ताला। नहीं आई हसीना। कब आएगी ? बढ़ती जा रही है भीड़। स्टेशन...सारी दुनिया। जहाँ सारी दुनिया एक स्टेशन। फेरीवाले और फ़ुटपाथ-वाले। चीख़ने वाले और चुप हो जाने वाले। अंधे और कोढ़ी। लँगड़े और अपाहिज। ज़िंदा रहकर मर जाने वाले।...ओ बाबू ! बाबू ! बाबू साब ! सेठ साब ! तुम्हारा बाल-बच्चा सुखी होएँगा। परमात्मा तुमकू बरक्कत देंगा। नोकरी...धंधा...रोजी...रोजगार। हाजी मलंग बाबा...पैसा...दो पैसा...पाँच पैसा। जो दे उसका भला। ना दे उसका भी भला। है कोई सख़ी ?...दाता ? अल्लाह के नाम पर।...पावली का चार ! पावली का चार ! पावली का चार ! लुटा दिया।...दाम वन रुपीज़ ! वन रुपीज़ ! वन रुपीज़ ओनली...।

चुपचाप खड़ी है रोज़ी। कहाँ किस कोने में बैठे ? उस तरफ़ जहाँ एक अंधा बैठा है ? इस तरफ़ जिसके दोनों पैर कटे हैं ? एक तरफ़...जिसके हाथ-पैर टेढ़े हैं। इधर...कोढ़ी ! बदबू आ रही है।...बैठ जाती है एक कोने में। अख़बार का एक मैला

टुकड़ा फैला देती है सामने। एक बुढ़िया। उम्र और भूख का बोझ। चिल्ला रही है... ए बाबू साब ! ए भाई ! एक पाँच पइसा ! चा के वास्ते। सुबू से कुछ नईं खाया।...एक भैया ! दादा ! बुड्ढी पर दया...।

तेज़ भागते हुए पैर रुककर कुछ देते नहीं। पुल की सीढ़ियाँ चढ़ते-उतरते ओझल हो जाते हैं। गाड़ियाँ ठहरतीं, न ठहरतीं गुज़रती चली जाती हैं। शोर कम नहीं। बढ़ता जाता है। चिल्ला रही है बुढ़िया रोज़ी की तरफ़...ए ! इधर नईं ! इधर नईं बैठना। सुनी नईं क्या ?

अख़बार के ख़ाली टुकड़े पर से नज़र उठाकर देखती रह जाती है रोज़ी।...किधर बैठू फिर ?

भागती आवाज़ों के बीच चिल्लाती बुढ़िया...किधर भी बैठ। पन इधर मत बैठ...।

—कायकू ?

—कायकू-फायकू मत पूछ मेरे कू। दुसरी बाजू जाके बैठ जा। तू जभी से बैठी इधर...एक पइसा नईं मिला मेरे कू...।

पर उठती नहीं रोज़ी। भागते हुए पैरों के पास अख़बार के ख़ाली टुकड़े को देखती रहती है...ए बाबू ! ए मोटा* शेठ ! मोटा भाई गरीब पर दया। भगवान का नाम...। भीड़ के बढ़ते हुए रेलों के साथ बढ़ती हुईं आवाजें। फिर बहुत-सा वक़्त...।

—ए ! मैं तेरे कू समजाके बोलती...इधर से जा तू। उधर बैठ किधर भी। वो कोनूटे पर। इधर तेरे कू भी कुछ नईं मिलेंगा और मेरे कू भी...।

मोड़ लेती है अख़बार के ख़ाली टुकड़े को। उठकर खड़ी हो जाती है। लँगड़ाती हुई बढ़ती है दूसरे कोने की तरफ़। बैठने की कोशिश करती है। एक चिल्लाहट...इधर नईं ! इधर नईं...!

धड़ के पास से कट गई हैं दोनों टाँगें ! लाल आँखों से ताक रहा है। एक छोटे तख़्ते पर छोटे-छोटे चार पहिये। सरकता जाता है हाथों के बल। फटी हुई नीली क़मीज़ ! रेल का पोर्टर होने की यादगार।...नईं-नईं ! इधर नईं बैठना तू।

—कायकू नईं बैठना ?

—तुम्हारा कोढ़ी लोक वो बाजू में...उधर ! इधर नईं।...ए दाता ! ए भाई !...तू चल इधर से। मेरा खोटी मत कर...।

—साला मादरचोद !...लौटती है लँगड़ाती हुई...।

और चढ़ गया है सूरज। और तेज़ी से दौड़ रहे हैं पैर। तेज़ गाड़ियाँ और तेज़ आवाज़ें। केले...संतरे...आम...अंडरवियर...बनियान...रूमाल...प्लास्टिक...खिलौने... पिन...रबर...कंघे...बॉलपेन...रिफ़िल...वन रुपीज़...वन रुपीज़...।

बैठी है एक कोने में चुपचाप। नहीं फैलाया अख़बार। सिर्फ़ सुनने लगी आवाज़ें।

---

* बड़ा।

...माँ की...। जिधर भी जाओ...बोलता इधर नईं बैठना। इधर नईं बैठना तो किधर बैठना !...अब उठ गया होएँगा जब्बार...!

खेल रहे हैं भिखारी बच्चे। थक जाते हैं खेलते-खेलते। माँगने लगते हैं भीख।...ए बाबू साब ! ए राजेश खन्ना बाबू साब। ए देवानंद बाबू साब ! एक पाँच पैसा। खाली एक पाँच पैसा। खाली एक...। भीख माँगते-माँगते थक जाते हैं। खेलने लगते हैं फिर।...ए मेरे हमजोली आ...खेले आँख-मिचौली आ...। दौड़ते हैं इस तरफ़...उस तरफ़...पुल के नीचे और ऊपर...भागते पैरों के बीच। थक जाते हैं।...बाबू साब ! पाँच पइसा। भगवान तुम्हारे बाल-बच्चे कू सलामत रखेंगा। ए बाबू साब !... सोन्या...रामा...मम्मद...।

दोनों तरफ़ बैठे हुए कोढ़ी...औरतें और आदमी ! नाक बैठी हुई ! उँगलियाँ सड़ी हुईं। फूला हुआ जिस्म। फैले हुए फफोले। लिपटे हुए कपड़े और फैली हुई बदबू। धीरे-धीरे दबाते हैं ज़ख़्मों को। धीरे-धीरे पोंछते हैं ख़ून। चुप हैं...और बोलते हैं। ताकती जाती है रोज़ी।...ज़मीन पर बिछा दिए कपड़े। सो गए छोटे-छोटे बच्चे। एक सड़ा हुआ केला उठा लाया कहीं से। गली हुई उँगली को गड़ाकर छीलने की कोशिश करता है...नहीं छील पाता। फिर कोशिश करता है। नहीं होता।

—तू नवी आएली है इधर। किधर से आई ?

एक पाँच पैसा फेंक दिया किसी ने। पहला सिक्का। देखती रहती है रोज़ी। उठाए कि न उठाए ?

—तू आजच आई इधर, नईं क्या ?

—हौ ! आजच आई।

हँसता है कोढ़ी।...करकेच। तेरा सकल देखके मैं बोल दिया कि तू नवी है इधर।

केला छिल नहीं पाया। वैसे ही खा गया किसी तरह। फूल गया है सारा बदन। जैसे अंदर से पोला हो गया है। दो छेदों के पास उभरी हुई नाक। गलकर जड़ों तक पहुँच गई हैं उँगलियाँ। खाना बंद नहीं करता। बहुत कुछ जमा कर लाया है पुराने कपड़े में। सड़ा हुआ आम...फेंकी हुई जूठन...डबल रोटियों के छिलके...।

—सुबू के टैम इधर पइसा नईं मिलता। सब लोक भागम-भाग करता। कोई कू रुकने का टैम नईं। संझा कू रुपिया दो रुपिया मिल जाता।...तू खाएँगी ?

उँगलियों के ठूँठ गड़ाता जा रहा है सड़े हुए आम में। खाएगी रोज़ी ? भूख लगी है। जब्बार उठ गया होगा। सामने पड़ा है पाँच पैसे का सिक्का। आठ पैसे का छोटा पाव। दो पाव और दो चालू चाय।...फिर फेंका एक सिक्का। हाथ बढ़ाकर उठा लेती है। हँसता है कोढ़ी।...फेंका तो मेरे कू था...पन गिरा तेरे पास। तेरा नशीब...।

दस हो गए अब। धूप फैल गई ख़ूब। मगर भीड़ कम नहीं हुई। छोकरे क़लाबाज़ियाँ खा रहे हैं और गा रहे हैं...मेरे सपनों की रानी ! हाय-हाय ! हुल्ला हू ! हाय-हाय ! मेरे सपनों की रानी ! बाबू साब ! एक पाँच पइसा...।

—मैं तेरे कू बोलू...उधर मस्जिद का पास टिराई कर। चा-पानी का बंदोबस्त हो

जाएँगा। इधर एक चा का पैसा भी निकलना कू नशीब मँगता।

—तू रोज इधरच बैठता आके ?

—आके बोले तो ? मैं तो इधरच रहता। रात कू भी इधरच सोता। येच जगा है अपना सोने का।

चुपचाप सोचती रहती है।...तेरे कू खाने पुरता मिल जाता इधर ?

फिर हँसता है।...मेरा ये भीक पे चलता क्या ? मिला तो मिला...नईं मिला तो नईं मिला। अपुन उधर जाके ये सब उठाके लाता है...येज खाता है।

दोनों हथेलियों से थामकर चूसता जाता है गुठली को। देखती रहती है रोज़ी। आते हुए पैर...जाते हुए पैर...आते रहते हैं...जाते रहते हैं...।

गोल पाइप में रोता जाता है काला बच्चा। किसी काले मज़दूर की औलाद ! गालियाँ बकती है मरियम...कायकू आया तू ? साला मरदूद ! मेरा जिंदगानी हराम करने कू ? कोन बुलाया था तेरे कू ? अभी मैं तेरे कू देखू कि धंदे कू जाऊ। हरामी की अउलाद !

मगर कुछ नहीं समझता। रोता जाता है छोटा आदमी। रोता जाता है। मिट्टी के प्याले में दूध लाई है पारबती। एक मैले कपड़े की बत्ती बनाकर डुबाती है दूध में। लगा देती है बच्चे के मुँह से। चूसने लगता है। रोना बंद। समझा रही है पारबती।...उसकू कायकू गालिया देती ? उसकू बिचारे कू क्या मालम !...कइसा भोला छोकरा है !

लेटी-लेटी और झुंझलाती है मरियम...। भोला है तो मैं देखू इसकी शकल बैठके। आज नईं तो कल...नईं तो परसू...मेरे कू निकलनाच पड़ेगा इधर से। इसकू किधर छोड़ूगी ? साला आ गया मेरी जान लेने कू ! रहन दे ना ! कायकू दूध पिलाती तू ! मरने दे ना साले कू अइसाच...।

चुपचाप देखती रहती है पारबती।...मैं बोलू मरियम ! ये बच्चा ज़िंदा रहने कू नईं आया। अपने-आप मर जाएँगा। तू कायकू फिकर करती ?

चिल्लाती है मरियम...जैसे फोड़ लेगी अपना सिर।...कभी मरेंगा ? मेरे कू मारके मरेंगा...। अइसा नईं मरेंगा...।

भूख से तिलमिला रही है अंदर-ही-अंदर। कुछ मिल जाता खाने को ! नहीं मिलेगा ! गंदे कपड़े की बत्ती चूसता जा रहा है काला बच्चा।...अंधा है अल्ला भी। रंडी का धंधा करने वाली कू दे दिया बच्चा...।

सड़क। घूम रही हैं रंडियाँ...दिन दहाड़े। अब कोई फ़र्क़ नहीं। दिन हो गया रात। हर टाइम धंधे का टाइम। जैसे हाथ पकड़ लेंगी चलते आदमी का।...साहेब ! ओ साहेब ! आ ना ! आओ ना ! येता का ?...गालियाँ देते हैं साहब लोग।...पुलिस... गवर्नमेंट...मिनिस्टर...सब हरामख़ोर ! कुछ नहीं करते। भले आदमियों का रास्ता मुश्किल। बहन-बेटियाँ निकल नहीं सकतीं सड़क पर। बंद हो जाती हैं सफ़ेद इमारतों की खिड़कियाँ।

नैना मटक रही है सड़क पर। कमर पर बल देती है। गाती है ज़ोर-ज़ोर से।...आ जा ! आ जा ! ओ मेरे राजा...!

टैक्सीवाले रोक देते हैं टैक्सियाँ।...आ-आ ! बैठ मेरी गाड़ी पर घुमाके लाता तेरे कू...।

—चल-चल ! बड़ा आया ! रस्ता नाप अपना।

प्राइवेट गाड़ी आकर रुकती है।...चलती क्या ?

चौंककर देखती है नैना।...बाबू डिरैबर !

—मैं उधर जाता...साब के वास्ते सामान लेने कू ! चल ! घुमाके लाता तेरे कू...।

बैठ जाती है नैना। अँगूठा दिखाती है सलमा और हीरा को। चिल्लाती है...आ जा ! आ जा ! ओ मेरे राजा !...आजकल तू भोत बड़ा आदमी हो गया बाबू...नईं क्या ! दिखताच नईं।

—कोन ? मैं ? बड़ा आदमी ?...आ ना ! इधर सरकके बैठ ना !...तेज़ भगाता है गाड़ी।

घूमती हुईं सड़कों पर सूरज की रोशनी और तेज़। अब भी नहीं आए बादल। कैसी गरमी ! कैसी धूप ! दौड़ने वाले कम हो गए। गाड़ियाँ भी आ रही हैं ठहर-ठहरकर। सुस्ता रहे हैं फेरीवाले कहीं छाया में। रोज़ी के सामने...पड़े हैं पचीस पैसे।

कोढ़ी और भिखारी...बच्चे और बड़े...उठकर चलना शुरू कर देते हैं अचानक। मैले कपड़ों के बंडल...अलमुनियम की पतीलियाँ...अख़बारों के टुकड़े...सबकुछ बटोरकर चले जा रहे हैं एक तरफ़। कहाँ जा रहे हैं ? बाज़ूवाला समेट रहा है सबकुछ।...तू भी चलेंगी ?

—किधर ?

—उधर। खाजा की दरगा पर। सब भिकारी लोक कू खाना मिलेंगा उधर।

खाना ?...एक जुलूस चल पड़ता है मैली पोटलियाँ उठाए...लँगड़ाता...घिसटता... अंधी आँखों के सामने रास्ता टटोलता।

लँगड़ाती जाती है रोज़ी।...उधर क्या देते खाने कू ?

लँगड़ाता जाता है कोढ़ी।...कीमा देते। पाव देते। हुआ तो हलवा भी दे देते।

लँगड़ाता जाता है पूरा काफ़िला। एक पोर्टर जो घिसट रहा है दोनों हाथों के बल। एक औरत जिसकी गोद से चिपका हुआ बच्चा। एक बच्चा जो सरक रहा है बैसाखियों पर। मोटरें और बसें और लॉरियाँ। दुकानें और ठेले और हाथगाड़ियाँ। उस तरफ़...उस पार। ख़्वाजा की दरगाह...सागर के पास। रास्ता छोटा...मगर बहुत लंबा...क्योंकि लड़खड़ाते जाते हैं क़दम। धूप बहुत तेज़। गरमी बहुत ज़्यादा। क्योंकि नहीं आए बादल अब तक। कहाँ होगा जब्बार ? उठकर चला गया होगा कहीं। नहीं। कहीं जाएगा नहीं।

देख लेगा कोई। बंद हो जाएगा फिर से। पड़ा होगा वहीं काले पत्थरों के बीच।...नईं ! तू जाना मत जब्बार ! पइसा भी नईं तेरे कने। मैं आती अभी...।

और तेज़ लँगड़ाती है रोज़ी। पूछती है घूमकर...कितना देते खाने कू ? पूरा पेट-भरके...कि थोड़ा ?

—पेट-भरके देते...और कमती भी देते। सब देने वाले के ऊपर है। तू हल्लू-हल्लू चल ना। इतना कायकू भागती ?

गलियाँ छूट गईं पीछे। सड़क छूट गई पीछे। आ गए आख़िरी सिरे। दूर दिखाई दे रही है दरगाह। चारों तरफ़ भीड़...आदमियों की...कुत्तों की...कौवों की। चारों तरफ़...फूल-ही-फूल। धीरे-धीरे सुलग रही हैं धूपबत्तियाँ। लोबान का धुआँ लौट रहा है घूम-घूमकर। मज़ार पर साफ़ लाल चादर। धागे में पिरोए फूलों की लकीरें।... मुहम्मद...अली।...पीछे हट ! पीछे हट ! ए मादरचोद ! एक मारेंगा। उधर लैन में। इधर नईं। कोढ़ी लोग उधर। भिकारी लोग इधर। सब लैन में (कुत्ते और कौवे भी)। बिस्मिल्ला अल रहमान अल रहीम। नस्रमन अल्लाह फ़तह अन् क़रीब...।

—ए दाता ! ए सख़ी ! मेरे कू...मेरे कू दे...।

—सख़ी ! मेरे कू। इधर। कल से भूका...।

—ए मेरे कू। अल्ला तेरे कू बरकत देंगा..।

—हट उधर से।...मेरे कू। सुबू से पड़ा है तेरे दर पे...।

—ए ए ए ! धक्का कायकू मारता ?...ए भैया ! बुड्ढी कू दे ना। भोत भूकी है। दे ना...।

—दो मरतबा लेके गई। अभी फिर आई।...नईं भैया ! इसकू नईं देना। मेरे कू देना...।

इन्नल्लाहयुहिब्बुल मुहसिनी। दीवारों पर लिखे हरूफ़।...बन गई लाइन। बैठ गए कोढ़ी लोग। बेशक अल्लाह अहसान करने वालों को दोस्त रखता...कीमा और पाव। इस तरफ़ देना। उस तरफ़ देना। खा रही हैं औरतें। गंदी धोतियों में बाँध रही हैं। भिखारी...अख़बार के टुकड़ों में लपेट रहे हैं। अलमुनियम के बड़े-बड़े पतीले खाली होते जा रहे हैं। बाँटने वाले...डाँटते हैं और बाँटते हैं...और डाँटते हैं। और गालियाँ।...ए भेनचोद ! दो-दो टैम आता लेने कू। झूठ बोलता साला। वो क्या छुपाके रखा उधर ? खोल ! खोल बोलता है। नईं तो मारेंगा लात...।

बतइज्ज़ो मन तशाआ। जिसे चाहता है...इज्ज़त देता...मार देता है झापड़। देता है एक धक्का। गिर जाता है चोरी का माल। तीन पाव और क़ीमा। और कुछ नहीं। फैल जाते हैं ज़मीन पर। लपक पड़ते हैं कुत्ते।

डर जाती है रोज़ी। दो पाव छिपा रखे हैं। क़ीमा भी। कहीं गिर न जाएँ छूटकर। बिखर जाएँ सबके सामने। हट जाती है अलग। दो पाव और क़ीमा। जब्बार के लिए। अब...अपने लिए मिल जाता कुछ। डर लगता है मगर।

चिल्ला रहा है बाँटने वाला। इन लोग के पेट में कितना जगा है...मालम नईं। हट

पीछे ! पीछे हट बोलता ना। साला लोक खाएँगा पेट-भरके...पन दुआ का लफज भी नईं बोलेंगा।...देता है। देता है एक पाव और...पन दुआ बोल। बोल दुआ...।

—अल्ला बरकत देंगा। इधर देना बाबा !

—बाल-बच्चे की ख़ैर। एक इधर भी डालना...।

—सुखी रहो। भगवान तुम्हारा भला करेंगा। एक पाव। थोड़ा कीमा भी देना...।

दुआएँ दे रहे हैं भिखारी। किसको दे रहे हैं ?

—तू इधर कायकू खड़ी है ?...वही बैठी हुई नाक।...उधर जाके लेती कायकू नईं ?

—डर लगता है मेरे कू !...दुबकी है रोज़ी।

—चल तू मेरा साथ।

लँगड़ाते हुए दोनों फिर पहुँच जाते हैं लाइन में।

नस्रमन अल्लाह...फ़तह अनू क़रीब।...मिल गया क़ीमा। एक और पाव। बड़ी स्मगलिंग वाली पार्टी। ख़ूब बाँटा जा रहा है।...मगर अब नहीं रुकेगी। भाग रही है तेज़। भाग नहीं सकेगी सिर्फ़ लँगड़ाती जाएगी।...जब्बार...होगा या चला गया होगा ?... जीसस !...क्रॉस बनाती है। न गया हो। ऐसा नाश्ता ! सोचा भी नहीं था सुबह। और हैं पचीस पैसे। जब्बार की बीड़ी का बंडल। घिसटती जा रही है...मगर चलती जा रही है तेज़...और तेज़...।

सलमा...हीरा...पारबती...थककर बैठी हैं पेड़ के नीचे। बहुत धूप। पसीना पोंछने वाले लोग देखते हैं आसमान को। साफ़ और ख़ाली। जहाज़ों की क़तार...दौड़ते हुए मज़दूर...चिल्लाता हुआ मुक़ादम।...जल्दी ! जल्दी ! जल्दी...!

ख़ाली पड़ी है काले पत्थरों की दुनिया। नहीं है जब्बार। चला गया कहीं। रुक जाते हैं लँगड़ाते क़दम। चला गया। कहाँ गया ? सबकुछ ठंडा हो जाता है अंदर। बैठ जाती है। देखती है। सागर और आसमान...अख़बार के गंदे टुकड़ों में लिपटा हुआ पाव और क़ीमा ! देखती रहती है ! खा नहीं सकती। है कहीं आसपास कोई जगह जहाँ जाकर बैठ गया हो ? है...मगर जब्बार नहीं है कहीं। सिर्फ़ गंदे पानी के डबरे में कूद-कूदकर नहा रहे हैं नंगे छोकरे। काँप रही हैं डोंगियाँ सागर के पानी में...।

पाइप के अंदर...ताक रही है मरियम काले बच्चे को। ताकती जाती है लगातार। बोलती जाती है...जैसे कोई है वहाँ। मगर कोई नहीं। सिर्फ़ अपनी ही आवाज़।...साला ! हरामी ! मादरचोद...!

मगर सबकुछ सुनता जाता है काला बच्चा...हिलाता जाता है हाथ-पैर। ताकती जाती है मरियम।...देख ! देख ! साला कइसा कर रया है ! हाथ चला रया है सूअर की अउलाद ! पैदा होते देर नईं और सबकुछ आ गया साले कू।...देख ! देख ! जैसा उठके बैठ जाएँगा अभी। मादरचोद !

ताकती जाती है और बकती जाती है गालियाँ...धीमे-धीमे रुक-रुककर। बाज़ू...

सड़क पर...दौड़ती जाती हैं मोटरें...गाड़ियाँ...बसें। गुज़रता जाता है पूरा शहर...शोर मचाता हुआ। मगर सबकुछ ठहरा हुआ...पाइप के अंदर। सिर्फ़ एक धीमी आवाज़। और मरियम की नज़र नहीं हटती काली औलाद पर से।...कोन बोला था तेरे कू ? कायकू आया तू मेरे कने ? दुसरा कोई जगा नईं मिला जाने कू ? मेरे कने क्या है ? दूध भी तो नईं। मालम तो है तेरे कू। फिर कायकू आया इधर मरने का वास्ते ? बोल ना।...अरे ! हँसा क्या ? सच्ची ! हँसा तू ? हस्साला...।

और सर्र-सर्र गुज़रती जा रही हैं मोटरें। तेज़...और...तेज़।...ख़ामोशी।...तेरे कू मालम तो है...इधर तू जिंदा रहने वाला नईं। जिंदा रहके करेंगा भी क्या ? वो साला छोकरा लोक के साथ होटल का फेंकेला खाना खाएँगा...दो-दो बीड़ी का जुआ खेलेंगा ? तू मर जाएँगा...वोच ठीक। मेरी भी जान छूटेंगा। तेरे कू लेके बैठूँगी कि उधर घराक पकड़ूँगी...बोल भला। तूच बोल। बोल ना साला ! चुप कायकू पड़ा अब ? बस हँसेगा साला...और कुछ नईं करेंगा।

और गाड़ियाँ...और गाड़ियाँ...और मोटरें...और आवाज़ें...।

वहीं काले पत्थर पर लुढ़क गई है रोज़ी। आ गई नींद। सो गई। क़ीमा और पाव हाथों में। लग गई हैं चींटियाँ। उड़ रही हैं मक्खियाँ। खाया नहीं। बस सो गई वहीं...दीवार की छाया में...जो कम हो रही है धीरे-धीरे। फैलती जा रही है धूप सारे जिस्म पर।

लौट आया है जब्बार। खड़ा देख रहा है रोज़ी को। आधी धूप...आधी छाया। हाथों-पैरों में बँधी गंदी पट्टियाँ। नाक के छेद फैल रहे हैं। दोनों हाथों के बीच अख़बार के टुकड़े में बँधा खाना। खुल जाती हैं आँखें। उठकर बैठ जाती है अचानक। गंदी धोती के कोने से पोंछती है मिचमिचाती आँखों को। एक लंबी उबासी और एक धीमी आवाज़।...किधर चले गया था तू ? बैठ ना खड़ा कायकू है ?

—हसीना आ गई लौटके। उस सेच बात करके आया हू मैं !

नींद भरी आँखों की नींद भाग जाती है।...हसीना आ गई ? तेरे कू कइसा मालम पड़ा ?

—मैं उधर गया था...लैन के पास। उधर दूर से देखा...दरवाजा खुलेला था। मैं चले गया उसके पास...।

चुप हैं दोनों। रोज़ी के काले चेहरे पर काली छाया।...तेरे कू देखा तो नईं कोई ?

—देखा। सब लोक देखा। झगड़ा हुआ मेरा हसीना के साथ...जोर-जोर से। ये सब गाँड़ू लोक देखा। मेरे कू पूछता...अरे तू तो तड़ीपार था ना ! इधर कइसा आया ?... तेरी माँ कू रोने वास्ते आया ! साला ! गाँड़ू !

फिर चुप हैं दोनों। सिर्फ़ काँप जाते हैं जब्बार के सूखे होंठ।...साली हसीना ! दगेबाज...!

—क्या बोली हसीना ?...चेहरे पर से नहीं हटती रोज़ी की आँखें।

लेकिन गुस्से से काँपते होंठ अचानक ढीले पड़ जाते हैं और...जलती हुई आँखों में जैसे आ जाता है पानी।

—क्या हुआ ? क्या बोली हसीना ?

कोई जवाब नहीं देता जब्बार।...रोज़ी ! मेरे कू...मेरे कू अमजद का भोत खयाल आता। अब्बा-अब्बा बोलके मेरा पाव से लिपट गया...।

कहीं एक बार धीरे से काँप गई आवाज़ और चुप हो गया जब्बार। बंद रह गया पुराने अख़बारों का टुकड़ा। चींटियों की लाइन ख़त्म नहीं हुई। एक चुप्पी छाई रही सिर्फ़।

—पीछू ?

—पीछू क्या ?

—हसीना क्या बोली तेरे कू ?

फिर चुप्पी।...हसीना बोली...मैं उसकू धोका दिया...मैं उसकू भूका रखा...अमजद कू भूका रखा। महीना-भर से खाना नईं मिला। बोलती कि उसका जिंदगानी बरबाद किया मैं...।

फिर चुप्पी।...पीछू तू क्या बोला ?

—मैं बोला कि मेरे कने पइसा नईं तो मेरा क्या गुन्हा ? मेरे कू इधर से तड़ीपार किया। मैं करू तो भी क्या ? चोरिया किया मैं। किसका वास्ते ? हसीना और अमजद केच वास्ते ना ? पीछू मेरा क्या गुन्हा ? तू बोल ना...क्या गुन्हा मेरा ?

कोई जवाब नहीं देती रोज़ी। देखती रहती है रेंगती हुई चींटियों की तरफ़...पीछू क्या बोली वो ?

—बोलती कि मेरे कू कुछ नईं मालम। मेरे कू खाना दे। छोकरे कू खाना दे। मेरे कने रह। तो तू मेरा खाविंद। नईं तो खाविंद-फाविंद कुछ नईं। मैं उसकू भोत समझाके बोला कि देख...मेरे कने पइसा अभी नईं। मेरा ये टैम जरा खराब है। और मेरे कू तड़ीपार किएला है। मैं इधर आके कइसा रहूँगा !...तो बोलती कि मेरे कू साथ में लेके चल। मैं बोला कि उसका वास्ते भी पइसा मँगता और उधर मेरा कुछ ठिकाना नईं...मैं तेरे कू किधर रखूँगा।...तो साली गरम हो गई एकदम। बोलती कि तो फिर तू आया कायके वास्ते ? अपना शकल दिखाने का वास्ते ? तू कोन होता मेरे कू ये पूछने वाला कि मैं किधर गई थी इतना दिन ?...बस आ गया मेरे कू गुस्सा। एक दिया साली के मूँ पर। मादरचोद ! साली तू जाके दुसरोन के कने सोएँगी और मेरे से बोलेंगी कि मैं कौन होता पूछने वाला ! तेरा जान ले डालूँगा...खून कर दूँगा तेरा...याद रखना। तू समझती क्या है ?

डबडबाई आँखों में फिर गुस्से की चमक। फिर सबकुछ चुप। कूद-कूदकर अब भी नहा रहे हैं नंगे छोकरे।...क्या बोली मैं...सुना क्या ?

—क्या...चौंककर पूछता है जब्बार।

—मैं पूछी कि भूक तो लगा होएँगा तेरे कू। ये पाव और कीमा लेके

आई मैं...।

—भूक ?...याद आ जाता है। हाँ ! भूखा है। अचानक ज़ोर से मालूम होने लगती है।...क्या लाई तू ? पाव-कीमा ? ला निकाल...।

और अचानक बहुत ख़ुश हो जाती है रोज़ी। जल्दी-जल्दी साफ़ करती है चींटियाँ। बताती जाती है...कैसे-कैसे गई और लेके आई क़ीमा और पाव। कैसे जल्दी-जल्दी आई भागके...कि जब्बार को देगी जाके। खाता जाता है जब्बार। खाती जाती है रोज़ी...और बोलती जाती है। मगर जब्बार चुप। सोचता जाता है। अचानक बोल उठता है बीच में।...रोजी ! अभी मेरे कू जल्दी-जल्दी कुछ करना पड़ेंगा। नईं तो वो साला हवलदार लोक आके ले जाएँगा मेरे कू ! सब लोक कू मालम है अब कि मैं इधर आया हूँ बोलके...।

और रोज़ी की ख़ुशी ख़त्म हो जाती है अचानक। देखती रहती है ज़मीन की तरफ़। तोड़ती जाती है डबल रोटी। धीरे-धीरे खाती जाती है...अभी क्या करेंगा तू ? भाग जाएँगा ?

—भागना तो पड़ेंगाच। पन मैं हसीना और अमजद कू भी लेके जाऊँगा। इधर नईं छोड़ूँगा हसीना कू...।

मुँह की तरफ़ देखती रह जाती है रोज़ी।...हसीना कू लेके जाएँगा इधर से ? पन कइसा ले जाएँगा ? पइसा किधर है तेरे पास ?

—वोइच सोच रया हूँ मैं।...नईं मैं सोच लिया। ये तरफ या वो तरफ। पन हसीना कू रंडी नईं बनने देऊँगा मैं।

—पन तेरे कू कइसा मालम ? वो तो खाली बोलती कि मलाड गई थी बोलके।

—मेरे कू सब मालम पड़ गया वो किसके कने गई थी। ये साला लोक ! इनकी माँ को...। उसकू पइसा का लालुच देंगा। महीना दो महीना अपने कने रखेंगा। पीछू निकाल देंगा। पीछे वो भूकी मरेंगी और दूसरे कू पकड़ेंगी। पीछू तीसरे कू। पीछू चौथे कू। नईं ! मैं सोच लिया। अभी कुछ भी हो जाएँगा...पन मैं उसकू इधर से लेके जाऊँगा। कइसा ले जाऊँगा...मैं सब सोच लिया। अब फिकर नईं मेरे कू...।

डर जाती है रोज़ी।...नईं-नईं ! मैं तेरे कू समजाके बोलती। एक तो तू तड़ीपार। दुसरा तू छुपके इधर आया। सब लोक कू मालम हो गया। पीछू तू किधर भी हाथ मारने का बात सोचेंगा ना...तो भोत बुरा हो जाएँगा। मेरा बात मान। तू अभी इधर से भाग जा। थोड़ा दिन का पीछू वापिस आना। अभी इधर रहेंगा तो वो साला लोक तेरे कू जरूर पकड़के ले जाएँगा...।

—नईं-नईं !...सामने देखता रहता है कुछ।...मैं सोच लिया। उसकू साली कू पइसाच मँगता ना ? मैं पइसा देऊँगा।...और साथ में लेके जाऊँगा। इधर नईं छोड़ूँगा उसकू।...पन जल्दी-जल्दी करना पड़ेगा मेरे कू।

आ गया कहीं से छोटा-सा बादल का टुकड़ा। बिना बोले बरसने लगा चुपचाप। अचानक दौड़ने लगे इधर-उधर...ख़ुशी से चिल्लाने लगे नंगे छोकरे। मगर जल्द बिखर गया बादल। फैल गई धूप...हलकी-हलकी... मैली-मैली। चुप हो गए सब लोग।

और पाइप के पास जमा हो गईं रंडियाँ...शाम से पहले।

—ए मरियम ! किधर है तू ? किधर है तेरा छोकरा ?

—हाय रे ! साली उधर सोई है अंदर घुसके। अरे निकलके आ ना बाहर।

—नईं-नईं ! पड़ी रहन दे ना बिचारी कू। कायकू बाहर निकालती उसकू ? नईं-नई मरियम ! तू अंदरिच रह। अपने कू छोकरे कू दिखा दे खाली।

पाइप के मुहाने तक सरक आती है मरियम। मैली धोती में लिपटा हुआ बच्चा। उजाले में आते ही मीच लेता है आँखें।

—हाय अल्ला ! देख-देख ! कइसा छोकरा है मरियम का ! कइसा छोटा-छोटा हाथ-पाव ! कइसा छोटा-छोटा उँगली !...लू लू लू लू...लि लि लि लि...!

—ए सलमा ! एई सलमा ! मेरे कू दे ना ! मेरे कू दे ना ज़रा। एक बार। खाली एक बार। बस एक मिनिट...। अले ले ! कइसा छोटा-सा ! पुचू पुचू पुचू ! हाय रे कइसा नरम-नरम ! पुचू पुचू पुचू !...ए ठैर ना। जल्दी कायकू करती ! थोड़ा टैम रहन दे ना मेरे पास...।

—नईं-नईं ! तेरा हो गया। बस। मेरे कू दे अब। दे ना ! क्या बोलती मैं। दे मेरे कू ! दे ना...।

एक हाथ से दूसरे हाथ पर...दूसरे से तीसरे पर...घूमता जाता है काला बच्चा। छोड़ती नहीं रंडियाँ। चूमती हैं...और चूमती हैं। हाथ-पैर, सिर...आँख...कान...बार-बार छूती हैं...और छूती हैं। सिर्फ़ मरियम सूनी आँखों से देखती रहती है चुपचाप। पारबती...जमीला...सलमा...हीरा...थोड़ा-थोड़ा लेकर आई हैं मरियम के लिए। पाव... चूड़ा...भजिया...रगड़ा। बच्चे के लिए दूध। साइकिलवाले भैया से माँगकर। गरम कर लिया चायवाले मलबारी के पास। थोड़ी शक्कर ले ली उससे।...मगर छोड़ती नहीं छोकरियाँ बच्चे को। दूध पिलाने के लिए भी नहीं। एक बार। दो बार। नहीं भरता दिल।

—मेरे कू तो मालमिच नहीं पड़ा कब हुआ ये। दुफेर कू सोके उठी तो मालम पड़ा।

—मेरे कू भी मालम नईं पड़ा। जानकी बताई मेरे कू।

—मेरे कू पारबती बताई।...ला दे इधर।

अब रो रहा है बच्चा। सब चुप कर रही हैं। पुचकारती है सलमा।...चुप हो जा ! पुचू पुचू...हाँ ऽऽ आ ऽऽ !

—तेरे से नईं होंगा चुप। मेरे कू दे...।

—नईं ! तेरे से भी नईं होंगा चुप। मेरे कू दे...।

—मेरे कू दे ! मैं करती चुप...।

—ए ! मेरे कू दे...।

मगर किसी से नहीं होता चुप। लौटा दिया मरियम को। रुई की

बत्ती...दूध में डूबी...लगा दी मुँह से। सक्-सक्-सक् ! चुप हो गया काला आदमी।

सलमा को कुहनी मारती है जानकी।...तेरे कू मँगता अइसा ?

—अइसा क्या ?...बच्चा ?

—हौ !

—जा-जा ! अपना काम कर...।

—नईं-नईं ! बोल ना। मँगता क्या ?

चुपचाप देखती रहती है सलमा।

—बोल ना। मँगता क्या ?

—तेरे कू बोली ना...फालतू बात मत कर मेरे से।

चुप हो जाती है जानकी। फिर बोलने लगती है।...मैं बोलू ? मेरे कू मँगता अइसा...।

जानकी का मुँह...देखती रहती है सलमा।...क्या बोली तू ? तेरे कू बच्चा मँगता ? साली ! नसीब धंदेवाली का लाई और मँगती है बच्चा। वा रे वा ! अपना शकल देख पेला...।

चुपचाप देखती रहती है जानकी...मेरे कू अइसा लगता...तो मैं क्या करूँ...!

उस तरफ़ के झोपड़ों से निकल आए हैं हिजड़े। कमला...लक्ष्मी...बिमला।...ऐ है ! किधर है जच्चा ? ऐ है मेरी जच्चा रानी ! कुरबान जाऊँ ! बलैयाँ ले लूँ...ताली पीटते हैं।...ये है तेरा लल्ला ! खूब बड़ा हो ! जुग-जुग जीवे। ए बिमला ! अरी एक गाना गा दे। गा दे ना...!

रंडियाँ बना रही हैं मुँह। आ गए भड़वे ! रात को साले बन-ठनकर खड़े हो जाते हैं अँधेरे में। नशे में धुत क़ुली लोग इन्हीं को समझ लेते हैं रंडी...ले जाते हैं झोपड़ों में। भड़वे ! धंधेवालियों का धंधा मारने वाले ! चिल्ला रही है पारबती...ए ! ए ! तू भाग इधर से। कायकू आया तुम लोक इधर ?

—ए है भैना !...कमला की ताली।...क्यूँ नराज होवै तू ! जो तू...वो मैं। भरोसा नईं ? आ देख ले।...फिर एक ताली।

बिमला की आवाज़।...ए मेरी गुइयाँ ! ऐ मेरी रानी ! इधर तू धंधा करती ना मैं। फिर क्यूँ बिगड़े है ? ले गा ! तू भी गा...।

गा रहे हैं हिजड़े।...गोकुल बाजे बधइया...कन्हैया जी ने जनम लियो है...।

जा रहे थे माँगने पाँच-पाँच पैसे...दुकानवालों से। रुक गए बीच में। गाने लगे जच्चा। रंडियाँ गालियाँ बक रही हैं मुँह घुमा-घुमा। चिल्लाती है पारबती...ए ! ए ! सुना क्या ? बंद कर अब। भोत हो गया।

—ए भड़वे !...चिल्लाती है जमीला।...कोन बोला तुम लोक कू इधर आने कू...?

चीख़ती है जानकी भी।...साला लोक ! ना ये बाजू ना वो बाजू ! बीच में टरटर करता...।

—ऐ है भैना ! तू क्यूँ बिगड़े है ? हम तो वोई हैं जो तू है। मरजी पड़े तो...। फिर

ताली कमला की।

—जो तेरा धंदा वोई मेरा धंदा ! फिर क्यूँ नराज होवै तू ?

—चल री चल !...हाथ पकड़कर खींचना लक्ष्मी का।...ये ना मानेगी तेरी-तेरी बात।...ए भैया ! ए दूधवाले भैया ! ठैर तो। ठैर तो मेरे राजा ! मैं भी तो आऊँ हूँ तेरे पीछे...।

भाग रहा है भैया साइकिल लेकर। जा रहे हैं हिजड़े पीछे-पीछे...गाते।...रंग भर लाए...कि रंग भर लाए...रेशम की साड़ी में रंग भर लाए...।

भागता जा रहा है भैया।

डूब रहा है सूरज। फैलता जा रहा है अँधेरा। दूर से आ रही है आवाज़।...रंग भर लाए...रेशम की साड़ी में रंग भर लाए...।

लौट रही हैं रंडियाँ धीरे-धीरे। रो रहा है मरियम का काला बच्चा...।

कोने में दुबकी एक चिड़िया मोड़ती है गरदन...घूम-घूमकर देखती है चारों तरफ़...कुछ दिखाई नहीं देता अँधेरे के सिवा। कहाँ छूट गया आसमान ? कहाँ गया पेड़...घोंसला ?

बहुत गहरा अँधेरा। जहाँ आसमान...वहाँ अँधेरा। जहाँ सागर...वहाँ अँधेरा। जहाँ ज़मीन...वहाँ ग़लत रोशनी के चिराग़ अँधेरा फेंकते जाते। दौड़ते जाते हैं लोग अँधेरे की रोशनी के पीछे।

फिर आ गईं रंडियाँ...झोपड़ों और सफ़ेद इमारतों के बीच झूठी रोशनी की सड़क पर। रेत के जहाज़ों पर दौड़ने से पहले जमा हो गए हैं मज़दूर। जल गईं मशालें। दारू के कनस्तर। कबाब और पकौड़े के खोंचे। चाट की दुकानें। जूठे पत्ते। लपकते बच्चे। झोपड़ों में ढिबरियों की मैली रोशनी। लौट आया पोपट। किधर गई मैना ?...मैना ! ओ मैना !...अब किधर गई साली ?...राजू ! अबे ओ राजू !

कोई जवाब नहीं। झोपड़ों के सामने ढिबरियों की रोशनी में सिर्फ़ चलते-फिरते साए। इस तरफ़ अंदर पत्तों का खेल। उस तरफ़ दारू के दौर। और आगे...नैना और बाबू ड्राइवर...लिपटे हुए। उस तरफ़ जल रहे हैं स्टोव। पक रहा है खाना। बाहर निकल-निकलकर खेलते हुए बच्चे। गरमी। उमस। हवा नहीं है कहीं। छोटा बादल... जो बरसकर चला गया...फैला गया चारों तरफ़ उमस। अब नहीं लौटेगा।

कहाँ है मैना ? चली गई वहीं जहाँ बाज़ारी रोशनियों की क़तार है ?...नहीं। चली आ रही है घिसटती हुई...राजू का हाथ पकड़े। बक रही है गालियाँ। रो रहा है राजू।...छोड़ मेरे कू ! मैं बोलता छोड़ मेरे कू ! छोड़ ना...।

—नईं छोड़ूँगी मैं। नईं छोड़ूँगी। सुबू का गएला तू। तेरा शकल नईं दिखा अभी तलक। साला तू इनसान है कि जिनावर ?

हाथ खींचता जाता है राजू।...छोड़ मेरा हाथ। साली तू कायकू पकड़ी मेरा हाथ ? नईं आता मैं घर कू। बाहरिच रहूँगा मैं...।

झोपड़ों की मैली रोशनियों के सामने से घिसटते हुए दोनों आ जाते हैं पास। देख रहा है पोपट।...क्या हुआ ? कायकू खींचती तू उसकू ?...और तू कायकू रोता रे ?

चिल्लाती है मैना।...ये भड़वी का सुबू से गायब है। उधर कोढ़ी लोक के साथ बैठकर भीक माँगता। वो लोक के साथ सड़ेला-फेंकेला खाना खाता। मैं आने कू बोलती...तो साला फत्तर मारता और गालिया देता। अरे तू मेरे कू मर जान दे। फिर कुछ भी कर। किधर भी जा। जब तक मैं जिंदा...तब तक नईं देखना होता मेरे से...।

जैसे रो पड़ेगी मैना।

—क्यूँ रे ?...डाँटता है पोपट।...कायकू गया था उधर तू ? अभी जाएँगा तो याद रखना। चल अंदर...।

तीनों आ जाते हैं अंदर। पोपट लाया है खाने की चीज़ें। भजिया...पाव...बड़ा... रगड़ा...चटनी। बहुत बड़ा काम कर डाला आज।...चल ! पीने का पानी लेके आ। मैना ! तू इधर बैठ। क्या खाई तू सुबू से ? कुछ नईं ? चल बैठ जल्दी से। मेरे कू भी दे...राजू कू भी दे...तू भी खा।...नईं-नईं ! तूच दे अपने हाथ से...।

मुँह घुमाकर जैसे पोंछ लीं आँखें। चटाई पर बैठ गई मैना। ढिबरी जल रही है। साए हिल रहे हैं। सिर्फ़ पोपट बोल रहा है। किस तरह एक कड़िया* को पटाया। बेगारी में काम किया सारा दिन। पाँच रुपिया मिला। दो खरच हो गया खाने में। दुफेर कू काम से छुट्टी मिला। बारा आने का राइस-प्लेट खाया। कल फिर जाने का है उधर।

राजू का रोना एकदम बंद। पाव...भजिया...बड़ा।...हौ बापू ! मैं देखा था तेरे कू। तू वो बिल्डिंग के नजीक पाटी** उठाता था। है ना ?

दौड़कर लाता है पानी। मैना देख रही है चुपचाप। क्या है यह ? झूठ। पहले भी हो चुका है।...ये साला पोपट ! अभी कुछ तो अभी कुछ...हँसता है पोपट।...अभी तेरे कू चैन पड़ा कि नईं पड़ा ? तेरे कू भरोसा नईं था न मेरी बात पर ? अभी हो गया कि नईं ? पोपट का जान चला जाएँगा पन जबान नईं जाएँगा। जो बोल दिया एक मरतबा वो होके रहेंगा। समजी क्या तू ? बस अब खत्म। तेरे कू ये झोपड़े का बाहर पाव रखने का गरज नईं। अभी सब मैं देखूँगा। सब काम करूँगा मैं। तेरे कू कुछ करन नईं दूँगा। ले खा।...खा ना अब। नखरा कायकू करती...?

काले पत्थरों के अँधेरे में आ रहा है कोई। कौन ? मालूम नहीं होता। रोज़ी दुबकी है चुपचाप। कुछ हिलता दिखाई दे रहा है दूर। कौन ?

सागर की लहरें चीख़ रही हैं काले पत्थरों से टकराकर। रोशनी की गोलाइयाँ दूर।

---

* मिस्त्री।

** टोकरी।

नजदीक आ गई है छाया। बोलती है रोज़ी...कोन ?

—मैं !...नजदीक आ जाता है जब्बार।

—जब्बार ! आ गया तू ! भोत टैम लगाया। दुसरा कोन है तेरा साथ ?

कोई और खड़ा है पीछे अँधेरे में ।

—मेरा साथीदार है। दौलत। आ जा रे इधर। उधर बिल्डिंग में खाना पकाता है ये...।

अब तीनों बैठ गए हैं एक जगह। फुसफुसाती है रोज़ी।...सच्ची जब्बार ! भोत डर लगता मेरे कू...।

—डरने का कुछ जरूरत नईं। डपट देता है।...बोल रे दौलत ! अभी क्या बोलने का है तेरे कू...।

धीमे-धीमे बोलते हैं दोनों। चुपचाप सुनती जाती है रोज़ी। एक गहरे अँधेरे में सूझता नहीं कुछ। सिर्फ़ दौलत बताता जाता है कुछ। जब्बार पूछ लेता है बीच-बीच में। पसीना आता जाता है रोज़ी के गंदे जिस्म में।

—पीछू ?...जब्बार पूछता है।

टाइम बताता है दौलत।...रात कू...ढाई-तीन के आसपास। बिल्डिंग के पीछू की गली...रास्ता देखूँगा मैं।

—पन मेरे कू टैम का पता कइसा चलेंगा ?

सोचने लगता है दौलत।...टैम ? एक काम करना। ये बोट का कुली लोक का पाली जभी खतम होता है...बस वोइच टैम पर आ जाना तू ! उधरिच मिलूँगा मैं...।

सफ़ेद इमारतों की रोशनी दूर तक तैरती हुई। देखता रहता है जब्बार। देखती रहती है रोज़ी।...इस पार या उस पार। चीख़ती जाती हैं लहरें लगातार।

—मैं जाता।...गहरे अँधेरे में उठ खड़ा होता है दौलत।

—हौ ! तू जा ! मैं जरूर मिलूगा तेरे कू...इंसा अल्ला।

जाने लगता है दौलत।

—एक बात सुन !

लौट आता है।

—एक-दो रुपिया होंगा तेरे कने ? दे मेरे कू। आज खाना नहीं खाया मैं...।

जेब में हाथ डालकर कुछ दे देता है...।

नंगा था जो आदमी उस दिन...आज कहीं से मिल गया उसे पाजामा। एक पुराना उधड़ा कोट। घूम रहा है शान से इधर से उधर...उधर से इधर। एक सिगरेट भी मिल गई कहीं से। दोनों उँगलियों के बीच कश ले रहा है धीरे-धीरे। फुसफुसा रहे हैं छोकरे।...ए गन्या ! देख उसकू। वो दिन साला नंगा होके लुंगी साफ करता था। आज साले कू

लेंगा* और कोट मिल गया किधर से तो भी कइसा अकड़के चलता साला !

—हौ ना ! साले कू सिगरेट भी मिल गया।

चिल्लाता है मुहम्मद...एई ! नंगा भूत ! नंगा भूत !

—ए स्साला मादरचोद ! आ जा ! एक-एक कू देखेंगा आज। जान ले लेंगा। कोई दुसरा मत समझना...।

बैठी हैं रंडियाँ बस-स्टॉप के अँधेरे में। लौट आई हीरा।

—क्यूँ री ? क्या मिला ?

तीन उँगलियाँ उठाती है हीरा।...तीन !

—बस !...ताना देती है जानकी।...तीनिच ?

—तीन नईं तो क्या दस !...आकर पास खड़ी हो जाती है हीरा।...अपने कू मालम है...अपुन कोई खबसूरत थोड़िच है ! तीन दिया तो तीन। दो दिया तो दो। अपना रोज का खाना-पीना निकलना मँगता। दुसरा क्या ?

—इधर तो बोनी भी नईं हुई आज !...जलकर बोलती है पारबती।

मगर और नज़दीक आ जाती है हीरा। फुसफुसाकर बोलती है...तुम लोक कू एक बात मालम पड़ा क्या ? मैं अभीच सुनी...।

कान खड़े हो गए सबके।

—पोलिस लोक का धाड़ होएँगा आज फिर...।

पल-भर सन्नाटा।

—कइसा मालम पड़ा तेरे कू ?

—मैं देखकेच आ रही अभी।

—पोलिस लोक कू ?

—नईं। वो दारूवाला किस्तय्या और वो मटकावाला...दोनों चले गया इधर से। किस्तय्या दारू का सब पीपा हटा दिया। मटकावाला भी अपना कागद-वागद लेके चले गया।

फिर ख़ामोशी।

—इन लोक कू मालम पड़ जाता है कि धाड़ होएँगा बोलके ?

—ये साला लोक पोलिस लोक कू हप्ता देता ना। वो इनकू पेला से बोलके रखता।

सिर पर हाथ रखे बैठी हैं रंडियाँ। अब क्या हो ? अभी तो शुरू भी नहीं किया। ख़ाली हैं सब-की-सब। सिर्फ़ हीरा को मिले हैं तीन रुपए। धीरे-धीरे बोल रही है जमीला...अपुन लोक के कने पइसा होता तो अपुन भी हप्ता देता ये गाँडू लोक कू। फिर ये अपने कू कुछ नईं बोलता। नईं क्या ?

माँ की गाली दे रही है पारबती।...ये साला लोक अपने कू पकड़ता। जो लोक रंडीबाजी करता...उनकू नईं पकड़ता। रंडी का होटल चलाता...उनकू नईं पकड़ता।

* लहँगा—पाजामा।

इनकी माँ की...।

फिर खिंच गया सन्नाटा। अब धीरे-धीरे बोल रही है जमीला। गालियाँ दे रही है।...ये सब नैना का काम है। साली रोज सड़क पे खड़ी होके मटकती है...गाती है...रास्ता चलते आदमी का हाथ पकड़ती है। कोई फिर कम्प्लेट किया होएँगा पोलिस कू।

फिर होने लगी गरमी। घुटने लगीं साँसें। उमसती फ़ुटपाथों पर लग गए बिस्तर। लग गईं छोटी-छोटी चारपाइयाँ। पसीने से भीगे जिस्म सोने की कोशिश करने लगे।

सोने की कोशिश करता है जब्बार। कोशिश करती है रोज़ी। सो नहीं पाते दोनों। रह-रहकर बोल उठती है रोज़ी।...नईं-नईं ! तू अइसा कुछ मत कर जब्बार ? मेरे कू भोत डर लगता...।

—तू सो जा चुपचाप।...देखने लगता है उधर जहाँ दूर मशालों की रोशनी में भाग रहे हैं मज़दूर। चिल्ला रहा है मुक़ादम। फिर दूसरी तरफ़ जहाँ सफ़ेद इमारतें...सफ़ेद रोशनी...तैरती हुई दुनिया...।

सोया पड़ा है राजू। सोने की कोशिश कर रही है मैना। मगर नहीं सोता पोपट।

—सो गई क्या ? मेरी बात तो सुन। ये इतना बड़ा-बड़ा गोनी* पीठ के ऊपर रखके ऊपर चढ़ा मैं। चार माला। छे माला। दिन-भर काम किया। तब मेरे कू मिला पाँच रुपिया। समजी क्या ? दो खतम हो गया चा-पानी और राइस-प्लेट में।...मैना ! ए मैना ! सुनती नईं क्या तू मेरी बात ?

—सुनती हूँ। बोल क्या बोलता ?

—बोलता क्या ? कुछ नईं बोलता। खाली अइसा बोलता कि भोत हड्डी तोड़ना पड़ता। तब मिलता ये पाँच रुपिया। समजी क्या ? बोल ना। समजी क्या ?

—हौ ! समज गई। अब सो जा तू और मेरे कू भी सोन दे...।

लंबी साँस छोड़ता है पोपट।...नईं ! तू नईं समजी मैना ! इतनी हड्डी तोड़ा और पाँच रुपिया मिला। क्या होता ये पाँच रुपिया में ! तेरा-मेरा पेट भी भरने वाला नईं !

—तो पीछू क्या करू मैं ? चालू कर देऊ अपना धंदा ? और तेरे कू ला-लाके दू खाने के वास्ते ?

—नईं ! अइसा किधर बोला मैं ! मैं तो खाली अइसा बोलता कि अपुन ये हाल में से बाहर निकलने वाला नईं। तू मरे कि मैं मरू...हाल वो का वोच रहने वाला है।

चुप है...मगर बोलती है मैना।...वो का वोच रहने वाला। मालम है मेरे कू। पन भोत मरी मैं। अब नईं होता मेरे से। कुछ भी कर। पन मेरे से मत बोल अभी। कुछ भी कर। पन मेरे कू उधर जाने का वास्ते मत बोलना। समजा क्या ?

---

* बोरी।

धीरे-धीरे दोनों बदल लेते हैं करवट। फेर लेते हैं मुँह। नए सिरे से कोशिश करते हैं सोने की। सब लोग कोशिश करते हैं...झोपड़ों में और फ़ुटपाथों पर। सिर्फ़ दुबकी हुई रंडियाँ चुपके-चुपके कोशिश करती हैं पकड़ने की किसी को। किसी को...कुछ नहीं मिला। सिर्फ़ मंगला को मिल गया एक पुराना मनचला। पट गया आज। लेकर चली गई अँधेरे में। देखती रह गईं सब।

और बढ़ गई रात। बुझती चली गईं बत्तियाँ। एक बीड़ी। और कई बीड़ियाँ। रेत के जहाज़ों की जलती हुईं मशालें। चुप हो गया मुक़ादम भी। चले गए ख़ोंचेवाले... कबाबवाले। ख़ामोश हो गए सब लोग।

चिल्लाती है मैना...देख।...मेरे कू हाथ मत लगा तू। बोल देती मैं।

परे हट जाता है पोपट।...नईं लगाता हाथ। चिल्लाती कायकू तू ?

—नईं ! तू नईं लगाना हाथ मेरे कू। तू हाथ लगाता तो मेरे कू अइसा लगता कि बंदूक के गोली से उड़ा देऊ तेरे कू। हाँ...!

जैसे पिटा हुआ पोपट...पड़ा रहता है चुपचाप...।

अब और गुज़र जाती है रात। और बढ़ जाती है उमस। और ख़ामोशी। नहीं आए पुलिसवाले। नहीं आएँगे शायद। सिर्फ़ ख़ामोशी। किसी गाड़ी की आवाज़। फिर ख़ामोशी। किसी के चिल्लाने की आवाज़। फिर ख़ामोशी। एक हवाई जहाज़। फिर ख़ामोशी।...नहीं। चिल्ला रही है मंगला। बक रही है गालियाँ रात के सन्नाटे में। सामने खड़ा है मनचला दाँत निपोरे हुए।

—तेरी माँ की !...साड़ी ऊपर उठा लेती है मंगला।...ले घुस जा अंदर। पइसा नईं...तो अपनी माँ समजके आया मेरे पास...।

और ज़ोर से चिल्ला रही है। गला फट जाएगा। छाती फट जाएगी।...साला भड़वा ! रंडी का पइसा मारता तू ! साला हरामी ! तू खुद रंडी का अउलाद !...अरे मेरा पइसा मार लिया रे ! रंडी का पइसा...!

जाग-जागकर इकट्ठा हो रहे हैं फ़ुटपाथवाले। मनचले के कपड़े टटोल- टटोलकर देख रही है मंगला।...नहीं ! नहीं है कुछ भी पास। धक्का देती है ज़ोर से...मारती है। उसी तरह दाँत निपोरे खड़ा रहता है मनचला। आ जाती हैं सब-की-सब।

—क्या हुआ री मंगला ? क्या हुआ ?

रोने लगती है मंगला।...ये...ये भड़वा...मेरा पइसा नईं देता। मेरा पइसा...रंडी का पइसा मारता साला !

जमीला...हीरा...जानकी...सबकी आँखों में गुस्सा। देखती हैं मनचले की तरफ़... ऊपर से नीचे। मैली क़मीज़ और पाजामा।...पन तू पइसा पहलेच कायकू नईं ली ?

रोती जाती है मंगला।...मेरे से चूक हुई रे ! आज चार घंटा से कोई नईं मिला। पोलिस लोक का भी डर लग रया था मेरे कू। जभी ये बोला कि पइसा बाद में देता...तो तयार हो गई मैं। हरामी की अउलाद ! साला बेसरम ! रंडी का पइसा...!

गुस्सा और बढ़ गया है रंडियों का। चिल्लाती है जानकी...मारो साले कू। गाँडू

का बच्चा !

एक मारती है पीठ पर। एक और...इस तरफ़ से। एक और...उस तरफ़ से। इधर गिर जाएगा मनचला...या उधर।

रोकती है जमीला सबको।...मारो मत इसकू। इसका कपड़ा खोलके नंगा करके भेजो इसकू।

—हौ-हौ ! नंगा करो साले कू...।

उसी तरह दाँत निपोरे खड़ा है मनचला।

—क्यूँ रे !...सामने आती है पारबती।...तू उसका पइसा कायकू नईं देता।

बोल रहा है बेबसी के दाँत दिखाता हुआ।...मैं उसकू बोला...बाद में देऊँगा करके...।

—साला ! करेंगा अभी और पइसा देंगा बाद में ! अइसा किधर होता है क्या कभी ?

गालियों और आवाज़ों का एक तेज़ रेला। फिर बोल रहा है मनचला।...मैं क्या करू ? ये मेरे कू रोज बोलती और मैं इसकू रोज नईं बोलता। पन आज...! चुप हो जाता है।

—आज ? आज क्या हुआ तेरे कू ?...चीख़ती है पारबती।

—मालम नईं मेरे कू !...ज़मीन की तरफ़ देखता है मनचला।...ये मेरा हाथ पकड़ ली तो तयार हो गया मैं।...सिर उठाता है एकदम।...पन मैं सच्ची बोलता एक-दो दिन में लाके दे देंगा इसका पइसा। हम पइसा मारने वाला आदमी नईं है।

फिर गालियों की बौछार...चारों तरफ़ से। धीरे-धीरे खो जाती है।

—किधर रहता तू ?...पूछती है पारबती।

—किधर भी नईं !

—किधर भी नईं ! अरे हरामी की अउलाद ! सोता तो होंगा किधर भी। कि सोता भी नईं...?

सिर झुका लेता है।...जिधर काम मिल जाता...उधर सो जाता।

—अभी किधर काम है तेरा ?

—वो उधर बिल्डिंग.. बनता...उधरिच काम है मेरा। पन मैं सच्ची बोलता...मैं उसका पइसा रखने वाला नईं। कल...नईं तो परसू...मैं जरूर लाके देऊँगा उसका पइसा।

अब ज़ोर से चिल्लाती है पारबती।...बड़ा इमानदार की अउलाद है तू...मालम है ! ये बोलके मेरे कू कि ये खाएँगी क्या अभी ? भूकी मरेंगी ? आँ ? बोल ना ! आठ-बारा आना जो कुछ है...दे दे इसकू अभी। बाक़ी रहेला पइसा पीछू दे देना...।

दाँत निपोर देता है फिर।...नईं है मेरे पास। होता तो मैं झूटा बोलता क्या ?... अचानक आ जाता है कुछ याद।...उधर खाना है मेरे पास थोड़ा-सा...सुबू के वास्ते रखा मैं। वो दे देंगा मैं...।

फिर तेज़ गालियाँ...और आवाज़ें। अचानक चुप हो जाती हैं सब-की- सब। अचानक एक फुसफुसाहट। अचानक चीख़ उठती हैं एक साथ...धाड़ ! अचानक भागना शुरू कर देती हैं...इस तरफ़...उस तरफ़...हर तरफ़। धाड़ !...रुक गई पुलिस की लॉरी। भाग रहा है मनचला। उतर रहे हैं...दौड़ रहे हैं सिपाही...इस तरफ़...उस तरफ़...हर तरफ़।

आधी रात का अँधेरा छिपा नहीं पाएगा। सबकुछ बता देगा। सड़क...गलियाँ... मकान...सब गुज़रते जाएँगे पीछे। कहीं जगह नहीं छिपने की। रेल की पटरियाँ बहुत दूर। पुल बहुत दूर। सबकुछ बहुत दूर। पास हैं सिर्फ़ पुलिसवाले। फूल रहा है दम। अब आईं...अब आईं पकड़ में।

एक गली। एक मोड़। दूसरी गली। फिर मोड़। भागती जाती है जमीला। नहीं समझ पाती...क्या करे ! सो रहे हैं लोग सामने चारपाइयों पर। जल्दी से लेट जाती है एक चारपाई पर। हड़बड़ाकर उठ बैठता है सोने वाला।...कौन ? कौन ? अरे बाप रे !...उठ ! भाग इधर से। साली...!

हाँफती जाती है जमीला...फुसफुसाती जाती है...गिड़गिड़ाती जाती है।...ए भाई ! दो मिनट ! खाली दो मिनट। दो मिनट सोने दे मेरे कू तेरा पास। तेरा पाव पड़ती। वो हवलदार लोक निकल जाएँगा...मैं चली जाऊगी इधर से।

चिल्लाता है सोने वाला।...नईं ! भाग इधर से भाग ! कौन है तू ?

फिर हाँफती है।...दो मिनट...खाली। ये लोक भोत मारता...हवलदार लोक। तुम्हारा पाव पड़ती...। क़ाबू में नहीं आ रही है साँस।

अब बिस्तर से अलग खड़ा दूसरा आदमी चिल्ला रहा है।...अरे ये कोन ? कोन सो गई मेरा बिस्तर में घुसके...?

उठ रहे हैं सभी सोने वाले। अँधेरे में खड़ी है जमीला...हाँफती। चेहरा सूख गया है। चले आ रहे हैं हवलदार लोग।

—क्या टैम आ गया है ! ये रंडी लोक कू कुछ भी सरम-हया नईं। सरीफ लोक कू सोने नईं देगा। साला...।

चली जा रही हैं भागती...पारबती और सलमा...कहाँ कौन...जो बचाएगा ? इस तरफ़ आदमी। उस तरफ़ आदमी। बचाने वाला कौन ? कोई नहीं। दुकानवाला। मकानवाला। दारूवाला। मटकावाला। सब खड़े देखते रहेंगे। भागती जाएँगी रंडियाँ... पारबती और सलमा।

मगर खड़े हुए हैं हिजड़े...सब मरदों से अलग। बचा लेंगे दोनों को।

—ए ! ए मेरी भैना !...कमला की आवाज़।...इधर आ जा। आ जा इधर। जल्दी !

ठिठककर रुक जाती हैं दोनों।

—गुइयाँ ! उधर...वो बाजू...झोपड़े में ! जल्दी !...बिमला की आवाज़।

अब भागती हैं दोनों हिजड़ों के झोपड़ों की तरफ़। ताली पीट रहे हैं। गा रहे हैं।...रंग भर लाए...कि रंग भर लाए...रेशम की साड़ी में रंग भर लाए।...ए ! ए

हवलदार ! तू तो बड़ा खबसूरत लग रया हैगा आज। अरे किसको ढूँढ़ रया हैगा ? जरा इधर भी तो मार दे एक नजर।...फिर ताली।

लेकिन उधर...दूसरी तरफ़...किसी झोपड़े में घुस गए हैं हवलदार।...एक आदमी और एक रंडी। भाग रहा है आदमी। हाथ आ गई रंडी।...मार ! और मार ! और मार। गिड़गिड़ाती है...नईं-नईं। मेरे कू मत मारो। ए भैया ? ए हवलदार भैया ! मत...मत मारो। ये तो धंदा है मेरे पेट का।...दो-दो बच्चे हैं मेरे कू।...नईं-नईं ! वो आदमीच लेके आया मेरे कू।...ए भैया ? ए हवलदार भैया ! मत मारो मेरे कू...तुम्हारे पाव पड़ती...।

हाथ आ गई जमीला। ले जा रहे हैं घसीटकर। अँधेरे गोल चिराग़ों की मटमैली रोशनी में घिसट रही हैं और भी रंडियाँ। जानकी...हीरा...मंगला...सब आ गईं पकड़ में। एक पर दो-दो हवलदार। नहीं भाग पाएँगी आज। खींचकर मारता है तमाचा।...ए साली ! ठीक से चल...। तिलमिलाकर देखती है जानकी...।

अचानक बुझने लगती हैं मशालें। उठ बैठता है जब्बार। बहुत हो गई रात। दूर लहराते पानी के पार दौड़ना बंद कर दिया मज़दूरों ने। बुझ गईं मशालें। काले पानी में बुझ गए मशालों के अक्स। जो भाग रहे थे अब तक...सो गए। सिर्फ़ उनींदे मज़दूरों ने घेरना शुरू कर दिया चाय और बीड़ीवालों को।

हाँ ! ख़त्म हो गई पाली। अँधेरे में आवाज़ देता है जब्बार।...रोजी ! रोजी ! रोजी !

अभी-अभी लगी थी नींद। हड़बड़ाकर उठ बैठती है रोज़ी। अंदाज़ से समझ लेती है किस तरफ़ है जब्बार। डरी हुई आवाज़...तेरा टैम हो गया जब्बार ?

अब देखती है जहाज़ों की तरफ़। अँधेरा।...हाँ ! हो गया।

दोनों ख़ामोश बैठे हैं। रेलगाड़ियाँ नहीं गुज़रतीं अब।...जाएँगाच जब्बार ?

—हौ !

और अँधेरा...और ख़ामोशी।

—मैं चलू क्या तेरे साथ ?

—किधर ?

—उधर सड़क तक चलूगी। उधरिच फुटपाथ पर सो जाऊगी किधर तो भी...।

—चल !

अब चल रहे हैं दोनों...अँधेरे काले पत्थरों पर पैर रखते हुए। अँधेरे आसमान पर लाल-नीली बत्तियाँ। गुज़र जाता है एक हवाई जहाज़। हाँ...बज गए दो। जल्दी चलने की कोशिश करता है जब्बार। लँगड़ाती जाती है रोज़ी। चल नहीं पाती।

वहाँ उस तरफ़...जहाँ बुझ गई हैं डिबरियाँ...सिर्फ़ जाग रहे हैं बिजली के खंभे... अकेले। सोई हुईं मक्खियाँ। सोई हुई हसीना...। नन्हे अमजद के साथ। रुककर देखता है जब्बार। फैले हुए आसमान के नीचे फैले हुए झोपड़े...हसीना...अमजद। चल पड़ता

है दूसरी तरफ़। ऊँची बंद खुली खिड़कियों में तैर रही है रोशनी। आ गई रोज़ी पास।

अब आ गए हैं वहाँ जहाँ पीछे छूट गया सागर। ख़त्म हो गई अँधेरे की हद। बिजली के खंभों का उजाला शुरू हो गया। फ़ुटपाथों पर...दुकानों के तख़्तों पर... छोटी-छोटी चारपाइयों पर...सो रहे हैं लोग...बच्चों की तरह।

फुसफुसाता है जब्बार।...तू उधरिच जाके सो जा कहीं तो भी। मैं जाता ये बाजू...।

—नईं ! तू जिधर जाता...उधरिच चलके सो जाऊंगी मैं किधर तो भी।

फिर चलने लगते हैं दोनों उजाले में। एक के बाद एक गुज़रते हैं खंभे...बिजली के चिराग़। एक मोटर सरसराती। एक आवाज़ बहुत पास। भौंक रहे हैं कुत्ते। आवाज़ें बहुत दूर। तारों का आसमान। चाँद कहीं नहीं। एक गली का मोड़। रुक जाता है जब्बार।

—बस ! आगे मत चल मेरे साथ। इधरिच सो जा किधर तो भी। मैं आता लौटके थोड़ा टैम में...।

एक बंद गंदी दुकान का ख़ाली पड़ा हुआ तख़्ता।

—मेरे कू नींद नईं आएँगी जब्बार। पन मैं इधरिच लेटके रहती...भला क्या ! जा तू अब।...क्या बोलू तेरे कू ! मेरे कू भोत डर लगता तेरा वास्ते। पन बेकार। फ़ायदा नईं बोलने से कुछ...।

धुँधली रोशनी में देखता है एक पल। आगे बढ़ जाता है। चलता जाता है...जब तक ओझल नहीं हो जाता उजालों में। अब अकेली है रोज़ी। देख रही है दूर... पास...सागर...आसमान...तेज़ उजाले में चमकते लंबे सूने रास्ते। आवाज़ आ रही है। कोई आ रहा है। दुकान के तख़्ते के नीचे लेट जाती है चुपचाप। मिट्टी और सीलन। सोते हुए कीड़ों का जागकर भागना। मगर लेटी रहेगी। जैसे सो जाएगी। आए लोग...और गुज़र गए। दूर चली गईं आवाज़ें।

लेटी रहती है फिर भी। नहीं उठा जाता। गुज़रने लगती है ख़यालों की एक दुनिया।...क्या करेंगी हसीना भी और क्या करेंगा जब्बार भी। क्या करेंगा कोई भी ! किधर छोकरा...किधर अउरत...और किधर खुद ! और किधर चले गया चंदू...वो घाटी का छोकरा। फोटू भी निकाला। गया किधर तो भी। आएँगा मगर। बोला तो आएँगा। लेके जाएँगा ! बंदोबस्त करेंगा किधर तो भी।...नईं ! नईं लेके जाएँगा। कोन हँसा था। बोला था। कोन चंदू ! किसका चंदू ! जो गया...नईं आता लौटके। तू देखती बैठ रस्ता...।

फिर कोई चल रहा है सूने गलियारों में। पास आकर निकल जाता है कहीं और। फिर कोई हलकी-सी आवाज़। फिर आ गया कोई।

—अरे ! कौन ! जब्बार ?...उठकर बैठ जाती है।...अरे ! तू आ गया ! इतना जल्दी ? वो नईं मिला क्या ?

पास आकर बैठ जाता है। फुसफुसाता है।...मिला। बोला...थोड़ा टैम ठैरके आ।

अभी गुरखा उधरिच बैठा है।

एक पतला चाँद निकल आया कहीं। काले पानी में हलकी-सी झिलमिल। ख़ामोश बैठे हैं दोनों। अब और ख़ामोश। जलती रहती है जब्बार की बीड़ी। फिर आ रही है आवाज़। फिर आ रहा है कोई। फुसफुसाती है रोज़ी।...इधर...ये बाजू लेट जा तू !

चारों तरफ़ देखता है।...तू किधर छुपेंगी ?

—मैं उधर जाती किधर भी !

बीड़ी बुझा देता है। एक बार देखता है दुकान के तख़्ते को।...आ इधरिच लेट जा तू। भोत जगा है।

अब लेटे हैं दोनों एक ही तख़्ते पर...अँधेरे के घेरे के अंदर। बदबू आ रही है हलकी-हलकी। ठहरी हुई सीलन की...रोज़ी के बँधे हुए ज़ख़्मों की।

गुज़र गए लोग। अब भी लेटे हैं दोनों। पूछती है रोज़ी...कितना बजा होएँगा जब्बार ?

मगर जब्बार खो गया है आसमान के तारों में।...बजा होएँगा कितना भी। क्या करने का है !

अब भी देखता जाता है आसमान की तरफ़। बोलता है बड़ी देर बाद।...मेरे कू लगता...ये लोक है ना...जिनके घर कू हम लोग घुसेंगा अभी...पोलिस कू कुछ नईं बोलेगा। दौलत भी अइसाच बोलता...!

—कायकू नईं बोलेंगा पोलिस कू ?

—ये पइसा दानचोरी* का पइसा है...काला पइसा। मेरे कू नईं लगता कि ये लोक पोलिस में जाएँगा।...जाएँगा तो जाए। मेरे कू तो अमजद-हसीना कू लेके इधर से निकल जाने का है।

लंबी ख़ामोशी। किसी मोटर के सरसराकर गुज़र जाने की आवाज़।

—जब्बार ! मेरे कू भोत डर लगता। तेरे कू नईं लगता ?

लेटा है पत्थर की तरह।...लगता है। भोत लगता है। ये पोलिस लोक का मार...तौबा। पन मैं करू तो भी क्या। दूसरा रस्ता नईं मेरे कू !

भागती आती है एक सफ़ेद बिल्ली। भौंकता हुआ आता है कुत्तों का झुंड। फिर ख़ामोशी।

—रोजी ! ये सोचा...वो सोचा...सब सोचा मैं। रोजी ! कुछ नईं मिला मेरे कू। सच्ची बोलता मैं। कुछ भी मिलता...तो अइसा नईं होता। अब अइसाच होंगा...दूसरा कुछ नईं होंगा। मैं सोचके देख लिया सब।

फिर एक आवाज़। एक हवाई जहाज़। पड़े रहते हैं दोनों ख़ामोश। एक लंबी लकीर। टूट गया एक तारा। अब भी पड़े हैं चुपचाप। चुपचाप सबकुछ। सिर्फ़ चीख़ रहा है एक झींगुर। गुमसुम...अब उठकर बैठ गए हैं दोनों। बुझी हुई बीड़ी फिर जल

---

* तस्करी।

उठती है...फिर बुझ जाती है। अब उठकर खड़ा हो जाता है जब्बार।

—मैं जाता रोजी !

एक नज़र चारों तरफ़। बढ़ जाता है आगे। एक क्रॉस बन जाता है छाती पर। इमारत के पीछे गायब हो जाता है जब्बार।

गुज़रती जाती है रात धीरे-धीरे। तारे सरकते जाते हैं। भागते आते हैं बादलों के टुकड़े। ठहरते नहीं, निकल जाते हैं आगे। ठहरी हुई हवा चलकर ठहर जाती है फिर। बंद आँखों के सामने आते हैं लोग...जो कभी नहीं आते। रोज़ी...न सोती...न जागती...सिर्फ़ देखती रहती है गुज़रते हुए लोगों को। लोग...जो बहुत पहले आए थे...जो बहुत बाद में आए थे। जो चले गए...नहीं लौटे फिर। सिर्फ़ नए-नए आते चले गए।...बंद आँखों की धुंध के सामने...कहीं था एक मंगलोर। खुली आँखों के उजाले में क़तार झोपड़ों की। हदें...न ख़त्म होनेवाली। अँधेरे तख़्ते। बदलती हुईं करवटें। फिर एक आहट। खोल देती है आँखें। सामने खड़ा है जब्बार। बैठ जाती है उठकर।

—क्यूँ ? क्या हुआ ?

—कुछ नईं।...चेहरा दिखाई नहीं देता मगर आवाज़ खोई हुई।...अभी और टैम है थोड़ा।

हिजड़ों के झोपड़ों में सलमा और पारबती...ऊँघती हुईं...। कमला और बिमला नहीं हैं। सिर्फ़ लक्ष्मी। लक्ष्मी की आवाज़।...मैं हिजड़ा नईं। पन काम नईं मेरे कू कुछ। पइसा नईं। करके मैं आ गया कमला-बिमला के साथ। भीक माँगने से तो येच ठीक...।

अब रात शायद ढल रही है। जब्बार फूँकता जाता है बीड़ियाँ। ख़ामोशी के बीच बोल उठता है एकाध बार।...ये साला दौलत ! कितना टैम हो गया ! साला बोलता कुछ...करता कुछ।

ख़ामोशी के बीच बोलती है रोज़ी...लेटा रह ना थोड़ा टैम इधर।

—नईं !...अचानक उठ खड़ा होता है।...जाना है मेरे कू।...गायब हो जाता है इमारतों के पीछे।

कई बार होता है। आ जाता है। गायब हो जाता है। लेकिन फिर आ जाता है। फिर ग़ायब हो जाता है। गालियाँ निकलती हैं। रह जाती हैं दबकर। रोजी बदलती रहती है करवटें...गुमसुम अँधेरे के बीच। रात गुज़रती जाती है चुपचाप। फिर कोई आवाज़। फिर कोई आहट। आँखें खोलकर देखती है।...नहीं। नहीं है जब्बार। कोई और है।

फिर रात। बंद आँखें। न लौटने वालों की तसवीरें। फिर कोई आहट। आ गया जब्बार ? नहीं। फिर कोई दूसरी आवाज़। देर हो गई इस बार। नहीं आया अब तक।

एक मोटर गुज़र जाती है। एक और गुज़र जाती है। रुककर फिर एक और गुज़र जाती है। एक आदमी। फिर एक आदमी। फिर एक और आदमी। हलकी पड़ रही है रात। नहीं आया जब्बार। क्या हुआ ? कहाँ चला गया ? जब अँधेरा ख़त्म हो जाएगा थोड़ी देर बाद...जब उजाला फैल जाएगा चारों तरफ़...कहाँ ढूँढ़ेगी उसे ?

आवाज़ फिर आ रही है। इमारतों के पीछे सुनसान रास्ते पर फिर उभर रहा है

कोई। है। वही है। जब्बार। देख रहा है चारों तरफ़। जल्दी-जल्दी। बढ़ रहा है आगे। जल्दी। और जल्दी। खड़ी हो जाती है रोज़ी। आ रहा है तेज़ी से। चेहरे पर घबराहट के निशान। पसीना। तेज़ साँसें।

—क्या हुआ ?

—कुछ नईं। मैं उधर जाता हूँ...टेशन पर। तू...तू हसीना और अमजद कू भेज दे जल्दी से। और...और तू भी आ जा उधर...टेशन पर...।

मुड़ता है तेज़ी से। दोनों हाथ गंदी पतलून की जेब में।

—सुन तो !

—क्या है ?...घूमता है। तेज़।...जल्दी बोल। टैम नईं मेरे कू रोजी !

—तेरा काम हो गया...?

देखता है चारों तरफ़। पसीना और ज़्यादा।

—हौ ! पन तू भाग जल्दी से। हसीना कू बोल कि मैं उसका रास्ता देखता...टेशन पर। झोपड़े कू मार दे ताला। आ जा जल्दी से...।

गोल घूमकर निकल जाता है तेज़ी से...दूसरी तरफ़...जहाँ गोल रोशनियों की क़तार ख़त्म हो जाती है...जहाँ अब कोई दिखाई नहीं देता। खड़ी हुई रोज़ी...गुमसुम...पत्थर की तरह। आ रहे हैं लोग। जा रहे हैं। और आ रहे हैं। और जा रहे हैं। शुरू हो गईं मोटरें। दूधवाले। पाववाले। दूर ऊँची काली इमारतों के पीछे फैल रहा है उजाला। चलना शुरू कर देती है रोज़ी...लँगड़ाती...घिसटती...तेज़...और तेज़...जहाँ फैले हुए आसमान के नीचे हैं फैले हुए झोपड़े।

5

धीरे-धीरे चला जा रहा है मलबारी...चायवाला। बंबा और बाल्टी थामे। कोई आवाज़ नहीं देता आज। चली गईं सब-की-सब। रह गईं पारबती...सलमा...नैना। कहाँ छिपी हैं मगर ? दिखतीं नहीं कहीं। सिर्फ़ चिल्ला रही है मैना।...ए चावाला !...ए मलबारी ! सुनता नईं क्या ? पइसा ले। उधार नईं मँगता...।

इधर के झोपड़ों में ख़ामोशी। चटाइयों के दरवाज़ों पर चढ़ी साँकलें। उधर के झोपड़ों में हलचल। बैठकर गंदगी करते हुए बच्चे। घूमती हुईं बत्तखें...नालियों के पास। कचरे के ढेर पर मुर्ग़ियाँ। ऊँघते हुए लोग। मुँह में दातून डालकर सोते हुए...रह-रहकर जागते हुए। हिला-हिलाकर जगाती है मैना।...पोपट ! ए...उठ ! काम पे नईं जाना क्या तेरे कू ?...ये ले चा।

जागकर करवट बदलता है...सो जाता है फिर।

—राजू ! ए साला...उठ ! फजर हो गई। कभी तलक सोएँगा ?

एक कोना। गंदा स्टोव। अलमुनियम के बरतन। दूसरा कोना। फटी हुईं चटाइयाँ। मैले बिस्तर। फिर वही पोपट। फिर वही राजू।...क्यों ? जैसे डर लग रहा है मैना को...अकेले। किसका डर ? थकी हुई आवाज़...पुकारती हुई।...पोपट ! ए ! उठ ना। काम पे नईं जाएँगा ?

फिर करवट। एक झल्लाहट।...सोन दे मेरे कू। सच्ची बोलता सोन दे मेरे कू। नईं जाना काम पे।

फिर जैसे डर। चुपचाप बैठ जाती है उसी तरह। देखती रहती है सामने...एकटक। नहीं बैठी रह सकती। क्या कह रहा था राजू ?...दूर ! ख़ूब दूर ! खाना मिलता है वहाँ पेट-भर। जाएगा मुहम्मद के साथ। नहीं रहेगा यहाँ।

—राजू ! तूच उठ। उठ ना रे। पाव ला जाके। उठ ना !

आवाज़ में थकान और भी ज़्यादा। लेकिन चिल्ला रहा है पोपट।...तू चुप रह ना। कायकू बोम मारती ? दिन-भर हड्डी तोड़-तोड़के काम किया। सुबू-सुबू जगाती आके...।

डूबता हुआ-सा दिल। बैठ जाती है चुपचाप। अब कोई चिल्ला रहा है बाहर। दे रहा है गालियाँ। पत्थर मार रहा है किसी कुत्ते को। फड़फड़ाकर उड़ जाती हैं

मुर्ग़ियाँ...बत्तखें।...नहीं ! नहीं जाएगा काम पर। फिर पुकारती है मैना...ए ! ए पोपट ! उठ ना रे ! उठ ना रे ! उठ ना ! उठ ना !

चिड़चिड़ाकर बैठता है। गालियाँ बहुत-सी। माँ की...बहन की...मालूम नहीं किसको।...लंबी-लंबी उबासियाँ।...बीड़ी ? बीड़ी किधर है मेरा ? ए राजू ! साला किधर है बीड़ी ? हर रोज पी जाता साला...।

अब उठ जाता है राजू भी। उबासियों पर उबासियाँ।...ला ! चा ला ! किधर है चा ? फिर पड़ेंगा जाना काम पे ! इसकी माँ की। हड्डी-तोड़ काम है साला ! सारा जिसम दुखता। ऊपर चढ़ने का...चार माला...रेती लेके। साला मुक़ादम ! इसकी माँ की ! किधर है चा ? दे ना...।

हाथों को मोड़ते हैं लोग। मुट्ठियों में बंद दर्द। झोपड़ों में भिंची दूर चली गई है पगडंडी। पगडंडी नहीं नाली है एक। गंदे पानी के साथ इनसानों को बहाती चली जाएगी...एक सड़क के पास। टूटी हुई सड़क...जहाँ दौड़ते हुए आदमी सिर्फ़ ऊपर देखते हैं...नीचे नहीं। जो दौड़ नहीं सकते...फ़ुटपाथों पर गिरकर ढेर हो जाते हैं। ढेरों से भरी हुई पाइपों की क़तार। अब भी ज़िंदा है मरियम का काला बच्चा। देखती जाती है उसे। चुप नहीं रह सकती। बोलती चली जाती है वही बात।...कइसा छोकरा है साला ! जरा इधर से हटो कि रोता। बोम मारता। जैसा जान निकल जाएँगा अभी। कायकू आया तू इधर ? आँ ? मैं बोली थी क्या तेरे कू आने कू ? आया तो अब चुपचाप रहता कायकू नईं ? आँ ?

लेकिन चुप हो जाती है अचानक। ताकती रहती है। किसी ने नहीं...पारबती ने कहा था।...नहीं आया जिंदा रहने को ये बच्चा। मर जाएँगा अपने-आप। तू क्यों फिकर करती ?...देखती जाती है लगातार। छोटे-छोटे हाथ। छोटे-छोटे पैर। और छोटे। और भी छोटे। और बाहर सड़क पर...बड़ा शहर। फिर एक मोटर। फिर मोटरें। फिर शोर। फिर मोटरें। बसें। भागती हुई दुनिया। पाइप के अंदर...ख़ामोशी। सिर्फ़ अपने-आप से बोलती हुई मरियम की आवाज़।...ए ! सुना क्या ? तू नईं आता ना...तो तेरे कू भी अच्छा रहता और मेरे कू भी।...मेरे कू...मेरे कू मालम है...तू रहेंगा नईं...चला जाएँगा। वोई ठीक भी है। पन तू आयाच कायकू ? अभी तू जाएँगा...हो जाएँगा अल्ला कू प्यारा। क्या बोलेंगा उसकू...अल्ला कू ? कि तेरी अम्मा भोत खराब है...नईं क्या ? अइसाच बोलेंगा तू ? ए शाला ! बोल ना ! अइसाच बोलेगा ना तू...?

जवाब नहीं देता छोटा आदमी। खुली आँखों के सामने एक ख़ालीपन। पास में गुज़रता चला जा रहा है शहर...आवाज़ों का शहर...भागता हुआ। पाइप के अंदर...वही ख़ामोशी। अपने-आप से बोलती हुई आवाज़। कुछ न सुनने वाला नन्हा आदमी।...नईं रे ! सुना क्या ? नईं ! अइसा मत बोलना अल्ला कू। तेरी अम्माँ कू...दुसरा कुछ रस्ताच नईं। क्या समझा ? कुछ रस्ता नईं। सच्ची बोलती मैं। अल्ला कू मालम...झूट नईं बोलती ? मेरे कू नईं मालम क्या करू मैं। किधर जाऊँ !...हाँ रे ! अपनी अम्माँ कू भी ले चल अपने साथ। सच्ची बोलती। मेरे कू ले चल। मैं चलूँगी तेरे साथ। सुना क्या ?

अरे ! तू हँसा क्या ? सच्ची ! हँसता ! हच्छाला ! हच्छाला ! हँछता बदमाछ ! मेरी बात छुनके हँछता। हच्छाला ! हच्छाला...!

वही आवाज़ों का शहर। तेज़। और तेज़। मोटरें। मोटरें। बसें। फिर वही पाइप...ख़ामोश...।

ऊँचाई पर...रेल की पटरियाँ। लुढ़कती हुई ज़मीन के पास पतले रास्ते...नालियों की तरह। कचरे के ढेर और झोपड़े। बार-बार चारों तरफ़ देखती है रोज़ी। कहीं कोई सुन तो नहीं रहा।

—सच्ची हसीनाबाई ! तुम चलो। अब्भी चलो। ये बात में कुछ नईं...।

—नईं ! बोल दे उसकू। नईं जाऊँगी मैं। चोरी के माल का रुबाब डालता क्या मेरे ऊपर वो ?

—पन !...हकबका जाती है रोज़ी।...वो...वो...तुम्हारा रस्ता देखता उधर। तुम्हारे वास्तेच ये सब किया वो...।

—मेरे कू मालम है वो क्या किया मेरे वास्ते !...गुस्से में आँसू निकल आएँगे हसीना के।...मेरे कू उसका सूरत नईं देखने का। वो मेरा जिंदगानी तो बरबाद किया...।

ऊँचाई पर गुज़रती चली जाती है रेलगाड़ी। सारी आवाज़ें खो जाती हैं एक आवाज़ में। नहीं मानेगी साँवली हसीना। नहीं जाएगी उस आदमी के पास जिसका कोई भरोसा नहीं...जिसने बँधाईं बहुत-सी उम्मीदें। एक भी पूरी नहीं हुई। एकटक ज़मीन की तरफ़ देखती है हसीना। जैसे टपक पड़ेंगे आँसू...और कीचड़ बन जाएँगे ज़मीन पर।

धीरे-धीरे बोलती जाती है रोज़ी।...क्या समजी हसीनाबाई ! कोन किसका जिंदगानी बरबाद करता ! जिंदगानी तो बरबादच है। अपुन कू खाली लगता कि ये आदमी बरबाद किया कि वो आदमी बरबाद किया। समजी क्या ?

चिल्लाती है हसीना...पन मेरे कू कायकू झूटा बोला कि मैं तेरे कू अइसा करके देऊँगा और वइसा करके देऊँगा...कि भोत पइसा है मेरे कने। तेरे कू खोली लेके देऊँगा। कोई बात का तकलीफ नईं होन देऊँगा। साला झूटा ! झूटा बोलके सादी बनाया मेरे से...।

फिर रो पड़ेगी शायद। खेल रहा है अमजद...कचरे के ढेर पर। रोज़ी...बहुत समझदार हो गई है अचानक।

—नईं तो भी क्या हसीनाबाई ! तुम जब्बार से सादी नईं बनाता...तब भी येईच होने वाला था। और भी खराब हो जाता ! किसकू मालम !

अब सचमुच रो रही है हसीना। टप-टप टपक रहे हैं आँसू। झटककर साफ़ करती है नाक। सम्हालती है अपने-आप को।...होता तो हो जाता। पन मेरे कू अइसा झूटा-झूटा उम्मेद तो नईं होता। एक टैम...एक टैम ले जाके आसमान में बिठा देंगा। दुसरा टैम...अइसा फेंकेंगा नीचू...कि खाने कू भी नईं मिलेंगा। नईं ! मेरे कू नईं जाने का

उसके पास...।

आँसू नहीं रुकते। क्या-क्या याद आता जा रहा है ! सब आ रहा है। आ-आके रुला रहा है। आँखें नहीं उठतीं ऊपर। कच्ची ज़मीन गीली होती जाती है। देखती जाती है रोज़ी...दूर अलग बैठी हुई। बोलती जाती है हसीना...दो-दो तीन-तीन दिन...खाना नईं मिला मेरे कू। जो थोड़ा भोत मिला भी...ये छोकरे कू खिला दी। नईं ! मेरे कू नईं जाना उसके पास। वोई हाल फिर करेंगा वो मेरा...।

पोपट बीड़ी पीता है। सामने देखता है।...मैना ! मैना ! आज मेरे कू फिर सपना आया...।

मैना घुमा लेती है मुँह। फिर वही सपने की बात...बार-बार। बंद नहीं होता सपनों का आना। नहीं। नहीं सुनेगी।

—तू सुन तो सही एक बार !

—नईं !

ख़ामोशी।

—अच्छा राजू ! तू सुन मेरा सपना !

—हौ-हौ बापू ! मैं सुनता। मेरे कू बोल।

सपना सुना रहा है राजू को। देखता जाता है मैना की तरफ़।

—एक आदमी है। साधू सरीखा दिखता है। मेरे कू बोलता है...पोपट ! अब बदलेंगा तेरा टैम। नया काम चालू कर हाजी मलंग बाबा का नाम लेके। फायदा होंगा। भोत फायदा होंगा...।

नहीं रहा जाता मैना से। चिल्लाती है...तेरे कू नईं जाने का काम पे ? बोल दे साफ-साफ...।

—ये किधर बोला मैं ! काम पे जाने का मेरे कू। खाली अपना सपना बोलता मैं। दुसरा कुछ नईं...।

और अब राजू भी सुना रहा है सपना।...वो...वो जो गाड़ी जाती उधर...विरार का बाजू में...उसका ऊपर बैठा है हम लोक। मैं...मम्मद...दुसरा छोकरा लोक। दूर...खूब दूर...एक टेशन है उधर। वो टेशन पर खाना मिलता...पेट-भर। पइसा भी मिलता। मेरे कू कि नईं बापू...हर रोज उधर काच सपना आता। पीछू मैं क्या देखा...।

कुढ़ती जाती है मैना...मगर चलती जाती है सपनों की कहानी। बाप-बेटे सुनते जाते हैं एक-दूसरे के सपने...।

लँगड़ा-लँगड़ाकर पटरियों पर घिसटती जाती है रोज़ी। स्टेशन के भीड़ के कोने में दुबका हुआ जब्बार। बीड़ियों पर बीड़ियाँ। दूर सारी पटरियाँ मिलकर एक हो गई हैं। सिग्नलों

के खंभे चिपक गए हैं उस पुल से जिस पर दौड़ती हुईं मोटरगाड़ियों के ऊपरी सिरे दिखाई देते हैं। फिर-फिर गुज़रती जाती हैं रेलगाड़ियाँ। यहाँ से वहाँ। वहाँ से यहाँ।...आती है रोज़ी। और चली जाती है। यहाँ से वहाँ। वहाँ से यहाँ बेचैन घूमता है जब्बार। पूछता है फुसफुसाकर...क्या बोली ?

डरी हुई रोज़ी घबराकर ताकती है चारों तरफ़।...नईं आती। मैं भोत बोली...।

फेंक देता है हाथ की बीड़ी। दाँत पीसकर एक गाली अंदर-ही-अंदर...ये मरवाएँगी साली मेरे कू।

कुछ सुनाई नहीं देता प्लेटफ़ार्म की आवाज़ों में। एक लोकल आ रही है। एक जा रही है।...रोज़ी ! दो-तीन आदमी मेरे कू इधर देखके गया...भला क्या !

चारों तरफ़ देखना रोज़ी का। वही डर। वही घबराहट।...तू अइसा कर जब्बार ...चला जा अभी...।

लेकिन शोर बहुत है। भागती लोकल गाड़ियों के साथ भागते हुए हमाल। सामान पाने की होड़। क्या कह रही है रोज़ी ? आवाज़ों में खो गई आवाज़। गुमसुम हो जाता है जब्बार। फिर बोलने लगता है अपने-आप से।...अभी तो मैं किधर-का-किधर निकल गया होता !...फिर हो जाता है गुमसुम।...ये साला दौलत ! तेरे कू मालम है रोज़ी...दौलत कू एक लाफा मारेंगा कोई...तो सबकुछ निकाल देंगा मूँ से। समझी क्या...?

चला गया पोपट काम पर। ले गया राजू को भी। फिर अकेली रह गई मैना। डर कम नहीं होता अब भी। कौन है ? आकर बार-बार डरा जाता है। फैली हुई दोपहर के सूने गलियारों में लौटता हुआ मालूम पड़ता है कोई। नहीं। कोई नहीं है। सिर्फ़ कुत्ते दौड़ रहे हैं किसी एक कुत्ते के पीछे। वही सबकुछ। मुर्ग़ियाँ। बत्तखें। कीचड़। गंदगी। जहाज़। पानी। मछुए। मछलियाँ। किसके पास जाए ? सबसे लड़ चुकी। कोई नहीं। लौटना पड़ता है। ख़ाली झोपड़ा। एक टूटी झाड़ू। साफ़ करती है झोपड़े को। ख़ाली हो गया मटका। ख़त्म हो गया पानी। फूटा हुआ पाइप। फुहारों में नहाते हुए नंगे लड़के। कीचड़ में हाँफते हुए सूअर...।

फिर आ रही हैं गाड़ियाँ। फिर जा रही हैं। एक बोलता हुआ लाउडस्पीकर। बोलती हुईं कई आवाज़ें। कई आवाज़ें गुज़र रही हैं कई आवाज़ों में से। जब्बार और रोज़ी। चुप हैं दोनों। कुछ दिखाई नहीं देता। सिर्फ़ गाड़ियाँ गुज़रती चली जाती हैं।

—मैं बोलू ?

—क्या ? ऊँचा बोल !

—मैं बोलू ? मैं चलू उधर ? चलके समझाऊ उसकू ?

—नईं-नईं !...हाथ से इशारा करती है।...उधर मत जाना तू। सबकू मालम हो जाएँगा।

बैठ जाता है चुपचाप ज़मीन पर। लाइनें लगी हैं पेशाब-घर में, पाख़ानों के दरवाज़ों पर। आवाज़ दे रहा है भंगी...चल जल्दी ! निकल...।

उठ खड़ा होता है जब्बार।...नईं ! मैं चलता उधर। उसकू लेकेच जाऊँगा इधर से। ये सब मैं किया कायके वास्ते।

—सुन तो। सुन तो !...लँगड़ाती हुई आवाज़ देती है पीछे से। पास आ जाती है।...तू मत जा उधर। सच्ची बोलती मैं। मैं जाती। एक बार और बोलती उसकू। नईं-नईं ! तू मेरा बात मान। तू मत चल। एक बार और जान दे मेरे कू...।

पल-भर चुपचाप देखता रहता है जब्बार।...अच्छा ! एक बार जा तू। नईं आएँगी तो साली के बाल पकड़के लाऊँगा मैं। उसके बिगर इधर से नईं जाऊँगा...।

'काय ग सखू ऽऽ ! काय ग सखू ऽऽ !' गा रहा है हमाल। एक बोझा नहीं मिला सुबह से। वर्दीवाले हमाल के पास गिड़गिड़ा रहा है बिना वर्दीवाला।...एक...ख़ाली का बोझा लेन दे मेरे कू। सुबू से कुछ नईं खाया...।

चिल्लाता है वर्दीवाला...नईं खाया तो जा...विहीर* में पड़ जा। इधर मैं क्या खाया !...

आख़िरी बार चल पड़ती है रोज़ी पटरियों पर घिसटती हुई। अब आ रही है गाड़ी। हट जाती है। फिर चलने लगती है। फिर गाड़ी। फिर हट जाती है। फिर चलने लगती है। सिग्नलों के खंभे और पुल की दीवार। दूर देखता रहता है जब्बार...।

लौट आया पोपट। क्या हुआ ? एक डर...दूर चला गया था थोड़ी देर को। अचानक लौट आया। फटी आँखों देखती है मैना। कुछ नहीं पूछती। कुछ नहीं बोलती। कुछ नहीं बोलता पोपट भी। आकर बैठ जाता है चुपचाप। सबकुछ चुपचाप।

—ये साला राजू ! फिर चले गया छोकरोन के साथ...।

लेकिन चुप है मैना। और अचानक बोलती है।...आ गया ना तू ! मेरे कू मालम था तू आ जाएँगा लौटके...।

चुप है पोपट। एक अनजाना डर अपने-आप हो गया ख़त्म। ज़ोर से बोलती है...काम पे नईं गया ना तू !

चुप रहता है। और बोलता है।...मेरा बात सुन। मैं सच्ची बोलता सपना आया मेरे कू आज रात कू। ये सपना झूठा नईं होएँगा...मैं सच्ची बोलता मैना ! अभी मेरे कू कुछ दुसरा करने का है। ये काम में कुछ नईं है। फुकट में हड्डी तोड़ने का है। बस...।

अब दोनों चुप हैं। फिर बोलता है...ऊपर से पइसा भी क्या मिलेंगा ! खा-पीके बरोबर। जइसा का वइसा। कुछ फरक नईं।

अब चिल्लाती है ज़ोर से।...तू...मेरे कूच फालतू समजा क्या ? बोल। मैं फालतू

---

* कुआँ।

और तू बड़ा लाट साब। तेरा हड्डी भोत बड़ा हो गया। मेरा जिसम कुछ नईं ! बोल ! बोल ना ! चुप कायकू है ?

एक बार देखता है चारों तरफ़। शुरू कर देता है बोलना।...चिल्लाए मत। मैं क्या बोलता...ध्यान से सुन। काम से नईं घबराता मैं। पन ये काम ! इसकी माँ की...! कुछ फायदा है इसका ? क्या-क्या सोचा मैं ! ये करूँगा। वो करूँगा। अपना ये दिन खतम हो जाएँगा। अपुन भी आराम से रहेंगा हाजी शेठ का माफक। ये सब भूलके रेती का टोकरा उठाऊ मैं। रोज वो का वोच ! कुछ फरक नईं।...नईं होता मेरे से। जो सोचा वो सब भूल जाऊ ? तो क्या सोचके जिंदा रहू ? तेरे कू आया मेरा बात समझ में ? कइसा जिंदा रहने का...येच नईं समझता मेरे कू...।

आवाज़ दे रही है रोज़ी...हसीनाबाई ! हसीनाबाई ! एक मरतबा...खाली एक मरतबा मेरा बात सुनो। तुम जल्दी चलो। मैं तुम्हारा पाव पड़ती। उसकू एक मोका देव। नईं तो वो नईं जाएँगा इधर से। बंद हो जाएँगा। सच्ची बोलती...!

चिल्ला रही है मैना। देती जा रही है गालियाँ। मगर चुप कर देता है पोपट।...नईं मेरे कू एक चानस और मँगता। बस एक। आखरी चानस। तेरी कसम आखरी चानस...।

चिल्लाती है मैना...भड़वे ! हरामजादे ! क्या बोलके तू लाया मेरे कू इधर ? कि अब चानस का बात नईं बोलूँगा...!

—नईं ! आखरी चानस। मेरा कसम ! तेरा कसम ! अपने छोकरे का कसम ! आखरी चानस। इसके बाद नईं बोलूँगा...।

लेकिन हसीना खड़ी है चुपचाप। और रोज़ी हाँफती जाती है। बोलती जाती है।...तुम छोकरे कू लेके अभीच निकल जाओ हसीनाबाई ! वो तुमकू उधर रखेंगा। इधर रहेंगा तुम...तुम्हारा जिंदगानी खराब हो जाएँगा। सच्ची बोलती मैं। अइसा खराब होएँगा कि पूछो मत। तुम जाओ हसीनाबाई ! उसका साथ रहो। येई ठीक है तुम्हारे वास्ते। अभी ना मत बोलो। पइसा है अभी उसका पास। तुमकू तुम्हारा छोकरा कू...तकलीफ नईं होगा।

हसीना देखती रहती है ज़मीन की तरफ़। मान जाएगी। चली जाएगी। रोज़ी गिर जाएगी ज़मीन पर। बेहोश हो जाएगी। मर जाएगी। मगर बोलती चली जाएगी...।

—मेरा बात सुन। मैना ! ओ मैना ! मेरा बात सुन ना। मैं आज जल्दी कायकू आ

गया ! हाजी शेठ का कारकून का आदमी वलसाड़ जाएँगा। उधर से माल लाने का है। वलसाड़...वापी...मुंबई। मैं जाऊँगा उसका साथ। बस एक चानस। आखरी चानस। आखरी चानस। तेरा कसम ! राजू का कसम। इधर गाड़ी सुलो हुआ...उतर जाने का। दुसरा गाड़ी सुलो हुआ...उसकू पकड़ने का। फिर सुलो हुआ...छोड़ने का। फिर पकड़ने का लोकल। जभी लोकल सुलो हुआ...माल फेंकने का और कूद जाने का। पीछू माल उठाने का और घर कू आने का। एक चानस मैना ! आखरी। बस इसका पीछू नई...।

लेकिन पागल हो जाएगी मैना। गालियाँ निकलती हैं...और रुक जाती हैं। डर लग रहा था। ख़त्म हो गया। जो था...वही है। अब क्या डरना ! किससे डरना ? बाहर निकल जाती है झोपड़े से...जहाँ सूरज झुकता जा रहा है...एक दोपहर शाम बनती जा रही है।...

शुरू हो रही है नई ज़िंदगानी...शाम के वक़्त। तैयार हो रहा है पोपट। निकल जाएगा अभी सपने की तलाश में। वलसाड़...वापी...मुंबई। आख़िरी चांस...जो ले जाएगा नई दुनिया में। फिर पुरानी दुनिया छूट जाएगी पीछे। दीवार के उस पार सफ़ेद रोशनी...तैरकर आ जाएगी पास। रोज़ी देख रही है रास्ता। हसीना बाँध रही है पोटली। सब लोग बाँध रहे हैं। चले जाएँगे उस पार। पोटलियाँ बग़ल में। शुरू कर देंगे नई ज़िंदगी...नया वक़्त। कभी लौटकर नहीं देखेंगे उस तरफ़...जहाँ कभी था पुराना वक़्त...सड़ा हुआ लिबलिबा मिक़दार। जा रहे हैं पोटलियाँ दाबे...जहाँ एक सुबह है... उजाला है...जहाँ चमकती है ख़ूबसूरत धरती।

—अमजद ! ले मूँ पोंछ ले। साफ-साफ कपड़ा पहन ले। हसीनाबाई ! ठीक कर ले बाल। धो ले मूँ।

कपड़े गंदे हैं। कोई बात नहीं। आने वाली सफ़ेद रोशनी में धुलकर हो जाएँगे साफ़।

जब इस तरफ़ झुकता जाता है शाम का सूरज...उस तरफ़ फैलती जाती है रोशनी। रेल की चमकती पटरियों पर चला जा रहा है क़ाफ़िला। घिसटती जाती है रोज़ी। पोटली दबाए। बार-बार अमजद को सम्हालती है हसीना। दूर पीछे...आगे निकलने की कोशिश कर रहा है पोपट। फिर आती है गाड़ी। फिर हट जाता है क़ाफ़िला उन क़िनारों पर जहाँ फैली हुई है ग़ंदगी। फिर गुज़र जाती है गाड़ी। फिर चलने लगता है क़ाफ़िला पटरियों पर।

पास आ गया है पोपट।...क्या हसीनाबाई ! क्या रोजी ! किधर जाता तुम लोक ?

चुप रह जाती है हसीना। बुरा लगता है रोज़ी को।...जिधर तू जाता।

फिर आ रही है लोकल। फिर हटकर खड़ा हो जाता है क़ाफ़िला।

अब पास आ गईं आवाज़ें...लाउडस्पीकर। आने वाली गाड़ियाँ। आने वाली आवाज़ें। जाने वाली आवाज़ें। उतरने वाला शोर। घंटियाँ और सीटियाँ। पाख़ानों के दरवाज़ों पर अब भी चीख़ता हुआ भंगी।...काय ग सखूऽऽ ! काय ग सखू ऽऽ !

एक डिब्बे से उतर रहा है आदमी। साथ में ट्रंक। बिना वर्दीवाले को पुकार रहा है वर्दीवाला।...ए ए ! ले पकड़ उसकू। मेरे कू भी फजर से कुछ नईं मिला। पन जा ! ले ले तू ये बोझा। जा-जा ! ले ले। सच्ची बोलता मैं।...फिर गाने की आवाज़...काय ग सखू ऽऽ ! काय ग सखू ऽऽ...।

अलग खड़ी हो गई है हसीना। बोलेगी नहीं जब्बार से। मगर पैरों से लिपटकर गोद में चढ़ गया है अमजद। जब्बार देखता है रोज़ी को। आँखों में जो है...बोलकर बता नहीं सकता।

—रोज़ी ! तू मेरा भोत काम की। मैं कब्भी नईं भूलूँगा। अभी भगना है मेरे कू जल्दी से। इधर कुछ गड़बड़ लगता है।

कुछ देने की कोशिश करता है। नोट देखती रहती है रोज़ी। चक्कर आ रहा है।...किधर जाएँगा तू ? कल्यान का बाजू में ? वो घाटी के छोकरे कू मिलना। वोई चंदू जो फोटो निकाला था मेरे साथ बैठके। मेरा पास है वो फोटो। उसकू आने कू बोलना। मैं रस्ता देखती उसका। बोलना...मेरे कू ले के जा इधर से। मेरे कू...।

कौन चंदू ? किसका चंदू ? खो गया शोर में। यहाँ...वहाँ...बीच में। कहीं एक आवाज़ जो सुनाई नहीं पड़ती अब। कितनी देर बाद ? पंद्रह मिनट बाद है गाड़ी। पंद्रह मिनट बाद शुरू हो जाएगी नई ज़िंदगी। नया पन्ना। साफ़-सुथरा। पुरानों से अलग।

लेकिन कौन लोग हैं ये ? कहाँ से आ गए अचानक ? सादे कपड़े। चारों तरफ़ से। अमजद मचल रहा है गोद में। मीठी गोली। लेकिन जब्बार...देख रहा है सबको। रोज़ी ने नहीं देखा। हसीना ने नहीं देखा। नई ज़िंदगी की तरफ़ ले जाने वाली गाड़ी लेट हो गई। अब ? है कहीं कोई रास्ता ? नहीं। चारों तरफ़ रास्तों पर खड़े हैं। घूर रहे हैं जब्बार को।

सूख गया है ख़ून। या पसीना बनकर बहने लगा है। फट जाएगा दिल धड़कनों से। नई ज़िंदगी अचानक गिर पड़ी पटरियों पर। कितनी रेलगाड़ियाँ गुज़र गईं ऊपर ! लेकिन रोज़ी अब भी बोलती चली जाती है।...चंदू। वो घाटी का छोकरा।...रो रहा है अमजद। मीठी गोली। किसी को नहीं मालूम...सबकुछ ख़त्म हो गया। लाउडस्पीकरों की कई-कई आवाज़ें...पाख़ानों के बाहर चिल्लाता हुआ भंगी...सब ख़ामोश हो गए हैं। कुछ सुनाई नहीं पड़ता अब। हिलते-दौड़ते बुत दिखाई देते हैं सिर्फ़। है कोई रास्ता। कि अमजद को खड़ा कर दे प्लेटफ़ार्म पर। सबको छोड़ दे यहीं और भाग जाए। दूर...बहुत दूर ? दूर आ रही है गाड़ी। नहीं। जा रही है। जो आने वाली लगती है...जाने वाली होती है।

मगर रोज़ी बोलती चली जाती है बार-बार...चंदू की बात। घाटी का छोकरा। फोटू निकाला। आएगा। ले जाएगा एक दिन...।

—रोजी ! रोजी !

—क्या बोला तू ? ऊँचा बोल।

—भोत देर से देख रया हूँ मैं इन लोक कू। पन अभी...मालम हो गया मेरे कू...।

अचानक चुप हो जाती है रोज़ी। डरी आँखों देखती है चारों तरफ़।...तू...तू... अमजद कू छोड़ दे इधर।...भाग जल्दी से...।

बेचैनी से देखता है चारों तरफ़।

—नईं ! भागूँगा नईं ! भागूँगा...तो सब ख़त्म हो जाएगा। एकच रस्ता है। तू हसीना कू बुला इधर...।

पर आवाज़ नहीं निकलती रोज़ी के मुँह से। घिसटकर चलती है। इशारे से बुलाती है हसीना को। सारे शोर के बीच कोई सरसराहट आसपास। आ गई हसीना। खड़ी हो गई मुँह घुमाकर।

—हसीना !...उन आँखों से देख रहा है जब्बार जिनमें अचानक ख़ाली हो गया है सबकुछ।...हसीना। अपना गाड़ी लेट हो गया। समझी क्या ? वापिस लौट जा। अपना जाना नईं होंगा अभी...।

पहली बार देखती है हसीना। बोलती कुछ नहीं।

—वापिस लौट जा तू। मेरा ससरा लोक आ गया...मेरे कू ले जाने कू !...तू जा वापिस। ले जा अमजद कू।...पन एक बात बोलता मैं।...जल्दी लौटके आऊँगा। तेरे से हो सकेंगा तो रास्ता देखना मेरा। जभी तलक माल का पता नईं चलेंगा...ये लोक कुछ नईं बिगाड़ सकेंगा मेरा। और माल का पता इनकू कब्भी नईं चलने देऊँगा मैं...कसम अमजद की मेरे कू। मारो कितना मारते हो तो...।

और फिर देखता है चारों तरफ़। और फिर शुरू कर देता है बोलना...बस एकच बात मानना मेरी। उधर मत जाना। किधर ? वो जोगेसरी...फोगेसरी। वो...वो फरीदन तेरे कू रंडी बना देंगी। समझी ?...और क्या बोलू मैं तेरे कू !...इधरिच रहना। मेरा रास्ता देखना। जइसा छूटा...वइसाच आऊँगा तेरे पास...।

और हसीना की काली आँखों में...आ जाती हैं लाल चिनगारियाँ। चुप्पी। और टूट जाती है चुप्पी।

—ये भी तो बोलके जा कि क्या खाके रहूँगी तब तलक ? और ये छोकरे कू क्या खिलाऊँगी ?

खींचकर ले लेती है अमजद को अपने पास।...जइसा छूटा वइसाच आऊँगा तेरे पास ! बड़ा आया आने वाला ! हवा खाके जिंदा रहूँगी तब तलक मैं ?

मुड़ती है रोज़ी की तरफ़।...मेरे कू मालम था इसका येइच हाल होने वाला है। करकेच नईं आ रही थी मैं...।

और पोटली को दबाती है मज़बूती से। और अमजद का हाथ खींचती है ज़ोर से। और चलना शुरू कर देती है पटरियों की तरफ़...जहाँ दूर सबकुछ मिलकर एक हो जाता है।

एकटक देखता रहता है जब्बार। देखती रहती है रोज़ी। दूर चली जा रही है हसीना नन्हे अमजद को घसीटती हुई।

और दूसरी तरफ़ से आ गए हैं दूसरे लोग। पुलिस के हवलदार...अफ़सर। रेल-

पुलिस के हवलदार। सादे कपड़े खड़े हो गए हैं घेरकर...एकदम पास। सारे लोगों के बीच घिरा एक अकेला आदमी। डरा हुआ।...क्या...क्या मँगता तुमकू ?

आगे बढ़ते हैं दो हवलदार। एक गाली।...अभी मालम पड़ेंगा क्या मँगता हम लोक कू। इधर चल ! ए मादरचोद...!

अचानक...आँखों में ख़ून। चिल्लाता है जब्बार...साला ! घसीटता कायकू है ? कायकू घसीटता है ?

साला ! हवलदार को। एक बार अफ़सरों से नज़र मिलाते हैं हवलदार !...एक... दो...तीन। औंधे मुँह गिर जाता है जब्बार। खींचकर उठाते हैं दो हवलदार। भीड़ हो गई जमा। मुँह में भर गया है कचरा। थूक रहा है...थू-थू। दे रहा है गालियाँ हवलदारों को।...मादरचोद ! गाँड़ ! अकेले आदमी को मारता। हिम्मत है...तो आ जा एक-एक। माँ ठोक डालूँगा एक-एक की...।

घसीटते हुए ले जा रहे हैं हवलदार। बहुत शोर। बहुत भीड़। घिसटती हुई नज़र डालता है चारों तरफ़। कहाँ गई रोज़ी ? कहाँ गई हसीना ? खो गए भीड़ में सब। सिग्नल और पुल के पास...एक में मिल गया सब। प्लेटफ़ार्म और चाय की दुकान। सफ़ेद कपड़ेवाला साहब और ख़ाकी कपड़ेवाला साहब। और चोर को देखनेवाली भीड़। और कुछ नहीं। चला जा रहा है घिसटता हुआ। फटते जा रहे हैं पुराने कपड़े। मिट्टी और कीचड़...थूक और पीक...लिपटते जा रहे हैं घिसटती हुई ज़िंदगी से।

आ गई गाड़ी अब। दौड़-दौड़कर चढ़ गए लोग। छूट गया स्टेशन।

हो गई शाम...नई ज़िंदगी की। जल गए चिराग़...नई रोशनी के। कहाँ से चलकर कहाँ पहुँच गए लोग !...स्टेशन और बाज़ार। आगे से घसीटने वाले हवलदार। पीछे धक्का मारने वाले हवलदार। और गिरता हुआ आदमी। और सम्हलता हुआ आदमी। और सम्हलकर गिरता हुआ आदमी। घिसटते जाने के बीच...गाली देने का मौक़ा भी नहीं।

और एक आख़िरी धक्का। और पुलिस-स्टेशन के ड्यूटी-रूम के फ़र्श पर गिरकर उठने की कोशिश करता है जब्बार। सामने ड्यूटी-अफ़सर। अटेंशन में सलाम ठोक रहे हैं हवलदार। दीवारें। टँगी हुई हथकड़ियाँ। बदमाशों की तसवीरें। उस तरफ़ बहुत ऊपर बहुत बड़ी तसवीर...बाबा की। इस तरफ़ बहुत बड़ी तसवीर...चाचा की।

बोल रहा है ड्यूटी-इंस्पेक्टर...क्यों रे गाँड़ ! तू फिर आ गया इधर !

हाँफ रहा है। साँस ठहरती नहीं।...आएँगा नईं...तो क्या करेंगा ! मेरी अउरत इधर...मेरा बच्चा इधर...मैं किधर जाऊँगा !

कुछ कह रहा है हवलदार। तेवर बदल रहे हैं ड्यूटी-इंस्पेक्टर के।...और तू हवलदार लोक के ऊपर हमला किया ?

एक बार नज़र डालता है चारों तरफ़।...मैं हमला करूँगा ? हमला तुम लोक करेंगा।

तुम लोक का टैम है। मेरा टैम नईं। जभी मेरा टैम आएँगा...मैं भी करूँगा हमला। छोड़ूँगा नईं...।

एक और इंस्पेक्टर निकल आया है अंदर से।...मादरचोद ! उधर से चोरी करके आया...इधर मूँजोरी करता। एक देंगा मूँ पर...।

—मूँ सम्हालके बात करना साब ! मैं चोर...तुम लोक बड़ा साहूकार आया। सबसे बड़ा चोर...तुम लोक...।

एक हाथ पड़ता है मुँह पर। चिल्लाता है...हौ...तुम लोक चोर...सबसे बड़ा चोर। तुम चोर...तुम्हारा साब लोक चोर...तुम्हारा मिनिस्टर लोक चोर।...साला...तुम सबका पइसा खाता...।

ताड़ ! ताड़ ! ताड़ ! हाथ पड़ते जा रहे हैं।...साला...मादरचोद !

चीख़ रहा है।...तुम लोक मादरचोद।...हौ...हम बोलता...तुम लोक मादरचोद !... तुम साला कुत्ता लोक ! जो टुकड़ा डालेंगा...उसका पीछू जाएँगा...।

आए हैं बाहर से कुछ लोग। ड्यूटी-इंस्पेक्टर का इशारा। बड़े हवलदार की आवाज़ ...आँत टाका साल्या ला !* डिस्ट्रिक्ट...डिस्ट्रिक्ट हवलदार...!

घसीटकर ले जा रहे हैं हवलदार दूसरी तरफ़। बाबा की तसवीर के नीचे सजी हैं राइफ़लें...संगीनें...क़तार से। फिर एक धक्का। फिर सम्हलता है गिरते-गिरते।...घ्या झड़ती !**

तलाशी ले रहे हैं टिमटिमाते उजाले में। हाथ...पैर...मुँह...जेब...बुश्शर्ट...पतलून... चीकट...बदबू। बारह रुपए...रेज़गारी। जमा। कमर में बँधी है पुरानी पेटी।

—खोल इसकू।...चिल्लाता है हवलदार।

पतलून में नहीं है एक भी बटन। पेटी के सहारे अटकी है।

—नईं ! ये पेटी निकालेंगा तो पतलून कइसा पेनेंगा ?

—नईं ! वो बैल्ट निकाल। वो नईं जाएँगा अंदर...।

निकल गई कमर की पेटी। दोनों हाथों से पकड़ रखी है पतलून।

—चल। वो बाजू...।

फिर धक्का। एक हाथ से पतलून सम्हालता है...दूसरे से अपने-आप को। फिर धक्का। फिर धक्का। फिर धक्का। सहारा दीवार का...ज़मीन का...ज़ीने का...। आ गई हवालात। चिल्लाता है हवलदार...कारकून ! घ्या साल्या ला। टाका आँत...!***

कितनी देर हो गई यहाँ खड़े ! घसीटकर डाल दिया गया अंदर। बंद हो गया सीख़चों का दरवाज़ा। वहीं खड़ा रहा...उसी तरह...दोनों हाथों से पतलून को टाँगे। सामने ठसाठस भरे हुए हवालात के कमरे। पतले गलियारे में फैले हुए लोग। सारा शहर

---

* अंदर डालो साले को।

** लो तलाशी।

*** कारकून ! लो साले को। डालो अंदर...।

बंद हो गया आकर...।

हसीना...अमजद...घिसटती हुई रोज़ी...सब चले गए। बादल नहीं आए अब भी। अब नहीं आएँगे। या आ जाएँगे। अब कोई फ़र्क़ नहीं। उमसती दुनिया में अधनंगे आदमियों की भीड़...टिमटिमाती बत्तियों के नीचे। सीख़चे चारों तरफ़। एक शोर। एक भुनभुनाहट। बोल रहा है कोई। कौन ? क्या बोल रहा है ?...उधर कायकू खड़ा रस्ते में ? इधर आ जा ना...।

दोनों हाथों से पतलून टाँगे खोज रहा है जगह अपने लिये। इधर भत्तेवाले की लाइन। उधर गाने गा रहे हैं हवालाती। और उधर पत्ते...एक-एक बीड़ी पर। और आगे...चरस के दम। पूछ रहा है कोई...काय में पकड़ा तेरे कू ?

जवाब नहीं देता। आख़िर तक चला जाता है। पाख़ाने में बैठा खाँसता है कोई। लौटता है जब्बार। कहाँ है जगह ? कहीं नहीं। कोई रस्सी ? कोई धागा ? कमर में बाँध ले...कि हाथों का छुटकारा हो जाए !

नहीं। कहीं कुछ नहीं।...कोई हाथ हिला रहा है सामने। कौन ? नत्थू ! साला ये भी अंदर !...नत्थू चिल्ला रहा है...आ ! इधर आ जा ! क्या बे जब्बार ! कब आया तू ? मैं तो देखाच नईं तेरे कू...!

गाना चल रहा है ज़ोर-ज़ोर से।

—बोल ना जब्बार ! चोरी में पकड़ा तेरे कू ?

—चोरी में नईं पकड़ेंगा तो क्या साहूकारी में पकड़ेंगा !

बहुत खुश है नत्थू।...मेरे कू भी चोरी में पकड़ा। मिला हाथ...।

हाथ आगे बढ़ाता है नत्थू...मगर नहीं मिलाता जब्बार।—

—मेरा पटलोन !...कुछ होएँगा तो दे बाँधने का वास्ते।

—बाँधने का वास्ते ?...ले ! मेरा गमछा बाँध ले अभी। पीछू ढूँढ़ लेना दुसरा कुछ। बैठ ना। खड़ा कायकू है ? अच्छा हो गया तू आ गया अंदर।...अब बोल। किधर हाथ मारा ?...अरे मेरे कू तो बता किधर हाथ मारा ?

मजबूर होकर बोलता जाता है जब्बार। और चुप हो जाता है।

चिल्लाता है नत्थू...येई तो तुम लोक का गलती है। तुम लोग सोचता इस्मगलर के घर में चोरी करेंगा तो वो पोलिस कू नईं बोलेंगा और पोलिस कुछ नईं करेंगा। पन मैं सब लोक कू येई बोलता...किधर भी चोरी करना...पन इस्मगलर...दारूवाला...रंडीवाला ...इधर कभी भूलके भी नईं जाने का। नईं तो पोलिस जान ले डालेगा मार-मारके। कब्भी नईं छोड़ेंगा। कायकू ? अरे तेरे कू मालम तो है कि कायकू नईं छोड़ेंगा। सारा पोलिस खाता इधर सेच चलता। पन तुम लोक कू अक्कल नईं। साला उधरिच जाके मारेंगा। कितना भी समझाओ।...अच्छा ये बोल...माल मिला कि नईं ? अबे तेरे कू नईं...पोलिस कू। पोलिस कू माल मिल गया कि नईं ?...नईं !...अपुन से तो नईं होता मार खाना। इधर साब ने हाथ उठाया मारने कू...उधर मैं सब बोल दिया। सब। किधर-किधर चोरी किया...किधर माल रखा...सब। अइसा बुरा मार मारता है ये लोक कि पूछे मत।

अच्छे-अच्छोन के नल्ले टूट जाते। सुलेमान कू पिछानता तू ? अरे वोई सुलेमान... माता के दागवाला। इधरिच था अभी तलक। चार दिन हुआ हॉस्पिटल लेके गए उसकू। माल किधर है...बोलताच नईं था। अइसा मार मारा है उसकू इन लोक ने...छाती का ऊपर बैठ-बैठके...कि खून का उलटी सुरू हो गया उसकू। गया काम से हमेसा के वास्ते...।

जब्बार...बंद कर लेता है आँखें। सामने अँधेरा है। अँधेरे में चल रहे हैं लोग। लोगों की आँखों में जल रहे हैं आग के गोले। बोलता जा रहा है नत्थू...दो साल चार साल के वास्ते अंदर जाना ठीक। पन इस लोक का मार खाना ठीक नईं...।

दो साल...चार साल। इतना लंबा टाइम। कहाँ चली जाएगी हसीना ? कहाँ चला जाएगा अमजद ? नहीं। आँखें खोल देता है जब्बार। धुँधली रोशनी।

गाना ख़त्म हो गया गाने वालों का। लग रही हैं आवाज़ें।

—बजरंग बली...तोड़ दुश्मन की नली...।

—या मालिक ! भेज कोई कव्वाल कू अंदर। टैम पास होएँगा...।

—चल ! एक चिलम और...।

धीरे से फुसफुसाकर पूछता है जब्बार...मर जाएँगा सुलेमान ? बचेंगा नईं ?

जेबें टटोलता है नत्थू।...इधर ? पोलिस के पास ? अरे इधर मरेंगा तो कइसा काम चलेंगा ! इधर से तो बचकेच जाएँगा। हॉस्पिटल से छोड़ देंगा उसकू। पन उधर जाके महिना-दो महिना...बस...ला निकाल ! बीड़ी-वीड़ी है कुछ तेरे कने ?

नहीं है।...आ गया भत्तेवाला। ख़त्म हो गईं महफ़िलें। उठ-उठकर आ रहे हैं। थालियाँ। गिलास। नंगे। अधनंगे। आख़िर तक पहुँच गई लाइन। मगर आ रही है एक बदबू...बहुत बुरी। चिल्ला रहे हैं सब-के-सब।...निकालो सालों को। हटाओ इधर से...।

—हट बे साले ! तू कायकू आके खड़ा हो गया इधर ?

—ए ! तू भी हट। दूर।

—ए साले ! तू भी...!

लाइन से हटकर अलग खड़े हो गए हैं चारों...गरमी की बीमारी वाले। बदबू बहुत बुरी। एक छोकरा। दूसरा बुड्ढा। तीसरा और चौथा। शरमाए...सिर झुकाए खड़े हैं अलग। रहते हैं अलग-ही-अलग। मगर भूख तेज़। खड़े हो गए लाइन में। अब हटकर खड़े हैं। जब सब हो जाएँगे ख़त्म...मिलेगा खाना।

लेकिन सिर्फ़ खाना नहीं बाँट रहा है भत्तेवाला।...ये चरस की पुड़िया। ये गाँजे की। ये ठर्रे का पौवा। सरकाता जा रहा है धीरे-धीरे। दो रुपए के भत्ते में...खाना नहीं खाते कुछ। सिर्फ़ पीते हैं चरस...गाँजा...दारू।

बढ़ती हुई रात में चुप होते जाते हैं। चुपचाप गहराने देते हैं रात को। गाने नहीं गाते। चरस और गाँजे के दम। दारू के घूँट। धीरे-धीरे खाते हैं एक रोटी...या दो रोटियाँ। या भात एक मुट्ठी ! या दो ! गालियाँ देता है कोई भत्तेवाले को।...साला गाँड़ू...दारू पिलाता कि पानी !

अँधेरे कोने में जब्बार...कुछ खाता है...कुछ नहीं। लेकिन खाता चला जाता है नत्थू। और बोलता चला जाता है।...रात कू बारा के बाद बुलाता है ये लोक। पन मैं बोल देता...ये गलती है तेरा। अड़ीबाजी नईं करने का। बोल देने का कि माल किधर है...।

—माल !...जब्बार की धीमी आवाज़।...इसकी माँ की...। माल तो मैं नईं बोलने का...चाहे जान चला जाए मेरा।

खाते-खाते रुक जाता है नत्थू।...तू साला उल्लू का उल्लूच रहेंगा। कब्भी नईं सुधरेंगा। वो...वो दौलत नईं बोल देंगा कि माल किधर है ?

—दौलत गया चूल्हे में। उससे मेरे कू कुछ मतलब नईं। मेरा माल किधर है...ये नईं मालम पड़ेंगा उनकू...मैं बोल देता।

अब हाथ नहीं चलता नत्थू का। बैठा है उसी तरह...चुपचाप...अँधेरे में। चुप हैं सब लोग। कोई नहीं बोलता। रात का गुज़रता जाना...बढ़ता जाना बारह की तरफ़...महसूस होने लगता है। धीरे-धीरे। धीरे से कहता है नत्थू...तू मरेंगा साला ! मालम हो गया मेरे कू...।

मगर जब्बार ! एक सपना घूम रहा है। काली रातों का सपना। डरता है उजालों से। गायब हो जाता है अचानक। नहीं आता लौटकर। फिर आ जाता है।

—क्या बजा होएँगा अभी ?

—क्या मालम !...खाना ख़त्म कर देता है नत्थू।...तू अइसा कर जब्बार ! सो ले थोड़ा टैम। रात-भर जगाएँगा ये साला लोक...।

ठीक है। वहीं लेट जाता है। आँखें बंद करता है। खोलता है। फिर बंद कर लेता है। थकान और नींद की धुंध।...एक भीड़ चली जा रही है। लाठियाँ। डंडे। छुरे। चाकू।...भाई मेरा बात सुनो।...नहीं। कोई नहीं सुनेगा। मारते जाएँगे सब। चिल्लाता जाएगा जब्बार...मैं हसीना से निका करूगा। करूगाच...। लेकिन नहीं मानते...नहीं रुकते लोग। और अब...मार रहे हैं अमजद को भी।...खोल देता है आँखें। क्या है सामने ? दिक्कत होती है देखने में। एक टिमटिमाता हुआ बल्ब...और आवाज़ें। ताश खेल रहे हैं। या कहानियाँ सुना रहे हैं अपनी-अपनी।...नत्थू बैठा है पास।

—क्या हुआ रे ? सोया नईं तू ?

—सोया था।...क्या टैम हुआ ?

—टैम कू छोड़। मैं एक बात बोलू तेरे कू ?

—क्या ?...उठके बैठ जाता है।

कुछ देर सोचता है नत्थू।...तू भी वैसाइच कर जैसा ये सब लोक करता है।...मैं भी किया था एक बार।

—क्या किया था ?

—अपना पिसाब होता है ना...अपना खुद का पिसाब...दुसरे का नईं...भला क्या ! उसमें चारमीनार का तमाखू...नईं तो बीड़ी का तमाखू...डालने का...और पी जाने का

सारा पिसाब। कितनाई मारो फिर...अपने कू कुछ पता नहीं चलता। सच्ची बोलता मैं। ये सब लोक अइसाच करता। कायकू ? तो ये साला लोक भोत बुरा मारता इस वास्ते। इधर दो-तीन इंस्पेक्टर लोक भोत हरामी है। जान ले डालता...।

कोई जवाब नहीं देता जब्बार। नत्थू ख़ामोश। फिर अचानक बोलने लगता है।...जभी तेरे कू आवाज देंगा हवलदार...उधर पीछू चले जाने का। टिनपाट है उधर एक। उसमें पिसाब करने का। मैं बीड़ी लाके देता तेरे कू दो-चार। तोड़के उसमें डाल देने का और पी जाने का। कुछ पतः नईं चलेंगा तेरे कू...सच्ची बोलता मैं।

देर तक चुपचाप बैठा रहता है जब्बार। बोलता है फिर।...पिसाब-विसाब गया माँ की चूत में। अब तो जो होंगा...देखा जाएँगा। ये पार या वो पार...।

ऊँघते हुए लोगों के बीच कराह रहा है सामने कोई। देखता रहता है जब्बार। एक घाव पैर में। सड़ रहा है। बह रहा है। आवाज़ देता है नत्थू...अबे आता हूँ ना...रोज होता है दरद साले कू।

घाववाला सरक आ जाता है पास। बह रहा है नीचे तक...पीब और मवाद। कराह...फिर एक बार। नत्थू के हाथों में पुराना कपड़ा। धीरे-धीरे पोंछता है। रह-रहकर कराहता है...टाँग खींचता है। चिल्लाता है नत्थू...गाँड़ ! टाँग तो सीधा रख।...जब्बार से...ये भी चोर है तेरा-मेरा माफक। अबे सरमाता कायकू ? चोरी किया...कोई गुनहा तो नईं किया ! साला चोरी करके भागा तो गिर गया टिन के ऊपर। उधर से निकला...तो गिरा तार के ऊपर। ठीकच नईं होता इसका घाव। मैंच इसकू साफ करता हर रोज।

देखता जाता है बहते हुए घाव को।

—जब्बार !

—हौ !

—अभी सो जा तू। थोड़ा टैम और।

फिर लेट जाता है। आँखें बंद। आधी नींद। धुंध। फिर चलते-फिरते लोग। बोलते हैं। आवाज़ सुनाई नहीं पड़ती। जगहें बदलती जाती हैं। अभी...किनारा है काले पत्थरों के समंदर का। अभी...झोपड़ा है हसीना का। अभी...एक और झोपड़ा...जहाँ पड़ा है तड़ीपार। अभी...कहाँ गया...मालम नहीं। अँधेरा...सिर्फ अँधेरा...।

कोई पुकार रहा है। खोल देता है आँखें।...कौन ? नत्थू...क्या है रे ?

वही टिमटिमाती हुई बत्ती। झुका हुआ है नत्थू...हलके अँधेरे में। फुसफुसा रहा है...जब्बार ! आवाज दे रया है हवलदार !

उठकर बैठ जाता है। आवाज़ें...अब साफ़ सुनाई पड़ रही हैं। लड़ रहे हैं ताश खेलने वाले। चिल्ला रहा है हवलदार...सीख़चों के उस पार...जब्बार !...जब्बार !

बज चुके बारह ! गुज़र गई आधी रात! फुसफुसाता जा रहा है नत्थू...आँखों में ख़ौफ़।...जब्बार ! तू बोल तो मैं अब्भी लेके आता। उधर जो के पी डाल। कुछ भी मालम नईं पड़ेंगा तेरे कू...।

नींद गायब। डर की एक सिहरन। चारों तरफ़ फैले पड़े हैं सोने वाले। उठकर खड़ा हो जाता है।...इसकी माँ की...देखा जाएँगा जो होंगा !

उठकर खड़ा हो जाता है नत्थू भी।...देख ! कहना मान मेरा। ये साला लोक भी तो पिसाब-टट्टी डालता मूँ में। पीछू...।

—नईं। ये पार...या वो पार। इसकी माँ की...।

आवाज़ आ रही है फिर...जब्बार ! साला जब्बार !

चारों तरफ़...कुछ नहीं। सीख़चे और दीवारें। सोए लोगों के ऊपर से गुज़रता हुआ बढ़ता जाता है जब्बार। साथ-साथ चलता जा रहा है नत्थू। वही ख़ौफ़ आँखों में।...तेरे कू बोलता...बोल देना किधर है माल।...सच्ची। ये साला लोक भोत जालिम है। इस्मगलर लोक का माल...।

बात नहीं होती पूरी। खुल जाता है सीख़चों का दरवाज़ा ! बाहर खड़े हैं हवलदार ! ...दरवाज़ा बंद। सीख़चों को थामे खड़ा है नत्थू। नहीं हटता। चिल्लाता है हवलदार ...ए साला ! दरवाज़े से पाँच फीट दूर रहने का...।

जैसे कहीं गूँज रही एक आवाज़।...इसकी माँ की ! ये पार...या वो पार...।

टिमटिमाती बत्तियाँ पीछे छूटती जाती हैं। टुकड़ों में बँटा अँधेरा...आता है और गुज़र जाता है। सीढ़ियाँ। दालान। कमरे। दरवाज़े। ख़ामोशी। गुज़रती हुई आधी रात। ऊँघ रहा है ड्यूटी-हवलदार। तसवीरें...बड़ी और छोटी...बाबा की और चाचा की...मुसकराती हैं। क़तारें राइफ़लों और संगीनों की...खड़ी हैं चुपचाप।

ख़ामोश नंगा कमरा। सादे कपड़ों में हवलदार...इंस्पेक्टर।...भोत हरामी...जालिम। ...लाल आँखें। देखता है ऊपर से नीचे तक। आकर खड़ा हो जाता है सामने...एकदम। ...क्यों बे मादरचोद !...ए ! इधर देख। मेरी तरफ़। हाथों में पकड़कर ज़बरदस्ती उठा देता है मुँह।...भोत बोलता था जभी तू ! गाली देता था !...ताड़ !...अभी बोल। बोल अभी।...ताड़ !...बोल ! किधर रखा माल ?...ताड़ !...किधर रखा माल कानजी सेठ का ?...ताड़ !...किधर ?...ताड़...बोल !...ताड़ !

चिनगारियाँ दौड़ती चली जाती हैं सारे बदन में। मगर थामे हुए हैं हवलदार...दोनों तरफ़...कसकर। चिल्ला रहा है जब्बार।...माल ?...कोन-सा माल ?...मेरे कू नईं मालम...।

पल-भर रुका। फिर टूट पड़ा भूखे भेड़िये की तरह।

—नईं मालम ?...नईं मालम ?...बोल ! नईं मालम ?

बूटों की भरपूर ठोकरें। घूँसों की बरसात। यहाँ से मारता है...वहाँ गिरता है ! वहाँ से मारता है...वहाँ गिरता है। वहाँ से वहाँ...वहाँ...वहाँ। सारे कमरे में उठा-उठाकर फेंक रहा है। फिर यहाँ...फिर वहाँ...फिर वहाँ। ताड़...ताड़...ताड़ ! हसीना...अमजद...सपने...यहाँ से वहाँ...वहाँ से वहाँ...वहाँ से वहाँ। एक पूरी दुनिया...यहाँ से वहाँ...वहाँ से वहाँ...वहाँ से वहाँ।

अब ठहर जाता है साहब। ठहर जाते हैं हवलदार। ज़मीन पर पड़ा है जब्बार। ज़िंदा

है या मर गया ?

—उचल साल्या ला।*

उठाकर खड़ा करते हैं हवलदार।

—बोल ! क्या बोलने का है अभी ?

कपड़े हो गए तार-तार। घुटनों...कुहनियों...होंठों पर ख़ून के निशान। आवाज़ नहीं निकलती मुँह से। फटी हुईं आँखों से मगर...नफ़रत की चिनगारियाँ...।

चिल्लाता है इंस्पेक्टर...किधर रखा कानजी सेठ का माल ? चेन...घड़ियाल...कैश ? बोल ! कि और मँगता कुछ ?...नईं बोलेंगा ?...नईं बोलेंगा ? देखता मैं...कइसा नईं बोलता तू ! बोलने नईं लगाया तेरे कू तो मेरा नाम नईं हवलदार...!

रात का गुज़रते चला जाना...ख़त्म न होना अँधेरे का। आदमी का इनकार करते चला जाना...डूबते चले जाना दर्द की दुनिया में।...गिरा दिया अब ज़मीन पर। कसकर पकड़े हैं हवलदार...मार रहे हैं गुद्दियाँ...डंडे...तलुओं पर। काँप-काँप जाता है जिस्म। बंद होंठों से...सिर्फ़ कराहें निकलती चली जाती हैं। कसकर पकड़े हुए हैं हवलदार। पसीने के फ़व्वारे में डूबता हुआ जिस्म। डूबती हुईं साँसें।

अब ?

—नईं बोलेंगा मादरचोद ? देखता है कब तलक नईं बोलेंगा...। हवलदार ! खड़ा कर इसकू ! कर दे नंगा...।

खड़ा कर दिया उठाकर। लेकिन नहीं रह सकता खड़ा। हवलदार थामे हैं दोनों तरफ़। खींच लिया गया गमछा। गिर गई फटी पतलून। तार-तार बुश्शर्ट...गिर गया नीचे।

सामने खड़ा है नंगा आदमी। फूटीं कुहनियाँ। बहते हुए घुटने।

—देख ! सोच ले तू। समझाके बोलता मैं आखिरी टैम। मेरा सामने नईं चलेंगा ये सब।...बोल दे किधर है माल। मैं कुछ नहीं करेंगा...छोड़ देंगा तेरे कू...।

लेकिन चुप खड़ा है नंगा आदमी। नंगे जिस्म पर बाल...मैल...पसीना...ख़ून... मिट्टी।

फिर वही आवाज़। तू खुद हो के नईं किया चोरी...मालम है मेरे कू। वो साला दौलत का बच्चा ले गया तेरे कू...ये भी मालम है मेरे कू। बड़ा साब से बोलके छोड़ देंगा मैं तेरे कू...पन तू माल बता दे किधर है...?

लेकिन चुपचाप खड़ा रहता है नंगा आदमी। सिर्फ़ हाँफने की आवाज़।

अब दहाड़ता है अफ़सर...नईं बोलेंगा तू ? तेरे छेद में लोखंड** का डंडा डालेंगा ...याद रखना।

और सब बोल रहा है नंगा आदमी...धीमे-धीमे...होंठों में। आवाज़ सुनाई नहीं देती।

---

* उठा साले को।

** लोहा।

पास पहुँच जाते हैं हवलदार...साहब। कान लगाकर सुनने की कोशिश करते हैं। बोल रहा है आख़िर...तुम लोक...गाँड़...मादरचोद...!

आँखों में चिनगारियाँ। दहाड़ता है...हवलदार !

—साब !

एक इशारा। और फिर पटक दिया ज़मीन पर। हाथों को पकड़ रखा है कसकर। फैलाकर उठा दिया दोनों टाँगों को।

—बोल !...बोलना है कि नईं ?

और अब भी एक आवाज़...मादर...!

—हवलदार ! डाल इसके भोक में डंडा...।

झुकता है हवलदार। अचानक...ज़ोर से काँप जाता है नंगा बदन। अचानक...ज़ोर से निकलती है चीख़...दीवारों-दरवाज़ों को हिलाती हुई...काली रात की ख़ामोशी में सारा-का-सारा नंगा जिस्म नहा जाता है पसीने से। बैल की तरह हाँफता चला जाता है आदमी।

—बोल !...बोलता कि नईं अभी ?

और कोई जवाब नहीं। सिर्फ़ ख़ामोशी।

—हवलदार !

—साब !

फिर चीख़...दीवारों-दरवाज़ों के आर-पार। फिर पसीना...हज़ारों छेदों से बहता हुआ।

ख़ामोशी...और चीख़ें। ख़ामोशी...और चीख़ें। कटती जाती है रात इसी तरह।

6

सुबह। और दूसरी सुबह। और तीसरी सुबह। और चौथी सुबह। और भी हैं पीछे। कहाँ तक चली गई हैं...मालूम नहीं। मगर नहीं आए बादल अब भी। तेज़ धूप और साफ़-सुथरा आसमान। सूअरों के पिल्ले बाहर नहीं निकलते। पड़े रहते हैं नालियों के कीचड़ में। और नालियाँ कम नहीं। हर जगह फैली हैं। बहते चले जा रहे हैं लोग उस तरफ़ जहाँ कीचड़ है...जो सूखता नहीं...ख़ाली आसमान के नीचे। बादल आएँ न आएँ...कीचड़ ज़िंदा रहता है।...चाय के ख़ाली बंबे के पास...गुज़रते जाते हैं खंभे...जो शायद कभी आदमी थे। बहुत दूर-दूर...जहाज़ों की तरह...जो डूबते नहीं...फिर भी डूबते चले जाते हैं...दोपहरें...शाम और रात तक।

राजू ! राजू ! उठ और चला जा कचरे के ढेर पर...जहाँ पहुँच गए हैं दूसरे छोकरे। देख रहे हैं रास्ता लिबलिबे मिक़दार का।...या पुल की सीढ़ियों के नीचे घिसे हुए पत्तों का जुआ...वक़्त के साथ-साथ...ज़िंदगी को काटता चला जाता है।...राजू !...जा ! लेके आ कुछ...खाने के लिए।

कहाँ चला गया राजू ? दिखाई नहीं देता। या दिखाई देता है...दौड़ती रेलगाड़ियों में। बार-बार ठहरकर हाथ फैलाता...गिड़गिड़ाता...भीख माँगता...फिर भागता हुआ। लेकिन फिर ठहरता हुआ...घूमकर चलता हुआ। हाथों में कंघे-कंघियाँ...मीठी गोलियाँ ...खिलौने...पॉलिश...डिब्बियाँ...दिन...दोपहर...शाम।...नहीं ! चला गया...ख़ूब दूर। एक स्टेशन पर...जिसे कोई नहीं जानता...जहाँ है ख़ूब खाना...पैसा...।

रात...जहाँ रेलगाड़ियाँ नहीं हैं...सिर्फ़ मोटरें हैं...भागती चली जाती हैं ख़ाली पाइपों के पास। देखती रहती है मरियम...काले चिथड़े में लिपटे हुए राजू को...एकटक। क्या करे ? कहाँ जाए ? सरसराती हुई मोटरों के पास ?...छाला...बदमाछ ! आ गया मरने का वास्ते। ऐसे चलाता है हाथ-पैर...जैसे उठ बैठेगा अभी।...मगर कोई रास्ता नहीं है अब। निकलना होगा बाहर। फिर उसी दुनिया में।...और निकल आई है बाहर...जहाँ बहुत बड़ी भीड़ के पास तेज़ धूप। इकट्ठा करती है फटे-पुराने टुकड़े...टाट। बाँध देती है पाइप के दोनों मुँहों पर। अब...बंद है पाइप। अंदर...पड़ा है काला आदमी। बाहर...भागती हुई दुनिया की तरफ़ ताक रही है मरियम। काँप-काँप जाते हैं पैर। गिर जाएगी लड़खड़ाकर। लेकिन...गिरने से पहले शुरू कर देगी चलना। पीछे छोड़ देगी बंद

पाइप में लेटी हुई दुनिया को...।

फिर रात...टिमटिमाते चिराग़ों के पास...शराब के दौर। जहाज़ों की जलती मशालों के पास...भागते हुए मज़दूर। कबाब और पकौड़ों की धुआँ उगलती रोशनी के पास...शराबियों की भीड़। वही गालियाँ...नामालूम के नाम।...त् त् तेरी भेन की...! क् क् क् क्या समझता अपने कू ? म् म् म् मेरे घंटे से...! न् न् नईं मिलता ?...म् म् मत मिल...।

कहाँ हैं रंडियाँ ? कहाँ चली गईं पारबती...नैना...सलमा ? अँधेरे गलियारों में घूमते हुए हवलदार...बचा जाते हैं शराबियों को...मटकावालों को। सफ़ेद रोशनी की दुनिया को अब कोई ख़तरा नहीं। नहीं आए बादल अब भी। ख़ाली आसमान की तरफ़ ताकता हुआ मुक़ादम। चिल्लाता जाता है...जल्दी ! और जल्दी ! लउकर। इसके पहले कि आ जाएँ बादल...फैला दें कीचड़...चारों तरफ़...आगे बादलों तक के लिए खिंच जाएँ जहाज़ों के पाल। ख़त्म हो जाए वक़्त पर काम।

फिर सुबह। नहीं आया पोपट। कुछ नहीं खाने को। कहाँ चला गया राजू ?...नहीं ! अब कोई डर नहीं। जहाँ से चले थे...लौट आए वहीं। सारे झोपड़ों में घूमती है मैना। सबसे करती है बातें। एक ही बात।...साला पोपट ! इसका मुरदा निकले। मरे उधर पानी भी ना मिले। सपना आता साले कू बार-बार। चानस मँगता। आखिरी चानस। इसकी माँ की...। जिंदगानी बरबाद कर दिया मेरा...।

छोड़ दिया गया बशीरन को। बाक़ी नहीं छोड़ा किसी को। ढलती हुई उम्र। पहुँच गई बस्ती में किसी तरह...। जहाँ कोई नहीं दिखाई देता अब...मैना के सिवा। और बोलने लगती है मैना...क्या ओ बशीरनबाई ! छोड़ दिया तुम्हारे कू ! दुसरा सब किधर है ?

पुरानी लड़ाई ख़त्म। बोल रही है मैना। पास आ जाती है बशीरन...हौ ना...! छोड़ दिया मेरे कू। बाक़ी सब कू नईं छोड़ा। भेज दिया होम में।...क्या हाल है इधर का ? ये छोकरी लोग कोई दिखती नईं...?

हँसती है मैना।...ले गया सबकू पकड़के। दो-तीन बची थी...भाग गई इधर से।...आओ ना बशीरनबाई ! अभी इधर हम-तुम दोनोंच हैं...दुसरा सब चले गया।...वो पोपट नईं क्या...हरामी...जो इधर से गया...तो पत्ताच नईं। चार दिन हो गया। साला मादरचोद !

अब भी कचरे के ढेर पर घूम-घूमकर ढूँढ़ रहा है पागल आदमी...कुछ जो नहीं मिलता। तेज़ धूप में धीरे-धीरे रेंग रही है रोज़ी...पुल की तरफ़...जहाँ बैठी हुई कोढ़ियों की भीड़ माँग रही है भीख...चिल्ला रही है लगातार। रेंगती जा रही है पाइपों के पास से। पाइप के अँधेरे में...अकेला पड़ा हुआ नन्हा आदमी...रो रहा है भूख से। आवाज़ खो गई है भागती मोटरों की आवाज़ में। रोता है...रोता जाता है। कोई नहीं आता। और रोता जाता है। थककर सो जाता है। जागकर फिर रोने लगता है। नन्हें हाथ-पैर हिलते हैं...थककर गिर जाते हैं। भूख जगा देती है...थकान सुला देती है। जागकर

रोना...थककर सो जाना। फिर रोना...फिर सो जाना। आता नहीं कोई। सिर्फ़ गुज़रता जाता है शहर पास से।

फिर रात। नहीं आया पोपट। कुत्तों के झुंड लड़ते हैं...भौंकते हैं। पत्थर मारकर अलग कर दिए जाते हैं। फिर भिड़ जाते हैं।

किस्तय्या के पास...खड़ी है मैना।...एक नौटाक...बस। दे ना रे ! सब चुका देऊँगी तेरा। एक पइसा भी नईं रखूँगी...।

फिर गालियाँ...नामालूम के नाम।

सरकती जाती है रात। लग गई है हवलदारों की ड्यूटी। घूम रहे हैं चारों तरफ़। पाइपों के अँधेरे में दुबकी हैं मैना और बशीरन। क्या करें ? कुछ मालूम नहीं। धीरे-धीरे चली आ रही है मरियम। चल नहीं पातीं कमज़ोर टाँगें।

—क्या करने का अभी ?...पूछ रही है बशीरन।

—मेरे कू खुद कू समज नईं पड़ता। अपुन वो बाजू से निकलेंगा...तो जरूर पकड़ लेंगा ये हवलदार लोक।

—पन इधर बैठके भी कइसा काम चलेंगा ?

आकर इधर बैठ जाती है मरियम पास में।...क्या मैनाबाई !...क्या बशीरनबाई ! क्या करता तुम लोक ? ये हवलदार लोक तो हटताच नईं इधर से।

—वोई तो अपने कू भी समज नहीं पड़ता। अभी पाली ख़त्म हो जाएँगा वो हमाल लोक का। चला जाएँगा वो लोक और रह जाएँगा अपुन लोक अइसाच...।

सामने...सागर के कटाव पर ख़ाली हो रहे हैं जहाज़...बादलों के आने से पहले। और तेज़ दौड़ रहे हैं मज़दूर...बादलों के आने से पहले।

—मैं बोलू ?...कुछ सूझ गया है मरियम को।...ये जो पाइप है ना...वो बाजू तलक है। अपुन इसके अंदर-अंदर से निकल जाएँगा उधर...।

पसंद आ गया है मैना को। पर शक़ है बशीरन को।...वो पाइप के अंदर आदमी लोग रहता ना वो बाजू...।

—जिधर आदमी लोक होंगा...उधर अपुन बाहर से चलेंगा। इतना नईं देख पाएँगा हवलदार लोक...।

अब ठीक है। छिप-छिपकर निकलती जा रही हैं तीनों पाइपों के अंदर से...अँधेरों और उजालों के बीच। चला नहीं जाता मरियम से। घिसटती जा रही है किसी तरह।

छूट गए जहाज़वाले। अब अँधेरे में खड़ी हैं तीनों। कर रही हैं इशारे जगह बदल-बदलकर। देखते हैं मज़दूर...ख़ोंचों की तरफ़ बढ़ते हुए।

अँधेरे पाइप में...जागकर रो रहा है बच्चा। रोता चला जा रहा है...गुज़रती हुई रात के साथ।

गुज़रती हुई रात के साथ दारू पी-पीकर लौट रहे हैं क़ुली। अँधेरे कोने में कर रहे हैं भाव-ताव। गुज़रती हुई रात के साथ...पट जाते हैं एक के बाद एक। चले जाते हैं झोपड़ों में...पाइपों में...काले पत्थरों पर।

गुज़रती हुई रात...रोते-रोते थककर सो जाता है काला बच्चा...।

गुज़र गई रात। नहीं आई नींद।...है कोई झोपड़े में ? अकेली मैना। कोई नहीं। बोल रही है अपने-आप से।...कब आएगी रात ? कब पूरा होगा सपना...सोने का ?...पोपट ! ए पोपट ! तेरे कू सपना आता...मेरे कू भी आता। अब तो मेरा सपना...एकच सपना। खूब सोऊ...साम सेच सो जाऊ। रात-भर सोऊ। दुसरा रात... फिर सोऊ रात-भर। दुसरा कुछ नई मँगता मेरे कू। राजू !...पोपट...!

धीरे-धीरे लग जाती है आँख...।

फिर सुबह। गुज़रते हुए हुजूम। घिसटती हुई रोज़ी। भीख माँगते हुए कोढ़ी। पोपट नहीं आया। बादल नहीं आए। आ रही है दोपहर। ख़ाली झोपड़े में...अकेली पड़ी मैना। कोई आवाज़ नहीं। कोई आया नहीं।

अचानक...बाहर आने लगती हैं आवाजें। बढ़ती चली जाती हैं। आकर ठहर जाती हैं...झोपड़ों के सामने। सुनने की कोशिश करती है। एक भुनभुनाहट। नहीं आती समझ में। फिर कोई पुकारता है...साफ़-साफ़।...मैना ! ओ मैना !...मैना !

—कोन ?...उठती है। निकल आती है झोपड़े के बाहर।

झोपड़े के बाहर...खड़ी है भीड़। सारी दुनिया। आवारा छोकरे। गन्या। माद्या। अन्ना। ताशवाले। बीड़ीवाले। जूठनवाले। बशीरन। मलबारी। भैया। हिजड़े।

—क्या है ?...पूछती है...हैरान...डरी हुई।

चुप है भीड़।

—क्या हुआ ? क्यूँ आया तुम लोक ?

बशीरन से पूछती है। चुप है बशीरन।

सामने आ गया है हिजड़ा...बिमला।...तूई है क्या मैना ?

—हौ !

—वो पोपट...तेरा मरद ?

—हौ !

सन्नाटा चारों तरफ़।

एक बार देखता है चारों तरफ़...फिर बोल देता है हिजड़ा।...वो कट गया गाड़ी से।...उधर पड़ा है टेशन पे...।

उनींदी आँखें। समझ में नहीं आता कुछ।...कोन कट गया ?

—पोपट।

—पोपट ?

—हौ...पोपट।

—पोपट कट गया रेल से ?

अब...बहुत-सी आवाज़ें आ रही हैं एक साथ। टूट गई ख़ामोशी।

—हौ...पोपट।

—वोई...पोपट...।

—पोपट कट गया लोकल से।

—उधर पड़ा है टेशन पर।

अब सब बोल रहे हैं। कौन बोल रहा है ? किससे बोल रहा है ?

—हौ ना ! कितना टैम हो गया...टेशन पे पड़ा था। अच्छा हो गया कि मैं निकली उधर से और पिछान लिया उसकू...।

—मैं तो पहलेइच पिछान ली थी उसकू...कि ये पोपटच है...दुसरा नईं...!

—ए गुइयाँ ! शकल से तो मैं भी जानूँ...पर ये नईं मालम कि कोन हैगा ये...।

—शकल भी कइसा हो गया !...सब खून-खून...!

—वो मास्टर क्या बोलता था ! चलता गाड़ी से कूदके भागा...उधर दुसरा बाजू से आ गया लोकल।

—कभी हुआ ये ? सुबू का टैम ?

—हौ ना। रहा होंगा नौ-दस का टैम। ये हिजड़ा लोक देखा पेला। नईं तो पत्ताच नईं चलता।

आ गया बादल का एक टुकड़ा...छा गया सूरज पर।

मुँह से निकलती नहीं आवाज़। अचानक आ गया बहुत-सा पसीना। अब कुछ सुनाई नहीं देता...दिखाई नहीं देता। अँधेरा...और अँधेरा।...गिर रही है। दौड़कर थामती है बशीरन।...सिर्फ़ बशीरन दिखाई दे रही है अब। अब आ गई पास में...और थामे हुए है।...पोपट...कट गया...मर गया...।

बार-बार कह रही है बशीरन। कुछ-कुछ आ रहा है समझ में।...टेशन पे चल। नईं तो वो लोग उधर से भेज देंगा मैयत कू। भोत मुश्किल हो जाएँगा फिर। जल्दी कर...।

और अचानक...चौंककर होश में आ जाती है मैना।...किधर है ?...टेशन पे है ?

—हौ !

और अचानक चलना शुरू कर देती है। अब...चल नहीं रही है...भाग रही है। साड़ी इधर से उधर। बाल खुले हुए...हवा में उड़ते हुए। होश नहीं। लगातार बहते चले जा रहे हैं आँसू। पोंछने का वक़्त नहीं। सिर्फ़ भागती जाती है। पीछे-पीछे भाग रहा है झुंड...छोकरे...चायवाला...दूधवाला...बशीरन...।

झोपड़ों से निकल-निकलकर पूछ रही हैं औरतें...क्या हुआ ? कोन है ये ?

चिल्लाते हैं भागते हुए छोकरे...उसका मरद कट गया उधर...।

पटरियों पर इधर से उधर।...ए सम्हाल ! लोकल आता है...।

कब आ गई बशीरन...कब हटा लिया ! कब आई लोकल...गुज़र गई ! कब दौड़ना शुरू कर दिया फिर से ! कितनी दूर !...हाँफ रही है। भागती जा रही है...भागती जा रही है। चिल्ला रही है बशीरन पीछे...ठैर तो ! ठैर तो ज़रा !...धीरे चल।

मगर नहीं सुनती मैना। नहीं ठहरती।...कहाँ गया पोपट ! मर गया ! कइसा मर गया ! नईं...!

भागती चली जाती है। लोग...रुक-रुक...घूम-घूम...देख रहे हैं रंडी का भागना।

आ गया स्टेशन। बेसुध...बदहवास...चढ़ गई प्लेटफ़ार्म पर। मगर आवाज़ों की दुनिया में...नहीं लगता कि कोई मर गया है। सीटियाँ ! सीटियों के बीच भागती हुई भीड़। दौड़ती हुई गाड़ियाँ। कहाँ...कौन मरा ? कोई नहीं। किधर ? किस तरफ़ ? कहाँ है पोपट ? बहते आँसू...बदहवासी। कुछ सूझता नहीं। इधर जाती है...लौट पड़ती है। उधर जाती है...लौट पड़ती है। किससे पूछे ? कौन बताएगा ?...आ गई बशीरन। आ गए हिजड़े। आ गया है मलबारी...भैया।

—उधर ! उधर...वो बाजू...! चीखता है हिजड़ा।

पूरा क़ाफ़िला पहुँच जाता है दूसरी तरफ़...दफ़्तर के सामने। सबसे आगे...हाँफती हुई औरत। कपड़े...बाल...सब इधर-उधर।...कहाँ...है ? इधर तो कोई नईं...!

मगर ख़ून पड़ा है ज़मीन पर।...अंदर से निकल आया है नीली क़मीज़वाला। देख रहा है सामने भीड़ को...एक बदहवास औरत को। नाराज़ हो रहा है।...सुबू से किधर था तुम लोक ? सोता था ? अभी ले गया उसकू...उधर...हॉस्पिटल...मुरदा-घर में...।

फिर बज रही हैं सीटियाँ...यहाँ और वहाँ। फिर गड़गड़ाहट। फिर दौड़। फिर आवाज़ें...लाउडस्पीकर। यहाँ कम...वहाँ ज़्यादा। वहाँ कम...यहाँ ज़्यादा...।

—ले गए उसकू ?...बशीरन की आवाज़।...अभी उधर जाना पड़ेंगा उसकू लेने ?

—मैयत उधर सेच मिलेंगा। इधर से नईं मिलता...।

वहीं ज़मीन पर बैठ गई है मैना। चिल्ला रही है...किधर है...किधर है राजू ? राजू कू बुलाओ।...अरे ! मैं क्या करू रे...किधर जाऊ...?

बहते चले जा रहे हैं आँसू। समझा रही है बशीरन...सबर कर। सबर से काम ले। जो होने का था...वो तो हो गया...।

पीठ पर हाथ फेरती है। फफकती जा रही है मैना। नहीं थमतीं सिसकियाँ। थमने लगती हैं...टूटकर फिर बहने लगती हैं...ज़ोर से।...किधर गया ?...छोड़ गया मेरे कू !...धोका दिया फिर।...किधर जाऊ...क्या करू...!

घेरकर खड़ी है भीड़। देख रही है रंडी का रोना। एक ही आवाज़...बार-बार।...किधर है राजू ?...राजू आया ?...राजू !...बुलाओ उसकू...!

फिर सिसकियाँ। आँखों के सामने झिलमिल होती दुनिया। फिर सीटियाँ ! सीटियाँ ! दौड़ती रेलगाड़ियाँ...।

बहुत देर हो गई। चली गई भीड़। चले गए छोकरे...हिजड़े...मलबारी...भैया। रह गई सिर्फ़ बशीरन। थम गए आँसू मैना के। नाक साफ़ करती है। आँखें पोंछ लेती है। देखती है चारों तरफ़। नए सिरे से पहचानने की कोशिश करती है दुनिया को। समझाती जाती

है बशीरन।...क्या करना बाबा ! किसका बस चलता मौत पर...!

जैसे पगला गई है मैना।...बशीरनबाई ! पन वो मर गया ?...अइसा कइसा मर गया ?...एक दम से। मालम भी नईं पड़ा मेरे कू।...अभी...अभी क्या होंगा मेरा ?...फिर फफक उठती है।

लंबी साँस छोड़ती है बशीरन।...येई दस्तूर है दुनिया का। किसका जोर चलेंगा मौत पर...।

दो हमाल। नीली और लाल क़मीज़ें। बता रहे हैं...कैसे मरा पोपट।...कुछ सामान था उसका पास। चोरी से लाया। पेला सामान फेंका...फिर खुद कूदा...चलती गाड़ी से। उधर से आ गया दुसरा गाड़ी...लोकल।...इधर उठाके लाया...तभी जान था उसमें। पानी मँगता था बार-बार। कोई नईं दिया। कोन देंगा ! मर गया तो अपना ऊपर आएँगा। आधा कलाक* पड़ा होता इधर। पीछू मर गया। कोई पिछानता नईं था उसकू इधर। पीछू वो हिजड़ा लोक देखा उसकू...।

आँसू...तार-तार...फिर बहते चले जा रहे हैं। सम्हालती है...मगर नहीं सम्हाल पाती अपने को। अंदर से उठ-उठकर आ रही हैं सुबकियाँ।...बशीरनबाई !...बशीरनबाई !...नईं होता मेरे से समलना।...बशीरन बाई !...ये पोपट !...पानी भी नईं मिला उसकू।...अरे बाप रे ! मेरा कलेजा फटता बशीरनबाई...!

फिर वही...सिसकियों पर सिसकियाँ। नहीं रुकेंगी। फिर समझा रही है बशीरन। ...नईं-नईं ! रोने का टैम नईं ये। ये सोच कि अभी क्या करने का है।...क्यूँ भैया ! अभी क्या करने का ?

देखता जाता है नीली क़मीज़वाला हमाल। लाल क़मीज़वाला भी। मैना...हो जाती है चुप...ज़बरदस्ती। आँखों को पोंछ डालती है रगड़-रगड़कर। नहीं रोएगी अब।...पोपट !...ये क्या किया तू...!

फिर टूट जाता है बाँध। बहने लगता है सैलाब...सिसकियों का। नहीं सम्हलता ...नहीं सम्हलता।...सीटियों पर सीटियाँ...गाड़ियों पर गाड़ियाँ...आदमियों पर आदमी।

समझा रहा है लाल क़मीज़वाला।...भायखला के आगल...उधर है हॉस्पिटल। उधर जाने का। लावारिस मुरदा लोक कू उधरिच रखता।...पन तुम उसकू लाएँगा कइसा ?

चुप हैं दोनों। देख रही हैं हमाम की तरफ़।...लाएँगा कइसा ! बोले तो ?

बोल रहा है लाल क़मीज़वाला।...पचास रुपिया भरना पड़ेंगा...तब देंगा वो मैयत कू...कायदा है ये...।

—पचास रुपिया !...देखती रह जाती है बशीरन।

मगर बोल रहा है नीली क़मीज़वाला।...नईं-नईं ! ये कायदा था...पन अभी बदल दिया इसकू...।

---

* आधा घंटा।

—नईं !...बात काट रहा है लाल क़मीज़वाला।...मेरे कू तो मालम है। येच कायदा है। रेलवे कू पचास रुपिया देंगा...तभी मैयत कू देंगा वो लोक। कायकू ! तो रेलवे लाइन पे कटा इस वास्ते...।

नीली क़मीज़वाला नहीं मानता।...नईं-नईं। कायदा था...मेरे कू भी मालम है। पन अभी नईं है। गरीब लोक के वास्ते बदल दिया ये कायदा। पन किधर ले जाएँगा मैयत कू तुम लोक ? मुरदा-गाड़ी का भाड़ा तो लगता ना...।

अब भी...चुपचाप देख रही हैं दोनों।

फिर पूछ रहा है नीली क़मीज़वाला...कोन है तुम लोक ? हिंदू कि मुसलमान ?... जलाएँगा कि गाड़ेंगा ?

और अब भी...कोई जवाब नहीं।

अब कहीं से आ गए हैं बादल...और बादल। शुरू हो गई...बूँदाबाँदी। बुझ गया दिन। ढलने से पहले ढला हुआ दिन। बुझने से पहले बुझा हुआ चिराग़।... सूख गए आँसू। गिर-गिरकर जज़्ब हो गए ज़मीन पर। ख़ून के निशान...अब भी नहीं सूखे।

अब आ गए हैं और भी कई।...नीली क़मीज़ और लाल क़मीज़। पहले भी हो चुका है ऐसा...कई बार। समझा रहे हैं।...नईं !...मैयत कू इधर लेके आना हमारा-तुम्हारा बस का नईं !...चार नंबर का बस पकड़ने का और उधर से भायखला उतरने का। उधरिच है हॉस्पिटल। उधर मुरदा लोक का वास्ते अलग मकान है। उधर जाने का और जो आदमी उधर काम करता...उसकू रुपिया-दो रुपिया देने का। अंदर जाके अपने मरद का मूँ देखने का...नमस्कार...बंदगी...जो तुम्हारा धरम होवे वो करने का और वापिस आ जाने का। दुसरा क्या...कुछ नईं...! अभी रोने से कुछ होनेवाला नईं। जो हो गया...सो हो गया। रोना तो सारा जिंदगी चलताच रहेंगा...।

चुप...ज़मीन की तरफ़ देखती जाती है। धीरे-धीरे...फिर टपकने लगते हैं आँसू।

—नईं !...बोल रहा है कोई...नीली क़मीज़वाला या लाल क़मीज़वाला।...फिकर करने का कुछ गरज नईं। उधर पइसावाला लोक धर्मादा खाता का बंदोबस्त किया है...गरीब लोक का मुरदा का वास्ते। जो तुम्हारा धरम होंगा...उसका माफक वो लोग मुरदा का काम करेंगा। हिंदू होगा तो हिंदू लोक का धर्मादा खाता वाला उसकू जला देंगा। मुस्लिम होंगा तो मुस्लिम लोक का धर्मादा वाला उसकू गाड़ देंगा। तुमकू फिकर करने का गरज नईं।...पन अभी जल्दी जाना मँगता...नईं तो रात हो जाएँगा। रोना-धोना तो बाद में भी होएँगा...।

ख़ाली जहाज़...चले गए...बारिश से पहले। वक़्त गुज़र गया। सब चले गए अब। सहारा देकर मैना को उठाती है बशीरन।

—मैनाबाई ! रोना बंद करो अभी। ये बोलो कि कितना पइसा है पास में ?

ढलते हुए दिन के पास...हिसाब लगाती है मैना।...कल का एक रुपया होंगा। और थोड़ा खुला पइसा।...राजू ! नईं आया राजू ?

—राजू कू छोड़ो अभी।...मेरे पास भी है कल का थोड़ा पइसा।...एक रुपिया उधर भंगी कू देने का। और आने-जाने का बस का भाड़ा।...हो तो जाएँगा इतने में...पन लौटके जल्दी से घराक पकड़ना पड़ेंगा। तब मिलेंगा खाना।...

बस-स्टॉप...चार नंबर का। ढेर कचरे का। पागल आदमी की तलाश जारी। घूम-घूमकर ढूँढ़ रहा है...जो नहीं मिलता। पन्नियाँ...डिब्बियाँ...ज़ंग...गंद। खोजता जा रहा है खोई ज़िंदगी को। हमेशा खोजता रहेगा इसी तरह। हार नहीं मानेगा...।

आ गई चार नंबर। शुरू हो गया सफ़र...काले बादलों के साथ घंटियों का शोर और आदमियों की आवाज़ें। खिड़की के उस पार घूमती हुई दुनिया। देखती जाती है मैना। झिलमिल आँसुओं के पार...घूमते जाते हैं सपने।...अब आया पोपट। अब शुरू हो गई ज़िंदगी।...ये झोपड़े ! ये गलियाँ ! ये रास्ते ! ये...ये गरमियाँ ! ये बरसातें ! ये टपकते हुए छप्पर !...ये आदमी ! ये भीड़ ! ये बच्चे ! ये गाड़ियाँ ! ये बादल !...जब कोई नहीं था आगे-पीछे...तब आया पोपट। उठाने वालों ने फ़ायदा उठाया...फेंक दिया सड़क पर। उठा लिया पोपट ने।...फिकर मत कर तू। तेरे कू लेजाके रखूँगा उधर...भोत अच्छे से।...झूठ नहीं बोला। सपने देखता रहा...भरोसा करता रहा हर सपने पर।...भागते चले गए सपने...पीछे-पीछे पोपट। हाथ नहीं आए। भटकते रहे...बरसातों में। एक पाव...एक चाय...दो हिस्से। हर क़दम...हर मोड़...समझाता रहा...बार-बार।...फिकर मत कर...ये सब सच होंगा। मानती गई...ये सब सच होंगा। धीरे-धीरे...टूटता गया भरोसा। भरोसा...पोपट का...नहीं टूटा। जब टूटा...ख़ुद चला गया दुनिया से।...आखरी चानस।...बस की खिड़की...मैना का सिर...टपकते हुए आँसू...टप्-टप्। फैल गए बादल। जारी है बूँदा-बाँदी। घूमती हुई बस...घूमता हुआ शहर। आवाज़ नहीं। चुप हैं सब। अँधेरों में भाग रहे हैं चुपचाप। गाड़ियाँ...बेआवाज़।...पोपट...चले गया।...कइसा चले गया !...कइसा मर गया !...कइसा हो गया ये सब...!

इमारतों और सड़कों के बाद...आदमियों और आदमियों के बाद...अब खड़ी है बस। आवाज़ दे रही है बशीरन...मैनाबाई !...मैनाबाई !...उठो !

बहुत देर से आ रही है आवाज़। उठकर खड़ी हो जाती है मैना। बस से बाहर...सामने वही दुनिया...बेआवाज़ भागती हुई। भूरे पत्थरों की इमारत...अस्पताल। फ़ुटपाथ पर पड़े हैं...लावारिस मरीज़। रात के अँधेरों में फेंके हुए। फ़ुटपाथ पर...कर रहे हैं मौत का इंतज़ार।

किसी से पूछती है...इशारा करती है बशीरन।...इधर इस तरफ़।...यह बहुत बड़ी इमारत। यह बहुत बड़ा शहर। आदमी-ही-आदमी। मरीज़-ही- मरीज़। बिस्तरों पर। ज़मीन पर। हर जगह। ज़ख़्म और पट्टियाँ। दर्द और कराहें। फिर पूछती है...फिर इशारा करती है बशीरन...इधर...इस तरफ़...।

फिर और मरीज़ों की दुनिया। बेंचों पर बैठे...खड़े चल रहे...। क़तारों में खड़े...

अपने वक़्त का इंतज़ार कर रहे...वार्डों और जनरल वार्डों में।...फिर पूछती है बशीरन ...फिर इशारा...इधर...इस तरफ़...। फूल और पत्तियाँ...पेड़ और पौधे। सफ़ेद चोग़े। हँसते हुए लड़के...खिलखिलाती लड़कियाँ। और आगे।

बड़ी इमारत से अलग...छोटी इमारत। एक इजलास...जो उठ चुका है। टहल रहे हैं संतरी।...ए ! उधर नईं रहना।...उधर नईं...!

—ए भैया ! हमारा एक आदमी उधर रेल में कट गया...!

—इधर नईं। उधर...वो बाजू...।

यहाँ...इस तरफ़...लाइन लगी है। सब...खड़े हैं चुप। कुछ...रो चुके हैं। कुछ रोने वाले हैं। लाल आँखों में ठहरे हुए आँसुओं के निशान। थक गई है मैना। बैठ गई ज़मीन पर। भटक रही है बशीरन...यहाँ से वहाँ...सब जगह।...ए भैया !...ए भैया !

आ गई लौटकर।...मैनाबाई !...मैनाबाई !...ये बाजू...!

अब लौट रही हैं आवाज़ें। अब...सुनाई पड़ने लगा है। क्या बोल रही है बशीरन ...ये बाजू...। उठकर चल पड़ती है।...कहाँ ? इमारत के पीछे। खड़ा है आदमी...ख़ाकी कपड़े। देख रहा है मैना को।...इधर...ये बाजू...!

हाथ पकड़कर समझा रही है बशीरन...जा...तू जा ! मैं इधरिच खड़ी हूँ।...नईं-नईं ! मत रो। जो होने का था...हो गया। देख ले उसका मूँ...और चली आ...!

फफक रही है मैना।...राजू !...किधर गया राजू ?...तुम...मेरे साथ चलो बशीरनबाई ! ...अरे बाप रे...!

हाँफ गई है मैना। चल रही है बशीरन भी साथ। ख़ाकी कपड़ा...आगे-आगे। यह लंबा गलियारा। यह पत्थरों का दरवाज़ा। खोलता है।...अंदर...!

सफ़ेद पत्थरों का फ़र्श। एक और दरवाज़ा...पत्थर का...खोलता है।...और अंदर...।

और अब...सामने...एक दुनिया...मुरदों की। सफ़ेद पत्थर...फ़र्श...दीवारें। बहुत ऊँचे रोशनदानों की तेज़ रोशनी। चल रही है एक तेज़ मशीन...घर्र...घर्र...घर्र। एक मुरदा ठंडक...एक बू। बिखरे हुए हैं सब। यहाँ...वहाँ...चारों तरफ़ हिंदू...मुसलमान... ईसाई...जवान...बूढ़े...औरतें। नंगी लाशें। यहाँ...इस तरफ़ दाढ़ीवाला। पास...सटा हुआ ...जवान छोकरा। सामने...नंगी औरत। भारी लटकी हुईं छातियाँ...जाँघों के बीच...जमा हुआ ख़ून। कटा हुआ सिर...पैर...हाथ। फटी हुईं आँखें...खुले मुँह...निकले हुए दाँत। और भी हैं...रेकों पर...तख़्तों पर...खाँचों में...ख़ानों में।...और भी हैं।

ख़ामोशी। सिर्फ़ आवाज़...एक मशीन...घर्र-घर्र। सफ़ेद चमकता फ़र्श...जमे हुए ख़ून के निशान।

ख़ाकी कपड़ा...अब बोल रहा है।...ये बाजू !...आजकल भोत मुरदा आता है। इधर जगा नईं रखने कू।...वो बाजू हॉस्पिटल का मुरदा है। ये बाजू बाहर का मुरदा है...।

एक-एक खाँचा...खींचता जाता है।...नईं...ये नईं !...ये नईं !...ये नईं !

सोए हैं लोग...नहीं जागेंगे। ख़ामोश है बशीरन। ख़ामोश है मैना। सूख गए आँसू।

कौन-सी दुनिया...कहाँ है ? थककर...आ गए हम कहाँ ? कहाँ गया पोपट ?...खाँचों को खींचता है...बंद करता है। नहीं है। चारों तरफ़ देखती जाती है मैना। कहाँ गया ? कहाँ है मुरदों की भीड़ में ?

बोलता जाता है ख़ाकी कपड़ा।...भोत त्रास ! बरोबर बंदोबस्त नईं इधर रखने का। हम लोग उधरिच डाल देता है...रास्ते पर...जमीन पर...किधर भी...।

अब...देख लिया है मैना ने। भीड़ के एक कोने में वही काला हाथ...फैला हुआ। खुली हुईं हथेलियाँ। दौड़कर बढ़ जाती है आगे। दबा हुआ है नीचे...पीछे। बीच में से दिख रहा है जिस्म...एक आँख...हाथ...पसलियाँ। आ गया ख़ाकीवाला...आ गई बशीरन।

पूछ रहा है ख़ाकीवाला...ये...नीचू वाला ?

कोई जवाब नहीं। ख़ामोश खड़ी है। लेकिन धीरे-धीरे...शुरू हो गया रोना। कहाँ से आ गया ? फफक रही है। ख़ाकी कपड़ा खींच रहा है...अलग कर रहा है मुरदों को। धीरे-धीरे...सामने आ रहा है पोपट। बाल...जमे ख़ून में सने...कनपटियों के नीचे तक। यहाँ-वहाँ खरोंचें...घाव। हाथ फैले...आँखें खुलीं। देख रहा है उस सपने को...जो भाग रहा है आगे-आगे।...बैठ गई है मैना। सारे नंगे जिस्म पर...फेर रही हाथ। रो रही है फफक-फफक। नहीं थमता रोना।...मुरदों की दुनिया के बीच...एक रोना...एक आवाज़।...कहाँ गया राजू !...राजू...अब कोई नहीं रोकता...कोई नहीं समझाता !... पोपट ! फिर...फिर दिया धोका मेरे कू...!

ख़ाकी कपड़ा। फुसफुसा रही है बशीरन...क्या करेंगा इसकू तुम लोक ?...वो धरमादावाला करेंगा इसका काम ?

दूर आ गया है ख़ाकीवाला।...सिर हिला रहा है।...करता तो है वो...पन अभी भोत जास्ती है मुरदा। ये सब का काम नईं करेंगा वो लोक। इतना पइसा किधर ?

चुप है बशीरन। जारी है सिसकियों की आवाज़। फिर पूछती है...वो लोग नईं करेंगा इसका काम...तो पीछू क्या होंगा ?

—कुछ नईं होंगा। वो छोकरा लोक जो इधर पढ़ने के वास्ते आता...उनका काम में आ जाएँगा। हड्डी का भाव भोत जास्ती है आजकल। पूरा जिसम का ढाँचा का भाव तीन सौ रुपिया चलता है...।

मशीन की आवाज़...और सिसकियाँ। सब ख़ामोश हैं। बोल रहा है ख़ाकीवाला ...कितना टैम लगेंगा ? हमकू देरी होता...।

चुप है...और परेशान है बशीरन।...मैनाबाई !...सलाम—परनाम...जो करने का है...करो अभी। अपने कू वापिस पोंचने कू भोत टैम हो जाएँगा।...मैनाबाई !...ओ मैनाबाई...सुना क्या ?

आँसू पोंछ लेती है...धीरे-धीरे उठकर खड़ी हो जाती है मैना। सलाम नहीं...प्रणाम नहीं। देखती रहती है चुपचाप।

ख़ाकीवाले को...समझा रही है बशीरन।...भैया ! हम लोग भोत गरीब लोक

है।...तुम इसका ठीक काम करवा देंगा ?...अल्ला तुम्हारा भला करेंगा।...भोत मेरबानी होंगा तुम्हारा।...भोत दुआ देंगा हम लोक।...सच्ची बोलता...।

—ठीक है।...हो गया तुम लोक का काम ? चलने का है ?

—हौ !

घूमकर देखती है मैना...एक मुरदे को। फिर चल पड़ते हैं तीनों। गुज़रने लगते हैं उस दुनिया से...जहाँ चारों तरफ़...बिखरे हुए हैं मुरदे...उस दुनिया की तरफ़...जहाँ...और भी हैं मुरदे...।

●●●